Frank Schulz-Nieswandt
Der Mensch als Keimträger

Care – Forschung und Praxis | Band 3

Frank Schulz-Nieswandt (Dr. rer. soc.), geb. 1958, lehrt Sozialpolitik, qualitative Sozialforschung und Genossenschaftswesen an der Universität zu Köln und Sozialökonomie der Pflege an der Philosophisch-Theologischen Hochschule Vallendar. Darüber hinaus ist er Vorsitzender des Kuratoriums »Deutsche Altershilfe« (KDA) und Ehrenvorsitzender der »Gesellschaft für Sozialen Fortschritt«.

Frank Schulz-Nieswandt

Der Mensch als Keimträger

Hygieneangst und Hospitalisierung des normalen Wohnens im Pflegeheim

[transcript]

Bibliografische Information der Deutschen Nationalbibliothek
Die Deutsche Nationalbibliothek verzeichnet diese Publikation in der Deutschen Nationalbibliografie; detaillierte bibliografische Daten sind im Internet über http://dnb.d-nb.de abrufbar.

transcript Verlag | Hermannstraße 26 | D-33602 Bielefeld | live@transcript-verlag.de

Umschlaggestaltung: Maria Arndt, Bielefeld
Druck: Majuskel Medienproduktion GmbH, Wetzlar
Print-ISBN 978-3-8376-5157-7
PDF-ISBN 978-3-8394-5157-1
https://doi.org/10.14361/9783839451571

Gedruckt auf alterungsbeständigem Papier mit chlorfrei gebleichtem Zellstoff.
Besuchen Sie uns im Internet: *https://www.transcript-verlag.de*
Unsere aktuelle Vorschau finden Sie unter *www.transcript-verlag.de/vorschau-download*

Inhalt

Verzeichnis der Schaubilder

Vorwort

Unsere Gesellschaft erfindet ständig Sonderräume für alle möglichen speziellen Lebenslagen. Dabei meint die Idee des inklusiven Sozialraums der Diversität eigentlich die kollektiv geteilte Teilnahme an dem einen normalen Raum des Alltags. Aber die Herrschaft der Dispositive definiert Normalität nach wie vor in der Differenz zur Anormalität: Schönheit, Jugend, Produktivität, Genitalsex, Geld, Konsum [...]: Was freut sich der Kapitalismus, der das alles anbietet, verkauft und George Grosz verdrängt, der das alles malend auf den Begriff gebracht hat. Ich, das ist ein anderer! Die Geschichte der Ethnologie verkehrt sich: Wir sind die Primitiven, die eine primitive Religion anbeten. Wundersam ist der Animismus der Kinder von Piaget; den Verlust der Kindheit im Erwachsenen beklagte der sozialistische Pädagoge Erich Kästner. Medusenhaft ist der Animismus der Erwachsenen in ihrer Inkorporierung des Heiligen Geistes des kapitalistischen Fetischkultes.

Wer ist das sündenbockartige Opfer des Systems, wenn die Systemmitglieder ahnen, welch böses, falsches Spiel sie mitspielen? Antwort: Die Neger der AfD, überraschend, denn sie haben sich ja, wie Umberto Eco persifliert hat, bereits freiwillig als Gladiatoren dem Kolosseum des Fußballs leidenschaftlich angeboten, die Obdachlosen, die in Wut mordend verprügelt (in deutscher Tradition: abgefackelt) werden, die faulen SGB-II-Parasiten ... – Schindlers Liste ist lang. Alles Grenzphänomene der vernünftigen Moderne. Wirklich?

Wie steht es um den Verrat unserer Kinder, die keine Chance haben, aber sie nutzen sollen? Und jetzt kommen wir endlich zum Zentrum unseres Themas: Wie gehen wir mit dem Alter um? Zivilisiert: Sauber, satt und trocken ist das Alter, in der Windel dösend. Leute, bastelt schon einmal an eurer jemeinigen Schnabeltasse!

Gewiss – die Landschaft ist bunter, vielgestaltig. Es gibt vorbildhafte Liebe. Auch das gibt es, durchaus nicht selten. Und das macht das Warten auf den Gott Kairos plausibel. Aber es geht ja nicht um einfache Brexit-Mehrheitsverhältnisse in der Verteilung von Präferenzen, Einstellungen, *patterns of behavior.* Wir sollten die abstrakt liebenswerte Idee des Sozialstaates endlich mit radikalem Mut mit ihrer praktischen Kakofonie konfrontieren. Wir benötigen eine andere Kultur des Sozialstaates. Und diese muss vom ebenso wahrhaftigen Kulturwandel der zivilen Wohlfahrtsgesellschaft kommen. Der soziale Rechtsstaat ist gefordert. Aber der Staat ...

(Überraschung!) … sind wir. Insofern – im Lichte dieser Deutung – hat das Titelbild des »Leviathan« von Thomas Hobbes völlig recht. Der Staat besteht aus seinen Individuen. Aber denen fehlt es an Personalität: den einen als Opfer in der Rolle des Klientels, den anderen als Täter des Fehlens des Mutes zur Freiheit, die bedingte Autonomie im Modus der Partizipation in einer Kultur des sozialen Miteinanders meint. Um bei der Alternative zur Kakofonie zu bleiben: Welche Melodie solle das Zusammenspiel von Wohlfahrtsstaat und Wohlfahrtsgesellschaft bestimmen und das Ensemble zum Tanzen bringen? Pan ist tot! Er muss wieder lebendig werden. Er muss uns die Melodie der Transgression flöten. Insofern stimmte es mit der Idee (der Rückkehr Gottes) des Dionysos als Wiederkehr von Jesus. Jesus ist der Aufruf zur Selbsttranszendenz; die psychoanalytisch fundierte Kritische Theorie ist Hebamme der kollektiven (kooperativen) Selbsttranszendenz der Träume (des Walter Benjamin) als Erinnerung an die noch nicht verwirklichte Zukunft. Doch es ist die Kastrationsangst der Männer, das Prinzip der Männlichkeit, symbolisch als Repräsentation der Herrschaft zu verstehen, die sich apollinisch gegen die Dynamik der weiblichen Transgression wehrt.[1] Wir müssen uns aus unseren Käfigen befreien, unsere Schuldigkeit abbauen. Offensichtlich hat sich die Psychoanalyse nicht zufällig so tiefgründig mit Mythos und Religion beschäftigt. Im Mythos thematisiert sich der Mensch selbst anthropologisch, ontologisch. In der Religion kommt der Mythos zu seiner Ethik, leider auch zu seiner Kirche.

Welch penetrante Pathetik. Das ist der Vorwurf der Realisten als Kastrationskommissare der sozialen Phantasie. Ich habe ja nichts zu verlieren. Den entscheidenden Ruf hatte ich 1998 bekommen. Ich bin kein Nachwuchswissenschaftler, der im Rahmen seiner an ihm sich vollziehenden Züchtung die Regularien der wertfreien Wissenschaft als Methodenfetischismus der Scientific Community der Journal-Rankings beachten muss. Mich rufen ganz andere Geister. Vor allem mein Gewissen, das mir zunehmend in produktiver Weise narzisstisch lieb wird. Es lockt die intellektuelle Narrenfreiheit des nahenden Alters.

Nochmals: Ich überziehe, stilisiere. Aber in der Verzerrung liegt die berechtigte Wahrheit verkörpert und erblickt so das Licht der Welt. Wenn man mit wohltemperierter Ausgeglichenheit in harmonischer Haltung beginnt, ist die Idee der Veränderung bereits begraben. Wissenschaft erlangt eine poetologisch fassbare Kraft, wenn sie transgressiv wirkt. Sie erzählt dann in dramatisch zugespitzter Weise Geschichten über die soziale Wirklichkeit und weist sodann Pfade des aufrechten Ganges in die konkrete Utopie. Um welche transgressive Narration geht es hier? Welches Narrativ leitet die Studie?

Es wird um einen kritischen Blick auf die »Ordnung der Dinge« gehen, um einen Blick, der nahe an der neurotisierten Verstiegenheit ist, aber diesen provokativen Habitus braucht, damit er aufschreckt. Der Blick soll dabei helfen, dass sich

1 Dazu auch Galvan, 1996.

die Lüge nicht mehr als Wahrheit verkaufen kann, um an Adorno anzuknüpfen. Die Studie steht daher in einer von Psychoanalyse geprägten poststrukturalen Tradition der Kritischen Theorie, wenngleich gerade mit Blick auf das gestellte Thema in Bezug auf Adorno hier keine pubertäre Apologetik betrieben wird. Adornos Verständnis von Durkheim ist ebenso eine intellektuelle Fehlleistung wie seine Kritik am Jargon der Eigentlichkeit.

Kritische Theorie ohne Psychoanalyse ist gar nicht möglich. Denn die Genealogie der zu behandelnden Themen als Problem der »langen Dauer« ist eine solche der Psychohistorie, die wiederum aber eingebettet bleibt in eine Kulturgeschichte der grammatischen Strukturcodes des sozialen Miteinanders. Beide Ebenen sind semiotisch zu erfassen: die Sprache der Psyche und die Sprache des sozialen Miteinanders. Die Sprachebenen kommen mittels der Sprechakte im Alltag der Menschen zur Wirkung, zur Inszenierung der Performativität, die aber keine reine Präsenz im Moment des Events ist. Verborgenheiten müssen gelichtet, also zur Entbergung geführt werden. Es geht um das Monströse im Innenraum wie im Außenraum der Menschen als *homo abyssus*, der evolutionär längst hätte abgeschrieben werden müssen, wenn er nicht das Potenzial zum *homo donans* hätte. Es ist der ewige Traum von der Liebe, die uns hoffen lässt.

Man merkt, wie wir uns in dem diskursiven Themenfeld theologischer Anthropologie bewegen, deren Sprache aber transformieren, um ihrer Verstrickung mit den Herrschaftstraditionen der Anstaltskirche zu entkommen. Hier wollen wir dionysisch sein, somit eine neue, sozial innovative Stufe apollinischer Ordnung besteigen, die Freiheit in wahrer Geborgenheit anvisiert. Das Telos des ganzen dynamischen Prozessgeschehens ist die Personalisierung des Menschen. Wissenschaftspoetologisch gesehen ist es kein Widerspruch zur Idee der Wissenschaft, die kakofone Melodie der sozialen Wirklichkeit zu kontrastieren mit der Atmosphäre der transgressiven Hoffnung, wenn die Flöte von Pan die Epiphanie des Dionysos ankündigt. Die Botschaft des Dionysos ist die Idee der personalen Würde des Menschen, die sich in der Wertewelt von 1789 verkündet, Freiheit, Gleichheit, Solidarität zum Ausdruck bringt. Genealogisch ist diese Idee archetypisch alt. Sie liegt naturrechtlich im Wesen des Menschen verankert. Die Geschichte hat aber bislang nur Phänotypen generiert, die hinter dem genotypischen Gestaltpotenzial zurückbleiben. Hier geht es um eine Skalierung der ontologisch-ontischen Differenz, die einmal nicht Statistik als Vermessung der Wirklichkeit zu Herrschaftszwecken ist.

Die vorliegende Studie übertreibt also – und sie trifft damit den Kern der (ontologisch) unwahren (empirischen) Wahrheit der sozialen Wirklichkeit. Was ist also unser Thema, das zu problematisieren sein wird?

Angeblich vergreist unsere Gesellschaft. Und diese Vergreisung erschreckt. Ich spitze jetzt in absichtlicher Verstiegenheit zu: Angst macht sich breit. Wie im Fall einer Pandemie. Und Ekel vor der Hässlichkeit, das oftmals mit dem Bösen korreliert wird. Der »verheimte Mensch« wird in institutioneller Dichte erlebt. Das ist unheimlich, erschreckt. Die Haltung der Für-Sorge sorgt für eine atmosphärische Kohärenz der Veranstaltung. Statt die »Verheimung«, wie es in der älteren Literatur noch lautet, radikal kritisch zu hinterfragen, weil es eine Vertreibung aus der heimatlichen Lebenswelt in die Fremde artifizieller Sonderwelten[2] darstellt, die traumatisieren kann,[3] wird den Kapital-Anleger-Modellen in Huldigungsriten dafür gedankt, dass sie hinreichend viel Kapital zur Verfügung zu stellen, um die Heimplatzkapazitäten investiv zu ermöglichen. »Schöne heile Welt«.

Diese ganze Geschichte wird nachfolgend in ihrer kulturellen Grammatik psychoanalytisch zu verstehen sein. Dazu muss die methodische Distanz einer phänomenologischen Religionsethnologie genutzt werden: Das Heim wird als Geschehensort apotropäischer Hygieneangst dekonstruiert, also gegen den Strich gebürstet gelesen. Doch auch diese Befunde einer kritischen Lesart sprechen noch nicht zu uns. Befunde müssen wir im Lichte von Werten erst zu uns sprechen lassen. Die Werte sind aber nicht beliebig. Sie müssen anthropologisch fundiert aus der Rechtsphilosophie der personalen Würde deduziert und skalierend an den Gegenstand angelegt werden. Zur empirischen Wahrheit gesellt sich, an vorausgegangene Studien von mir anknüpfend, so der kritische Horizont eines Nachfragens einer ontologischen Wahrheitssichtung. Wie steht es um die »Sakralität der Person«? Die Antwort wird die Fokussierung auf eine radikale Sozialraumorientierung einer kommunalisierten Choreographie und somit die Bildung von Caring Communitys[4] auf der Grundlage der Differenzierung der Wohnformen im Alter sein müssen. Dies gilt trotz der offensichtlichen Probleme, diese Idee zu entfalten, wie auch das Projekt »Gutes Altern in Rheinland-Pfalz (GALINDA)«[5] zeigen kann.

Dass dann die Theorie gescholten wird, da »in Wirklichkeit« alles doch nochmals etwas differenzierter zu sehen ist, der Wandel keine Frage einer trivialen Lichtschalterbedienung (»switch off/switch on«) ist, das Ganze ein komplizierter sozialer Lernprozess ist (was in der Tat [von mir allerdings auch immer wieder im Diskurs in systemischer Perspektive und auf der Basis der Neurosenlehre der Akteure betont] die zentrale Entwicklungsaufgabe benennt), nicht top down verordnet werden kann, sodann sowieso unter Sozialismusverdacht gestellt wird, utopisch und somit latent totalitär ist, zumindest der Schublade »Sozialromantik des naiven und jugendlichen Idealismus« (womit ich in meinem Alter der Peinlichkeit

2 Zum Vergleich auch Schroeder, 2012.

3 Die radikale Referenzwelt der Skalierung: Peters, 2018. Vgl. dazu auch: Hahn, 2016.

4 Zu einem aktuellen Projekt in Köln, an dem der Autor beteiligt ist, vgl. www.caring-community.koeln.de.

5 Vgl. https://www.pthv.de/aktuelles/einzelansicht/news/gutes-altern-in-rheinland-pfalz-galinda/ (Tag des Zugriffs: 5. März 2020) sowie die Berichterstattung zum Projektende: https://msagd.rlp.de/de/service/presse/detail/news/News/detail/projekt-galinda-wie-gelingt-die-oeffnung-von-pflegeeinrichtungen-und-einrichtungen-der-eingliederung/ (Tag des Zugriffs: 5. März 2020).

überführt werde) zuzuordnen bzw. dort einzuordnen und sodann unter Verschluss zu halten ist, das ist mir klar. Die Unternehmen im Markt werden von Rufmord sprechen. Doch ist das Thema der Pflegepolitik und innerhalb dieses Themenfeldes die Neurosendiagnostik der Hygieneregime in der stationären Langzeitpflege letztendlich nur von exemplarischer Ausdrucksqualität für die allgemeinere und grundsätzliche Frage: In welcher Kultur wollen wir unser soziales Zusammenleben eigentlich organisieren?

Das Jahr 1789[6] hat uns eigentlich die normativen Vektoren dieser Raumbildung vorgegeben: ein Leben in Freiheit, Gleichheit, Solidarität. Psychoanalytisch gesehen ist dies eine Art von Übertragungs-Gegenübertragungs-Dynamik: Selbstliebe und Nächstenliebe bedingen sich existenziell gegenseitig, sind Gabe und Gegengabe. Wir ermöglichen uns als eine soziale Welt der Individuen eben nur im Rahmen einer Logik eines kulturellen Codes der *Miteinanderverantwortung*.

6 Vgl. Bourgeois, 2020.

Einleitung

Blicken wir in ethnologischer Distanz in die »fremde« Lebenswelt der Altenpflegeheime. Das Kuratorium Deutsche Altershilfe (KDA) hat kürzlich einen Diskurs aufgegriffen, in dem es problematisierend um die hospitalisierenden Hygieneregime geht, die eine akutklinische Atmosphäre in die Altenpflegeheime einschreiben und die Normalisierung des Lebens im Heim als Wohnort unterlaufen. Der alte Mensch als »Keimträger« ist exemplarisch für die Bedeutung von apotropäischen Haltungen und Praktiken, die mit Blick auf ihre neurotischen Verstiegenheiten affektpsychologisch als Hygieneangst verstanden werden können, woraus magische Mechanismen als Dämonenabwehrzauber klinischer Art resultieren, die, phänomenologisch gesehen, die Bewohner als jeweils feindliche andere konstituieren. Da es sich um Anstalten der Fürsorge handelt und ein aus der Verhaltensforschung bekanntes Fluchtverhalten der Professionen (allerdings schon im Sinne des Fachkräftemangels) nicht infrage kommt, werden die latenten präventiven Tötungstriebe des *homo necans* (als Zähmung des *homo abyssus*) zivilisiert zu manifesten sozialen Ausgrenzungen des Quarantäne-Paradigmas in Krisen und zur persistenten Berührungsangst, zur paternalistischen Dominanzattitüde, zum *»dependency-support-script«* und zur *»overprotection«* in den Zwischenzeiten. Da das hohe Alter die eigene Endlichkeit verkörpert, mag im animistischen Sinne einer antizipierend imaginierten Übertragung des ansteckenden Todes die von der Angst getriebene Gegenübertragung eben der reaktive Abwehrzauber sein, der magischer Natur ist.

Sind also Sterben und Tod ansteckend? Im Pflegeheim[1] praktizieren die Professionen, um Sterben und Tod zu zähmen und ihren Schrecken zu nehmen, rituelle Prozeduren des magischen Abwehrzaubers, die die Lebenswelt im Heim regulativ ordnen und ihr Normalität zuschreiben sollen. Dergestalt entsteht[2] inszenierend[3] soziale Erlebniserfahrungswirklichkeit. So reagiert man auf den alten Menschen als das monströse[4] andere[5], das erschreckt und zum Normalen der Sonderwelten

1 Vgl. Gross, 2001.

2 Vgl. Wulf, 2005.

3 Vgl. Warstat, 2018.

4 Vgl. Clear, 1999; kulturgeschichtlich exemplarisch instruktiv: Winkler-Horacek, 2015.

5 Vgl. Geisenhanslüke & Mein, 2009.

des Heimes erklärt wird. Die Herausforderung scheint zu sein: Wie lernen wir, mit Gespenstern[6] zu leben? So werden Sterben und Tod als ansteckend eingeschätzt. Dazu werden soziale Praktiken gelebt, die die Mitbewohnerschaft und Professionen schützen sollen. Diese Kultur dürfte psychologisch und psychoanalytisch überhaupt erst noch tiefer zu verstehen sein. Dieser radikal zugespitzte Blick auf die »Ordnung der Dinge« geht tiefer als die ältere Literatur zur Heimübersiedlung und zur erlebten Lebensqualität (die mehr ist als relative Zufriedenheit[7]), die sehr stark auf Autonomie[8] fokussierte, damit aber nicht das Ganze personaler Würde erfassen kann.

Die vorliegende Studie will nicht auf die aktuelle Problematik des Coronavirus[9] anspielen.[10] Umgekehrt könnte es eher sein, dass im Lichte dieser globalen Problematik die Frage gestellt wird, wie man überhaupt Ansteckungskrankheiten so unverantwortlich diskutieren kann, wie es (angeblich) in der vorliegenden Studie geschieht. Der Kontext und die thematischen Herausforderungen sind jedoch jeweils signifikant anders gelagert. Eine Dimension ist aber übergreifend bedeutsam und beschäftigt mich in der vorliegenden Studie: die Angst und die Reaktionsmuster der Zivilisation.[11] Was hier interessiert, das ist die Frage, warum der klinische Blick die Pflegeheime als eigentlich normale Wohnform sieht, während die Seuchen der Einsamkeit, Depression und Langeweile sowie Fremdbestimmung und Ausgrenzungen im Innenraum dieser Sonderaußenräume ignoriert werden. Selbst der Wellness-Wahn ist zur Epidemie geworden.[12] Fragen Sie doch einmal nach, wie sich Schwule[13] und Lesben[14] (oder Menschen anderer Diversitäten[15]) auf ein Wohnen im Pflegeheim freuen! Das Problem ist hier nicht, dass der Mensch in Dienstleistungsrollen als *homo necans*[16] aus Angst vor dem hässlichen Bösen (oder aus anderen Motiven heraus[17]) tötet oder die Flucht ergreift.[18] Denn er steht ja im situativen Kontext der Fürsorge. Aber der von der Angst getriebene[19] Mensch kann (die

6 Vgl. Aggermann, 2015.
7 Vgl. Klingenfeld, 1999.
8 Vgl. Weinwurm-Krause, 1998; Huber u.a., 2005.
9 Vgl. https://de.wikipedia.org/wiki/Coronavirus-Epidemie_2019/2020;(Tag des Zugriffs: 20.Februar 2020).
10 Vgl. auch im Hintergrund: Rengeling, 2017.
11 Vgl. zur »Spanischen Grippe«: Kekulé, 2009.
12 Vgl. Ehrenreich, 2018.
13 Vgl. Gerlach & Schupp, 2016; Gerlach & Schupp, 2018; Schütze, 2019.
14 Vgl. http://lesbenundalter.de/ (Tag des Zugriffs: 20. Februar 2020).
15 Vgl. Schwarzer, 2018.
16 Vgl. Burkert, 1972, 1998; Bierl & Braungart, 2010.
17 Vgl. Beine, 2011.
18 Hilfreich sind hierzu die Studien von Bilz (1973, 1974), auch vor dem Hintergrund der transaktionalen Ökobiologie von Jakob von Uexküll (1973). Zu Bilz vgl. auch Peters, 2004; zu Uexküll vgl. Mildenberger, 2007; Mildenberger & Herrmann, 2014; Brentari, 2016.
19 Damit hier auf einen modernen Begriff von Trieb (Storck, 2018) anspielend.

konstellativen Raumorganisationen[20] und Machtverhältnisse durch soziale Praktiken[21] nutzend[22]) isolierend oder fixierend ausgrenzen,[23] eben auch im Innenraum des Pflegeheimes, das eine Sonderung[24] als Außenraum im gesellschaftlichen Normalinnenraum darstellt.

Worum geht es also in der vorliegenden Studie? Versteht man unter Hospitalisierung in der Regel die Krankenhauseinweisung von Pflegeheimbewohner, so geht es jetzt – in der Umkehrrichtung – um die medikalisierende Hospitalisierung im Innenraum der stationären Pflegewelt. Damit wird eine zweite Hospitalisierungssemantik analytisch eingebaut: das (der Kinderpsychologie entlehnte) Hospitalismussyndrom, hier nun als deprivative[25] Deaktualgenese (abhängigkeitsinduzierende Versorgung statt Autonomie und Partizipation fördernde Aktivierung) der Institutionalisierung im hilfebedürftigen Alter.[26]

Oder könnten sich Heime (als Ort transformativen Lernens[27]) auch fortentwickeln zu Gegenorten gelebter Utopien?[28] Es geht also um den sozialen Tod, den Hasenfratz[29] für archaische Gesellschaften beschrieben hat, der nun aber auf unsere eigene moderne Gesellschaft in selbstanalytischer Ansicht zu übertragen ist.[30] Dabei ist zu erwähnen, dass die Interpretation der aktivierenden Pflege der »Charta der Rechte hilfe- und pflegebedürftiger Menschen« zum Teil verkürzt bzw. anthropologisch und rechtsphilosophisch nicht tiefgehend genug ist. Dies zeigt z.B. die dortige Auslegung in ihrer Körperzentriertheit (Bewegung, Essen), die die Aktualisierung der strukturschichtungspsychologischen Dimensionen des Geistes und der Seele der menschlichen Person übergeht bzw. eine psychomotorische Erklärung vermissen lässt.[31]

Was ist ein Pflegeheim? Sie meinen, Sie wissen das? Wie kommt es dann, dass die ethnografische Wissenschaft von der »fremden Welt« des Pflegeheims[32] spricht? Und wieso Ethnografie? War das nicht die koloniale Kulturforschung fremder – sog. »primitiver« – Gesellschaften? Der Soziologe Pierre Bourdieu hat eine an der Ethnologie geschulte[33] Soziologie der französischen Klassengesellschaft in einer Mischung aus Strukturalismus (sozialer Relationen in sozialen Feldern) und

20 Vgl. Echterhölter & Därmann, 2013.
21 Vgl. Certeau, 2014. Dazu auch Füssel, 2018.
22 Vgl. Bergmann u.a., 2019.
23 Vgl. Endter & Kienitz, 2017.
24 Vgl. Schulz-Nieswandt, 2016d.
25 Dazu in Matolycz, 2016; ferner in Wedel-Parlow, Fitzner & Nehen, 2004: 67ff.
26 Vgl. auch Hoppe, 2018.
27 Dazu auch Schäfer-Biermann u.a., 2016.
28 Vgl. Burghardt & Zirfas, 2019.
29 Vgl. Hasenfratz, 1983.
30 Vgl. Weber, 1994.
31 Vgl. BMFSFJ & BMG, 2019, Art 4: 14f.
32 Vgl. Koch-Straube, 2002; Hahn, 2011.
33 Vgl. Bourdieu, 1979, 2000.

Hermeneutik (des Sinnverstehens des Habitus und der sozialen Praktiken) als Ethnologie der eigenen modernen Gesellschaft entfaltet.[34] Es ist methodologisch eben diese methodische Distanz als Haltung der Verfremdung des Gegenstandes,[35] die eine kritische Analyse des Eigenen als ein Fremdes transzendental (Bourdieu war [noch stärker im Fall von Foucault] ein guter Kant- und auch Cassirer-Kenner)[36] eröffnet.[37] Diese Sicht knüpft an die ältere Kontroverse um die »Krise der ethnologischen Repräsentation« an. Neugierde[38] treibt die Forschung[39] an: Aber wie steht es mit dem spannungsreichen Gleichgewicht von Engagement und Distanz?[40] Auch auf den Gegenstand bezogen, also ethnomethodologisch gedacht, stellen sich diverse Fragen: Wie neokolonial sind die Praktiken der Professionen in ihren institutionellen Orten im Feld? Wie steht es dort um die Hermeneutik im Alltag und sodann um die Hermeneutik der Wissenschaft in Bezug auf diese Alltagshermeneutik? Und dann stellt sich noch das Problem von »Wahrheit und Methode« auf eine für uns ganz spezifische Art und Weise: Die empirische Wahrheit der wissenschaftlichen Hermeneutik in Bezug auf die Hermeneutik des Alltags wirft die Frage nach der (ontologischen) Wahrheit der (empirischen) Wahrheit auf: Was bedeuten uns – im Lichte unseres normativ-rechtlichen Menschenbildes – die erzählten Befunde?[41]

Also, gehen Sie davon aus, dass sie nicht wirklich in aller Tiefe wissen, was eigentlich Krankenhäuser und Pflegeheime sind! Dass in diesen Einrichtungen, wie es in den Sozialgesetzbüchern und Umsetzungsverordnungen verfügt wird, Hygieneregime walten, überrascht nicht. Aber verstehen wir auch hier den wahren, also ganzen Sinn verschiedener Bedeutungsschichten? Gibt es latente Sinnstrukturen, die verständlich machen, warum die verborgenen Drehbücher solcher Regime Aufführungen von Machtverhältnissen in neurotischer Verstiegenheit darstellen?

Von giftigen Alten und schwierigen Patienten ist in der Fachliteratur die Rede.[42] Alles nur Ausdruck von Stress und Personalmangel und durch Schulungen zu bewältigen? Liegen die Dinge beim demenzkranken Menschen als Störfaktor im Akutkrankenhaus ähnlich? Kritische Theorie hatte immer zunächst einen Verdacht. Und deswegen war die Psychoanalyse auch ihre analytische Kollegin.

In der Tradition Kritischer Theorie der sog. »Frankfurter Schule« war es eher eine Selbstverständlichkeit, dass Gesellschaftstheorie und Gesellschaftskritik der

---

34 Vgl. Bourdieu, 2002.
35 Vgl. Yerushalmi, 1999: 23, sich auf Freuds Moses-Studie (Freud, 1997) beziehend.
36 Vgl. Magerski, 2005.
37 Vgl. Instruktiv: Mahr, 2019.
38 Vgl. Franzmann, 2012.
39 Vgl. Hülsen-Esch, Seidler & Tagsold, 2014.
40 Vgl. Schauer & Lepper, 2018.
41 Vgl. Schulz-Nieswandt, 2018b.
42 Vgl. auch Herwig, 2014.

»uneigentlichen«, entfremdeten sozialen Wirklichkeit, in der der Mensch sein Wesen als freies, selbstbestimmtes und zugleich solidarisches Subjekt nicht zur Gestaltwahrheit bringen kann und insofern im Sinne einer »Philosophie des Noch-nicht« erst noch werden soll, was er an sich seinem Wesen nach bereits ist, nicht ohne Psychoanalyse auskommen können. Will die Wissenschaft verstehen, wie Gesellschaft funktioniert, muss sie den kulturellen Mechanismen auf der Spur sein, die erklären helfen, wie soziale Wirklichkeit generiert wird und sich im sozialen Wandel des geschichtlichen Zeitstroms reproduziert. Wenn die Sozialforschung soziale Wirklichkeit in ihrer kulturellen Grammatik des sozialen Zusammenlebens verstehen will, dann geht dies nicht ohne eine Theorie der Funktionsweise des Subjekts, das in die jeweilige Kultur der Subjektivierung des Subjekts (als Formung des von Kreativität und Plastizität geprägten Menschen) eingebettet ist. Sigmund Freud selbst entfaltete (vor allem in »Totem und Tabu«) ja aus seiner Psychoanalyse heraus einen Beitrag zur Theorie der Logik der Kultur (von Tat, Schuld und Opfer) des Menschen. Seine psychoanalytische Theorie des Menschen als unspaltbares Kultur- und Naturwesen lokalisierte den Kampf der gesellschaftlichen Konflikte im Innenraum des psychischen Arbeitsapparates. In diesem inneren Mikrokosmos spiele sich die Psychodynamik des Menschen ab. Im Sinne der Theorie von Jacques Lacan hat sich die Gesellschaft tief eingeschrieben *(Inskription)* in das Subjekt. Dies entspricht dem Internalisierungs-Theorem in der Sozialisationstheorie und wird bei Michel Foucault in seiner Theorie der Subjektivierungsformen in einem großen Zusammenhang der Dispositive der Epoche (System von Diskursen, institutionellen Ordnungen und sozialen Praktiken) und der Regierungskünste der Gesellschaft als Machtsystem (Theorem der sog. Gouvernementalität) entfaltet.

Gerade bei Michel Foucault ermöglicht die Rede vom »Tod des Subjekts« zweierlei Deutungen. In normativer Hinsicht kommt einerseits das Subjekt nicht zur Authentizität seines Selbst und dessen Pflege als Selbstsorge. Foucault schätzte das Werk von Theodor Adorno sehr und hier passt Adornos Spruch aus *Minima Moralia:* Kunst sei die »Magie, befreit von der Lüge, Wahrheit zu sein«. In erklärender und verstehender Hinsicht geht es aber andererseits darum, dass das Subjekt nicht der cartesianische Ausgangspunkt der Wissenschaft von der sozialen Wirklichkeit sein kann. Das Subjekt ist aus poststrukturaler Sicht zu *dezentrieren*. In diesem Sinne kann man auch das methodologische Diktum der klassischen französischen Soziologie von Émile Durkheim angemessen verstehen, wonach Soziologie das »Soziale durch das Soziale« zu erklären habe. Gesellschaft lässt sich nur in ihrer Funktionsgrammatik verstehen, wenn sie sich über das vergesellschaftete Subjekt vermittelt. Insofern überrascht es nicht, dass Durkheim auch sozialpsychologische und pädagogische Schriften verfasst hat. Durkheim kritisierte die damals vorherrschende atomistische – Adorno würde sagen: monadische – Psychologie. Das Individuum ist als Persönlichkeit nie ein isoliertes Atom. Es ist seinem Wesen nach ein soziales Molekül, immer aus seinen sozialen Relationen heraus zu verstehen und in seinen Bemühungen um einen Selbstentwurf eingebunden im »Geworfen-Sein« in seine geschichtlich vorgängige, ihn einbettende Kultur. Hier liegt die Differenz zum Existenzialismus von Jean-Paul Sartre verborgen. So formt die Vergesellschaftung den Charakter der menschlichen Person und schreibt sich tief in die Strukturschichtung von Geist, Seele und Körper des Menschen ein.

Man wird die Verhältnisse also auf ihre latenten Sinnstrukturen als verborgene Melodien der Inszenierungen hin verstehen lernen müssen.

So ist eine Chef-Visite[43] im Akutkrankenhaus, wie uns Forschungen zum Ritual[44] im Krankenhaus zeigen, eben auch zeremonielle Inszenierung von Machtspielen zur Replikation von Herrschaftsverhältnissen (zwischen den verschiedenen professionellen Statusgruppen und zwischen Professionen und den kranken Menschen) im Krankenhaus. Wenn eine Kultur in einer neurotisch verstiegenen Kontrollbedürftigkeit auf Ordnung, Sauberkeit und Hygiene setzt, dann wird der alte Mensch (der andere als die Hölle[45])[46] zum Subjekt von Schmutz[47], Unrat, Krankheit, Hässlichkeit[48] und wird in der Verfluchung[49] umcodiert zum Objekt von Ordnungs-, Kontroll-, Disziplinierungs- und Hygieneregimen sozialer Exklusion panoptischer Quarantäne. *Quo vadis* – Normalisierungsparadigma des Wohnens als Anker des Lebens? Doch werden wir zugleich auch nochmals problematisieren müssen: Wie normal ist das Normale?

Der Sektor der stationären Langzeitpflege wird mir vorwerfen, dies sei nahe am pauschalen Rufmord.[50] Es ist mir schon klar, dass Gesellschaft in allen ihren Handlungsfeldern ein Zoo ist: Es gibt alle Exemplare. Auch in häuslichen Settings gibt es täglich im Umgang mit dem vulnerablen Alter Menschenrechtsverletzungen. Und ich bin lektürebedingt zu sehr geprägt auch von den ontologischen Diagnosen der theologischen Anthropologie, um nicht im Horizont meiner Kritik die *Analogia-entis*-Hypothese einzukalkulieren. Menschliches Zusammenleben bleibt immer unvollkommen. Aber das darf nicht bedeuten, dass wir den Überschuss des vermeidbaren Verlustes an Humanität nicht feststellen und bekämpfen müssen, in der

---

43 Vgl. ferner Forster, 2017.

44 Als Formen der Kommunikation: Douglas, 1986.

45 Gemeint ist das Werk »Geschlossene Gesellschaft« von Sartre (1987). Vgl. auch https://de.wikipedia.org/wiki/Geschlossene_Gesellschaft (Tag des Zugriffs: 22. Februar 2020).

46 Vgl. Giel, Obermeier & Reusch, 2016.

47 Vgl. Exner, 2017.

48 Die Bewohner haben genau vor diesem Urteil Angst und frönen selbst wiederum dem Schönheitsideal (der Jugend: vgl. in Röder, Jong & Alt, 2012) als Umdeutung des Alterns des Körpers: Denninger, 2018. Vgl. auch Mehlmann & Ruby, 2010; ferner Pfaller, 2016.

49 Vgl. Zhelvis, 2018.

50 Vgl. https://www.pflegen-online.de/redet-die-heime-nicht-schlecht (Tag des Zugriffs: 20. Februar 2020); vgl. dagegen: https://www.weser-kurier.de/bremen/bremen-wirtschaft_artikel,-Pflegeheim-wird-zum-Auslaufmodell-_arid,123476.html (Tag des Zugriffs: 20. Februar 2020).

Langzeitpflege im Alter wie auch in den frühen Hilfen[51] und der Kinder- und Jugendhilfe. Und es ist mir klar, dass es noch andere Erdteile gibt, wo alles nochmals ganz anders schlimm ist. Dennoch wird hier auf die Einhaltung der Menschenrechte fokussiert. Das Thema gewinnt – auch im Lichte angekündigter Literatur[52] – an Dynamik. Der Dichte des Wohnens im Heim, das wird eine der Perspektiven sein, sind neue Formen des gemeinschaftlichen Wohnens[53] entgegenzuhalten.[54]

Nochmals anders an mein Forschungsfrageanliegen herangegangen: Die berühmte Positionierung von Sophokles, wonach es das Beste wäre, nie geboren zu sein, das Zweitbeste, früh zu sterben, kann nicht die Philosophie des 21. Jahrhunderts sein. Es stimmt wohl, wie es in anderen, viel zitierten Redeweisen lautet, dass das Alter(n)[55] nichts für Feiglinge sei oder dass die einzige Alternative zum Altern der frühzeitige Tod sei. Besungen wurde ja, dass das Leben mit 66 Jahren erst anfinge. Oder: »Wer später stirbt, ist länger alt«.[56] Vor diesem Hintergrund ist zu fragen: Gelingt das Leben im Miteinander der Generationen? Wie gehen wir mit unseren Kindern um? Wie sieht die (nicht diskriminierende[57]) Kultur des Umgangs mit dem Alter der Mitmenschen[58] aus? Verfehlen wir in dieser Hinsicht das Gelingen des Daseins? In welchem Lichte spricht die Empirie der sozialen Wirklichkeit zu uns? Welche Altersbilder treiben uns an? Ein fehlendes Verständnis von Teilhabe liegt dort vor, wo die Eichhörnchen-Fraktion im Alter verallgemeinert wird. Dahinter steht eine Forschungsanekdote: Ein Pflegeheiminvestor hatte Bedenken, dass die Zimmer, die zur belebten Straßenkreuzung mit Blick auf eine Tankstelle ausgerichtet waren, nicht nachgefragt würden, anders als die Zimmer »nach hinten«, wo die Grünanlage den Blick auf die Eichhörnchen freigeben würde. Es war dann aber eher umgekehrt. Warum? Der alte Mensch – so kenne ich das aus dem Ruhrgebiet – möchte, die Arme auf einem Kissen, im offenen Fenster zur Welt teilhaben, das beobachtbare Geschehen kommentieren: »tratschen«. Frau M.: »Schau mal, da kommt Herr Müller wieder besoffen nach Hause; die arme Frau.« Frau L.: »Wieso arm? Ihr Liebhaber ist doch gerade erst gegangen.« Das ist Teilhabe am Leben, mitten im Leben stehend. Die Eichhörnchen-Fraktion gibt es auch. Aber die Verallgemeinerung verweist uns eher auf versteckte Reinfantilisierungsprogramme unserer Alter(n)sbilder: Der alte Mensch will seinen »wohlverdienten

---

51 Vgl. Braches-Chyrek u.a., 2020; Brisch, Sperl & Kruppa, 2019; Gebhard u.a., 2019.

52 Vgl. z.B. Frewer u.a., 2020; Piechotta-Henze & Dibelius, 2020.

53 Auch hier ist neue Literatur angekündigt: Niederhauser, 2020.

54 Dazu u.a. Krasemann, 2017; Wonneberger, 2018; Spellerberg, 2018; Philippsen, 2014; Schmid, 2019; Rogojanu, 2019.

55 Das (n) im Wort Alter ist von grundlegender theoretischer Bedeutung. Denn das Altern als Prozess (Bolze u.a., 2015) führt zum Alter, das sich selbst noch bis in den Tod hinein weiterentwickelt. Vgl. auch Mahr, 2016; ferner Hülsen-Esch, 2015.

56 Fischer, 2015.

57 Vgl. Rothermund & Mayer, 2009.

58 Vgl. Likar u.a., 2019.

Ruhestand« – in Ruhe in der Natur – genießen. Eine wohlmeinende, aber in der Verallgemeinerung ausgrenzende Stereotype.[59]

Welche Geschichte wird in der vorliegenden Abhandlung erzählt? Es gehört zur Lehre von der *conditio humana*, dass das endliche Leben des Menschen unsicher ist. Aus dem klassischen Mythos (Prometheus und die Büchse der Pandora, Orpheus und Eurydike, Odysseus) wird bereits deutlich: Der Mensch altert, sein Sein ist ein Sein zum Tode hin, er muss immer schwer arbeiten als Ausdruck seines Sorge-Daseins, er wird krank, gebrechlich, erleidet Verluste und stirbt sodann. Sein Leben(svollzug) ist immer geprägt von Risiken. Er ist gefährdet. Da die Hochaltrigkeit (80/85 Jahre und älter) von Risikolagen der besonderen Vulnerabilität[60] geprägt ist, obgleich die Vielfalt des Alterns auch in dieser Altersklasse bestehen bleibt, ist hier der *»worst case«* der problematischen Lebenslage eine kumulative Situation, geprägt von Einkommensarmut, ungünstiger Wohnsituation, strukturschwachem Wohnumfeld mit defizitärer Infrastruktur[61], Multimorbidität, Pflegebedürftigkeit, kognitiven Beeinträchtigungen, Netzwerklosigkeit u.a. m.[62]

Aus der Ethnologie ist der Spruch bekannt, man benötige ein ganzes Dorf, um Kinder erfolgreich aufwachsen zu lassen.[63] Man benötigt aber eben auch ganze Dörfer, um kulturell – grundrechtstheoretisch gesprochen: würdevoll[64] – angemessen mit dem Alter umzugehen. Wird es diese Vergemeinschaftungsformen in der Zukunft der Moderne[65] geben?

Verstehen kann auf unterschiedlichem Niveau der Tiefe geschehen. Klassisches Beispiel für kontextloses Verstehen ist das Wörtlichnehmen der übersetzten Bibel, ohne Kenntnis der sozialgeschichtlichen Kontexte. Heute wissen wir um die Tatsache, dass Übersetzungen immer auch konstruktive Interpretationen sind. Oder:

---

59 Vgl. Ehni, 2018.

60 Vgl. Schrems, 2020.

61 Arbeitsteilige Gesellschaften benötigen die Integration der spezialisierten Teile des Funktionsgefüges. Zur funktionierenden Lebensführung in einer Gesellschaft, in der nicht alle alles selbst (»Autarkie«) herstellen, benötigt der Mensch die Chance der Nutzung universal bereitgestellter Güter und Dienstleistungen existenzieller Art seitens der Gesellschaft. Es geht um Basisgüter des täglichen Lebens. Wasser ist eine allgemeine heilige Ressource in der Kulturgeschichte; Energie, Mobilität durch Verkehrssysteme, Zugang zu Wissen, Informationen, Bildung sind genauso anzuführen wie Care- und Cure-Dienstleistungen oder Wohnen.

62 Eine ergiebige Quelle für Fragen der Gesundheits- und Pflegeberichterstattung ist die Gesundheitsberichterstattung des Bundes (www.gbe-bund.de) bzw. vom Robert Koch-Institut (https://www.rki.de). Regelmäßige »Report«-Publikationen erscheinen im Schattauer Verlag, Stuttgart: Krankenhaus-Report, Pflege-Report, Versorgungs-Report. Vgl. auch die Studien des Deutschen Zentrums für Altersfragen (DZA, dza.de) auf der Basis des Alterssurveys (DEAS).

63 Bertelsmann Stiftung, 2010.

64 Vgl. Schmidhuber u.a., 2019; Niederhametner, 2016; Fix & Kurzke-Maasmeier, 2009; Bonacker & Geiger, 2018.

65 Auch rückblickend in Bezug auf die klassische Moderne: Agethen, 2018.

Man kann »zwischen den Zeilen« lesen (obwohl optisch da nichts steht). Ein Text (der Semiotik folgend) hat eine Syntax (Grammatik als System der Regeln der Erzeugung eines Textes), eine Handlungsstory (Pragmatik) und eine Botschaft (Semantik). Welchem tiefer liegenden Drehbuch der Konstruktion der Story, die Botschaften transportiert, folgt der vorliegende Text?[66] Der Text hat einen Bauplan, folgt also architektonisch einer Grammatik als System von Regeln, die den Aufbau des Textes konstruieren. Der Text ist ja nicht die Wirklichkeit des behandelten Gegenstandes selbst, sondern eine abstrakte Reproduktion als Konstruktion. Die Wirklichkeit ist ein soziales Geschehen, das als figuratives Feld zu verstehen ist (wie eine Bühne mit Akteuren und einem Drehbuch und einer Regie). Die Inhalte (Topics) stellen die Oberfläche dar; in der Tiefe gibt es eine eigene Geometrie des Textes. Diese Architektur spiegelt eine Feldtheorie wider, die von Vektoren (Kräften im Handlungsfeld), nämlich von der Rechtsphilosophie der Regime (Ideen der Würde und Inklusion, Autonomie und Partizipation), den Institutionen (Bund, Länder, Kommunen, Sozialversicherung, Märkte etc.) und den (Interessen) der Akteure (Professionen, Betroffene, Angehörige etc.), bestimmt wird.

Exkurs: Pflege als »totale soziale Tatsache«

Der »KDA-Kongress 2020: Pflegereform als Gesellschaftsreform?« am 13. Februar 2020 in Berlin, auf dem u.a. mein für das Kuratorium Deutsche Altershilfe (KDA) vorgelegte Analyse- und Positionspapier »Pflegepolitik gesellschaftspolitisch neu denken. Gestaltfragen einer Reform des SGB XI«[67] diskutiert wurde, machte deutlich, was ich mit »Pflege als ›totale soziale Tatsache‹« meine und nun darlegen möchte. Diese Formulierung geht auf Marcel Mauss[68] in der klassischen soziologischen Schule von Émile Durkheim[69] zurück.

66 Man könnte diese Geometrie der Texterzeugung wie eine Ellipse verstehen: Horizontalität: der Aufbau der Abhandlung einer Bewegung entlang der Hauptachse einer Ellipse. Vertikalität: Diese horizontale Hauptachse einerseits folgt der analytischen Struktur der Analysedimensionen des politischen Systems, nämlich Polity, Politics und Policy; andererseits ist die Mehr-Ebenen-Analyse (Makro-, Meso- und Mikroanalyse) entlang der vertikalen Nebenachse der Ellipse organisiert. Die Polity-Dimension umfasst hierbei die vertikale Mehr-Ebenen-Dynamik der normativ-rechtlichen Regime (UN, EU, GG, SGB, Bundesländergesetzgebung), da diese Rechtsregime und die dahinter stehenden Institutionen (Judikative, Legislative, Exekutive) von konstitutioneller Bedeutung für Politics und Policy sind. Politics generiert in diesem Rahmen sodann die Dynamik der Policys. Und hier siedelt sich wiederum die Entwicklung des Wirkzusammenhangs von Struktur-, Prozess- und Ergebnisqualität an.

67 Schulz-Nieswandt, 2020e. Umfassend dazu: Schulz-Nieswandt, Köstler & Mann, 2020.

68 Vgl. Moebius, 2006.

69 Vgl. Bogusz & Delitz, 2013; Suber, 2011.

Es gibt Kategorien, wie die der Gabe[70], aus denen heraus sich die Totalität des gesellschaftlichen Geschehens verstehen lässt. Die Kategorie der Gabe spielt in der (u.a. auch genossenschaftswissenschaftlichen[71]) Reziprozitätsforschung[72] eine konstitutive Rolle. Doch hier ist – durchaus anknüpfend an die Eucharistieforschung (schon Freud in »Totem und Tabu«[73] sah in der Heiligen Messe eine Ritualaufführung mit dem Akt des Gottessens) oder an die *Do-ut-es*-Forschung zu den (nicht magiefreien) Opfer-, Gebet- und Klageliedpraktiken in der älteren Religionsphänomenologie (oder in der Luther-Forschung, in der Gastfreundschaftsforschung) – eher ein psychoanalytisch[74] verstehbarer Symbolzusammenhang anzuführen: Könnte es sich beim Opfer um eine bittende Gabe handeln, die aus Schuld heraus angeboten wird, um die Vergebung[75] oder das Verzeihen[76] als Gegen-Gabe zu erheischen?[77]

Die Gabe als klassisches Beispielphänomen für die Epistemologie totaler sozialer Tatsachen ist deshalb so relevant, weil sie motivhaltig und kulturgrammatisch im Kern der Mikrogeschehensordnung der Pflege, die ja immer (mikrosoziologisch bzw. sozialpsychologisch betrachtet) eine soziale Dyade oder Triade ist, eine Rolle spielt. Welches Drehbuch des Alter(n)s[78] läuft hier in den figurativen Feldern der Pflege[79] ab?[80] Dass theologische Reflexionen die Gabe mit der Liebe in Verbindung bringen, ist naheliegend. Sozial- und kulturwissenschaftliche, einschließlich psychologische Forschungen arbeiten aber auch die Machtbeziehungen[81] und somit die Ambivalenzen in der durch die Gabe konstituierten sozialen Beziehung heraus. Schmutzige Gaben mit bösen Motiven sind auch Teil der sozialen Wirklichkeit. Konvergenz besteht dort, wo die Analyse der Anrufung als Urgabe der Liebe Gottes in der Theologie[82] und die Abrufung der Staatsapparate in der marxistischen Theorie bei Louis Althusser[83] erkennbar wird. Es geht in der Pflege habitushermeneutisch (vgl. unten in Anhang 8) insofern um soziale Abhängigkeiten, Dominanzstreben, Demütigung und Beschämung. Doch lösen wir uns von der (ontologischen[84])

70 Vgl. Schulz-Nieswandt u.a., 2003, 2009; Schulz-Nieswandt, 2014, 2018c.
71 Vgl. Schimmele, 2019.
72 Vgl. Degens, 2019; Schmidt, 2014.
73 Freud, 1970.
74 Vgl. zum Hintergrund auch Weiß, 2018.
75 Multidisziplinär diskutiert: Fücker, 2020; Scheiber, 2006; Brachtendorf & Herzberg, 2014.
76 Vgl. Kodalle, 2013.
77 Vgl. Holleis, 2017.
78 Vgl. Amrhein, 2008.
79 Vgl. Schroeter, 2004, 2005.
80 Vgl. auch Fangerau u.a., 2007.
81 Vgl. Schröder, 2019; Matthwig u.a., 2015.
82 Vgl. Dalferth, 2011.
83 Vgl. Sirmasac, 2019.
84 Vgl. Ulrich, 2015; Tour, 2016.

Gabe-Problematik, die hier nur als Klassiker der sozialmorphologischen Theorie der »totalen sozialen Tatsache« angesprochen wurde.

So wie die Gabe also in ihrer komplexen Symbolstruktur religiöse, soziale, rechtliche, politische, ökonomische Dimensionen aufweist, so kristallisierte sich ein gesamtgesellschaftlicher Blick heraus, wenn man erläutert, was Pflege ist. Pflege geschieht an und mit einem Menschen durch Mitmenschen, womit die primären sozialen Gemeinschaften (Familie, Partnerschaft, Freundschaft) und das Generationengefüge ebenso wie die Geschlechterordnungen in den Blick kommen, damit aber auch die jeweilige Wohnform, in die dieses Geschehen eingelassen ist. Das Wohnen ist wiederum eingelassen in das Wohnumfeld, damit in die jeweiligen (urbanen oder ruralen) Siedlungsstrukturen. Und diese Ankerfunktion des Wohnens – eingelassen in die kulturellen Codierungen von Privatheit und öffentlichem Raum der Gesellschaft – ist mit Blick auf Mobilität und Teilhabe mit den Verkehrssystemen verknüpft.

Schaubild 1 zeigt uns, wie die generative Gewährleistung einer altersgerechten optimalen sozialen Infrastrukturlandschaft einerseits von der hochindividualisierten Bedarfsdiagnostik des vulnerablen Menschen und seinen siedlungsstrukturell kontextualisierten Wohnsituationen auszugehen hat und auf die zentrale Bedeutung der sozialen Vernetzungssituation verweist, aber trotz des bedeutsamen § 1 SGB I andererseits mit einer hochgradig fragmentierten Sektorenlandschaft konfrontiert wird.

Dabei stehen hinter den jeweiligen sektoralisierten Teilfeldern jeweils dominante Sozialgesetzbücher, die nach dem Kausalprinzip die Kostenträgerschaft jeweiliger Leistungsfinanzierungsverantwortlichkeiten regeln. Die Personenzentriertheit geht in ihrer Komplexität verloren, wenn es nicht zu einer transsektoral integrierten Landschaft kommt, die auf eine kooperative Überwindung des versäulten Systems der SGB setzt.

Die Metapher, die die Daseinsführung der vulnerablen Menschen in der Hochaltrigkeit sinndeutend beschreiben kann, ist das Labyrinth. Manchmal ist es auch der Labyrinthtypus des König Minos, wo der *homo patiens* dem System geopfert wird. Die Landschaft ist die der Odyssee des Odysseus. Da hat Aron Antonovsky in seiner Salutogenese schon treffsicher die Metapher angeführt, wonach der Mensch »ein guter Schwimmer« sein müsse. Psychoanalytisch gesehen ist die Odyssee eine große Erzählung vom Wagnis des Lebens, von der Suche nach Liebe, den Risiken der Reise dorthin, der Verluste, vom notwendigen Mut, aber auch vom Daimon des Schicksals, damals in Gestalt der Götter und Göttinnen, wobei Athena in Odysseus ihren Liebling unter den Menschen hatte. Athena findet heute im Pflegestützpunkt nach § 7c SGB V allerdings nur schwache Nachahmung.

Die primären Vergemeinschaftungsformen verweisen uns ferner auf die soziale Herkunft und die ethnischen Kontexte der Menschen, fügen die Menschen somit in die Sozialstruktur ein, aus der heraus die Lebensstile habituell zu verstehen sind.

Schaubild 1: Sozialraumidee im fragmentierten Feld des Sozialrechts

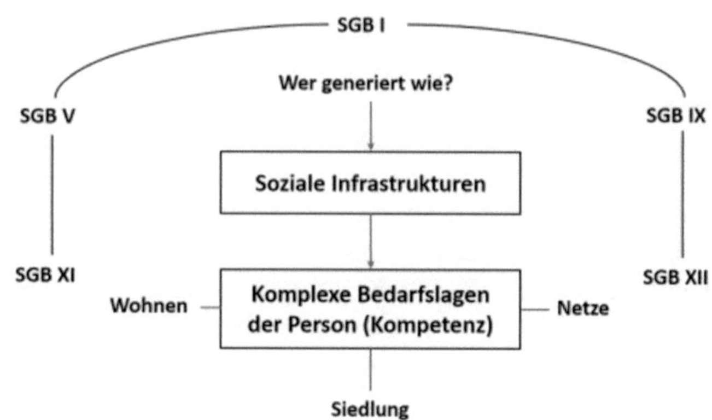

Damit kommen der zeitgeschichtliche Hintergrund und auch die langen bahnenden bzw. strukturierenden epochalen Entwicklungspfade der Wirtschafts-, Sozial-, Kultur- und Religionsgeschichte ins Spiel. Die Pflegebeziehung ist verbunden mit professionellen Angebotsstrukturen, wodurch die Märkte einbezogen werden in diese Blickweise auf die Pflege, sodann auch die Rechtssysteme und die Rahmen- und Interventionspraktiken der Politik, die auf die Pflege und ihre Kontexte bezogen sind. Nationalstaatlich verfasste Gesellschaften sind wiederum in transnationale Kontexte und Dynamiken eingelassen,[85] wirtschaftlich, politisch, rechtlich, kulturell. Alter(n) ist zugleich eingelassen in massenkommunikative Bildproduktionen, wird über Alter(n)sbilder in verschiedenen medialen Feldern sozial konstruiert und kulturell codiert.[86]

So betrachtet ist Pflege ein komplexer Signifikant als Bedeutungsträger, der als Handlungsfeld (semiotisch verstanden) eingebettet ist in ein System von Signifikanten eines komplex verschachtelten sozialen Systems, dessen Subsysteme auch die Person selbst mit ihrer inneren Strukturschichtung von Geist, Seele und Körper umfassen, und zwar im Sinne der poststrukturalen Theorie des dezentrierten Subjekts als Objekt ein gesellschaftlichen Einschreibungen[87] einen Mechanismus darstellend, der verständlich macht, was Durkheim unter der methodologischen Regel seiner Soziologie meinte, wonach das Soziale durch das Soziale zu erklären sei. Die Theorie der Vergesellschaftung ist so gesehen eine symbolische Geometrie

85 Vgl. Schwarz, 2016.

86 Vgl. auch mit Blick auf Autismus: Schwarz, 2020 (angekündigt).

87 Vgl. Heinlein u.a., 2016.

der Dialektik des Getrenntseins (Differenz) und des Einsseins (Interpenetration) von Innen und Außen.[88]

Verstehen wir Pflege[89], so verstehen wir im Sinne einer sozialen Morphologie[90] die Totalität der gesellschaftlichen Geschehensordnung, bei der alle Elemente strukturbildend ineinandergreifen. Pflege ist demnach im Sinne der genealogischen[91] Methode von Michel Foucault aus den relevanten Dispositiven, Diskursen, Institutionen und sozialen Praktiken heraus eben auch gouvernemental zu rekonstruieren. Pflege (und ihre institutionellen Orte[92] der Geschehnisse) ist der Knotenpunkt sozialer Beziehungen als Geschehensorte von verstrickten Geschichten über Geschichten, eingelassen in regulative Regime normativ-rechtlicher Art, aber eben auch sozialer Codes mit Blick auf Generationen- und (duale[93]) Geschlechterverhältnisse, Auslegungsordnungen von Solidarität und Subsidiarität, von Privatheit und Öffentlichkeit, von Kausalität und Verhalten, von Schuld und Schicksal.

Zurück aus dem Exkurs.

Die vorliegende Studie – poststrukturaler Kritischer Theorie verpflichtet – handelt von der Entfremdung des Wohnens als Verlust humangerechten Lebens im Pflegeheimkontext durch neurotisch anmutende apotropäische[94] Hygieneangst vor dem alten Menschen als »Keimträger«. Aber eigentlich handelt die Studie von mehr und auch von anderen Themenkreisen, vom Ganzen der gesellschaftlichen Organisation unserer Kultur der Pflege im Umgang mit dem Alter.

Struktur der Studie:
Die kulturelle Grammatik der sozialen Interaktionen im stationären Setting wird im mittleren Teil der Studie mit Rückgriffen auf Religionswissenschaft und Tiefenpsychologie entfaltet. Dieser mittlere Teil ist eher klassisch »akademisch« gehalten. Denn diese Analyseart wird mit Sicherheit auf massive Kritik stoßen. Sie muss daher optimal fundiert sein. Einige interdisziplinäre Vertiefungen erfolgen in den Anhängen. Vertiefende Erläuterungen habe ich auch in die Fußnoten geschoben. Beides dient etwas der Förderung des Textdarlegungs- und des Textleseflusses.

88 Vgl. Ciompi, 1988.
89 Vgl. Kellner, 2011.
90 Vgl. Wetzel, 2009.
91 Vgl. Kupke, Kurth & Rosenmüller, 2020; Lemke, 2019.
92 Vgl. Kahlow, 2019.
93 Wir schon, worauf ich in eigenen Analysen in früheren Publikationen zeigen konnte, bei Bachoven: Cesana, 1983: 163ff. Vgl. auch Boss, Elsaghe & Heiniger, 2018.
94 Vgl. Schlesier, 1990. Zu Otto Jahn (1813-1869) als Begründer der Forschung über die apotropäische Haltung vgl. ausführlich in Schlesier, 2015. Zum Kontext der Magie in der Moderne: Böhme, 2006.

Der vordere und der hintere Teil sind politischer im Lichte gesellschaftlicher Diagnostik gehalten. Die Kritik der stationären Lebenswelt wird eingeordnet in die aktuelle Debatte um die Zukunft der Pflege mit Blick auf die aktuellen Reformdiskurskonturen.

Damit wird das Thema der apotropäischen Kultur im Pflegeheim verknüpft mit der Perspektive der relativen Deinstitutionalisierung in Richtung auf die Sozialraumbildung vernetzter Lebenswelten im Quartier. Hier zeichnet sich die konkrete Utopie der für den *homo patiens* freundlichen Offenheit der inklusiven Kommune als Hilfegenossenschaft ab.

Im altorientalischen Umfeld[95] des Alten Testaments – davon zeugt eine umfangreiche Spezialforschungsliteratur (die m.E. noch nicht kulturgeschichtlich und kulturvergleichend umfassend aufgearbeitet worden ist) – ist die apotropäische Praxis des Dämonenabwehrzaubers ubiquitär (auch z.B. in China[96]), wie auch im Alten Testament selbst[97], sich sodann im Neuen Testament[98] als magische Praktiken fortsetzend.[99] Kulturell verbreitet sind die Praktiken, Amulette[100] an Türpfosten[101] oder funktional Äquivalentes an Toren[102] anzubringen, um die bösen Geister fernzuhalten. Noch[103] im modernen Katholizismus leben solche archaischen Praktiken aus indogermanischer Urzeit[104] weiter.[105]

Die verhaltenswissenschaftliche Ubiquität des Themas der angstbedingten Abwehrmechanismen[106] können wir allerdings dem Werk von Eibl-Eibesfeldt[107] entnehmen.[108] Ich werde vor allem die psychoanalytisch verstehbaren Tiefengrundlagen einer solchen Kultur der Ausgrenzung kultursemiotisch betonen. Diese Idee der apotropäischen Haltung ist auf verschiedene soziale Felder und Daseinsthemen zu applizieren. Genau dies werde ich hier praktizieren. Damit spezifiziert sich der Dämonenabwehrzauber als Hygieneangst.

95 Vgl. Thorwald, 1974: 145ff., 152ff., aber auch 276ff.
96 Vgl. Seiwert, 1983.
97 Vgl. Frey-Anthes, 2007; Schmitt, 2008.
98 Vgl. Busch, 2006.
99 Vgl. auch Huber, 2005.
100 Vgl. Hutter, 2005; Hansmann & Kriss-Rettenbeck, 1977, 1999; Schienerl, 1992.
101 Vgl. z.B. Langer, 1928; Hempel, 1997.
102 Vgl. Weißl, 1998.
103 Zum 18. Jahrhundert vgl. auch Weder, 2007.
104 Vgl. Reik, 1915.
105 Zur Aktualität der Magie: Haarmann, 1992.
106 Vgl. Freud, 1964.
107 Vgl. Sütterlin, 1992, 1993a, 1993b.
108 Ich habe diese Sicht zuerst 2012 in einem Aufsatz publiziert (Schulz-Nieswandt, 2012a) und später dann in zahlreichen Arbeiten aufgegriffen und vertieft.

Aus der Forschung[109] zu den Haltungen, Einstellungen und Bildern der Menschen im Verhältnis zum Mitmenschen mit Behinderungen wissen wir um an sich absurde Ansteckungsängste. Die Debatte wird aktuell unter dem Begriff »Ableism«[110] geführt:[111] Ableismus (Ableism) meint im Alltag einen Mechanismus der diskriminierenden Reduktion eines Menschen auf seine als Behinderung bezeichnete Beeinträchtigung. Damit verbunden wird einerseits entweder eine Abwertung (kausal: wegen der Beeinträchtigung) oder aber andererseits eine Aufwertung (quasi kausal: trotz seiner Beeinträchtigung). Damit sind Deutungs- und Verhaltensmuster analog zu stigmatisierenden Diskriminierungen von Menschen mit Migrationshintergrund im Sinne von Rassismus oder zur stigmatisierenden Diskriminierung von Frauen durch Sexismus in den Blick der kritischen Analyse geraten.

Theoretisch hat hier Erving Goffman[112] mit seiner Studie zur Stigmabildung gegenüber Menschen mit sog. Anormalitäten wichtige Zugänge im Hinblick auf eine kritische Sichtung geliefert. Im vorliegenden Kontext geht es somit um ein apotropäisches Bildermachen[113] vom alten Menschen als »Keimträger«. Dazu muss die allgemeine existenzielle Theorie der Angst[114] als Urgrund der Abwehrmechanismen spezifiziert werden – mit Blick auf das soziale Feld der Pflege auf der Grundlage einer Konkretisierung des beruflichen Pflegehabitus. In der Tradition von Melanie Klein[115] fokussiere ich auf den Typus des manischen Abwehrverhaltens. Drei Gefühle prägen die manische Haltung gegenüber den Objekten: Herrschsucht, Triumpf und Verachtung.[116] Diese Gefühle richten sich gegen Furcht, hier auch in Verbindung mit Verlust und Schuld, die aus der Minderwertigkeit der Pflege als heillose Sisyphosarbeit im Vergleich zur Medizin resultiert. Der Mechanismus hat Ähnlichkeit mit der »Schattenprojektion«, von der Erich Neumann[117] spricht: Das eigene Böse im eigenen Inneren[118] wird verdrängt und auf den Mitmenschen als den fremden anderen (sündenbockartig[119]) als Figurierung der »dämonischen Welt«[120] übertragen.

109 Vgl. Bleidick, 1995. Vgl. auch bei Niedecken, 2003.
110 Buchner, Pfahl & Traue, 2015.
111 Vgl. Czollek u.a., 2012.
112 Vgl. Goffman, 1975.
113 Vgl. Spanknebel & Schürmann, 2017.
114 Vgl. Ditfurth, 1972.
115 Vgl. Segal, 1983.
116 Vgl. Segal, 1983: 113.
117 Vgl. Neumann, 1964: 37ff.
118 Vgl. Kristeva, 1990; Gruen, 2002.
119 Vgl. Girard, 1994; Haas, 2009.
120 Vgl. Dodds, 1992: 44ff.

Die Berührung in der Pflege[121] hat nicht mehr jene archaische Eigenschaft des heilenden Handauflegens, die immer eher nah an der ärztlichen Kunst gegenüber dem kranken Menschen verstanden worden ist.[122]

Die Pflege ist von einer depressiven Grundgestimmtheit[123] geprägt, die im technischen Zeitalter vor dem Hintergrund eines Minderwertigkeitskomplexes gegenüber der Medizin zu verstehen ist. Angesichts alttestamentlich überlieferter polyvalenter Gottesbilder ist die ärztliche Kunst in der christologischen Tradition des (auf Körper, Geist und Seele bezogenen) Heilens unter dem dominanten Regime der Dispositive der technischen Moderne zu Praktiken der Überlistung des Todes und zur Wiederherstellung funktionsfähiger Körpermaschinen regressiv mutiert. Die Pflege wurde zur »verlängerten Mütterlichkeit«[124] stilisiert. Damit wurde ihr in der Altenpflege einerseits die tröstende Sorgearbeit des von Verfall, der Antizipation der stinkenden Verwesung und der Endlichkeit geprägten Alters überantwortet, andererseits auch das Gefühl der Unproduktivität der aussichtslosen Sisyphosarbeit angesichts des Todes.

Mag nun, ethologisch betrachtet, die Brutpflege eine evolutorisch vererbte Disposition des Menschen sein, so schreibt sich doch, genealogisch rekonstruiert, im Sinne der Biopolitik die Kultur tief ein in die Formfindung dieser Pflege. Sie nimmt habitualisierend eine »Ordnung der Pflege« als Haltung ein, in die sich Phänomene der Macht und des Dominanzverhaltens tief einschreiben und asymmetrische Architekturen sozialer Interaktion generieren. Der alte Mensch als »Keimträger« wird zum Fremden, der dämonisiert wird, wodurch die Professionen eine koloniale Haltung einnehmen.[125] Pfahler[126] sprach von den Kobolden, Dämonen und bösen Geistern, auf die der Mensch mit Abstand und entsprechenden Sinnbildern reagiert.

Nun ist ferner eine Differenz zwischen der Brutpflege von Kindern und der Pflege von Alten im Kontext des Wandels der Eltern-Kinder- und der Kinder-Eltern-Biografie zu bedenken. Sehen wir von dem Phänomen unerwünschter und daher nicht geliebter Kinder ab, so ist – ungeachtet der differenziellen Befunde der Bindungsforschung, etwa in prekären Familiensituationen – von einer naturwüchsig-selbstverständlichen Annahme der Brutpflegerolle als Sorgearbeit, ob nun gendersensibel oder nicht, auszugehen. Das weitere Werden und Wachstum des Menschen mit Bezug auf den sozialen Uterus der Familie als sehr später

121 Vgl. Sprecht-Tomann & Tropper, 2011; Tanner, 2018.
122 Vgl. Behm, 1968: 102ff., 148ff.
123 Vgl. Schuppener, 2019.
124 Vgl. Sachße, 2013.
125 Vgl. Castro Varela & Mecheril, 2016.
126 Vgl. Pfahler, 1964: 299ff.

Nestflüchter[127] und »biologisches Mängelwesen«[128] basiert nun auf einer sehr langen Sozialisationsphase. In diese eingelassen ist nun eine für beide Seiten der sozialen Beziehung durchaus schwierige, schmerzhafte Entwicklungsaufgabe: die (quasi zweite) Abnabelung, in der auf der einen Seite der junge Mensch zur Neolokalität neigt und auf der anderen Seite die Eltern loslassen müssen. Der Sinn der zunächst engen Bindung, als Voraussetzung einer Personalisierung des Kindes, ist also auf ein Loslassen hin angelegt. In der weiteren lebenszyklischen Entwicklung kann mit Blick auf die Dynamik von Nähe und Distanz, Bindung und Entfremdung zwischen Kindern und Eltern sehr viel geschehen. Die Geschichten, die hier biografisch auf beiden Seiten der sozialen Beziehung entlang der kalendarischen Zeitschiene ablaufen, sichern keinesfalls eine Kontinuität des gelingenden sozialen Miteinanders beider Generationen. Die Frage der Übernahme altenpflegerischer Aufgaben durch die jüngere Generation stellt sich in der Regel also kalendarisch spät, wenn beide Generationen bereits komplexe Biografien realisiert haben. Daher ist die Situation eine offenere Konstellation als in der kinderbezogenen Brutpflege, Sorgearbeit und Sozialisationsaufgabe. Die Wahrscheinlichkeit der Entfremdung oder gar anomischer Differenzentwicklungen zwischen älteren Kindern und ihren alten Eltern ist größer als in der intensiven Bindungsphase des Aufwachsens. Vor diesem – hier skizzenhaften und hochgradig vereinfachten – Hypothesenhintergrund ist sorgende Altenpflege nicht so selbstverständlich wie liebend sorgende Kinderpflege. Andere Sorgemotive – Pflicht, Respekt etc. – müssen aktiviert werden. Schuldgefühle mögen ebenso treibend sein wie Auslegungsordnungen des Prinzips der Reziprozität. Eine gewisse »filiale Reife« gehört zur gelingenden Rollenübernahme; ferner auch eine Selbstregulierung in Bezug auf Scham oder Ekel.

All diese Entwicklungsaufgaben stellen sich nochmals erweitert anders im Fall des professionellen Rollenspiels. Kinderkrankenpflege wird oftmals viel motivierter angenommen als die Altenpflege. Mag sein, dass im Laufe der technischen Zivilisationsgeschichte die Menschen manche kulturelle Selbstverständlichkeit verlernt haben. Aber Traditionalismus war noch nie ein gutes Argument, jedenfalls nicht mehr in einer postkonventionellen Epoche moralischen Urteilens auf der Grundlage der entsprechenden Stufen kognitiver Entwicklung.

Was sollte nun der Sinn dieser ganzen Argumentationsgeschichte sein? Altenpflege ist überhaupt keine Selbstverständlichkeit, sondern eine voraussetzungsvolle Rollenübernahmesituation. Man muss diese Sollens-Entwicklungsaufgabe von *role-taking* und *role-making* wollen und auch können.

Anders als in der sicherlich von Sorge geprägten Kinderpflege (abgesehen von den tragisch-dramatischen klinischen Ausnahmefällen) ist Altenpflege daseinsthe-

127 Vgl. Illies, 1976; Kugler, 1967.
128 Wöhrle, 2010.

matisch für beide Seiten der sozialen Beziehung existenziell von Angst besetzt, denn es geht um Endlichkeit, um Verfall, Sterben und Tod. Es geht um den Ekel vor der, am Körperzerfall[129] fixiert, antizipierten Verwesung als Übergangserscheinung zum Nichts des Hades. Der Geist und die Seele des Menschen waren immer an den Körper gebunden, der nun zerfällt. In der Abneigung gegen die eigene Endlichkeit wird der alte Körper zur Verkörperung des Hässlichen. Das Hässliche wird oft als korreliert mit dem Fremden als Ausdruck des Bösen konstruiert. Kinder strahlen wie die Engel; der alte Mensch ist ein Spiegel der eigenen schicksalhaften Zukunft. Nichts sei, so der Alltagsmensch, so sicher wie der Tod.

Die Abneigung kann sehr schnell in Aggression, in Ausgrenzung ausmünden. Das Ich, das ist ein anderer – so sprach Arthur Rimbaud zu uns. Ich schaue in den Spiegel und mir graut vor meinem Alter als Passage ins Nichts. Ich übertrage meine existenzielle Angst als Ekel vor dem alten Menschen als dem ganz anderen, den ich aus Angst vor einer infektiösen Gegenübertragung hier sodann dominieren möchte. Wenn ich dabei nicht die medizinische Aura der Rolle des Heilens im Kampf mit dem Sensenmann ausstrahlen kann, dann doch die der Für-Sorge, die den anderen zum Objekt meiner *zuneigend-ablehnenden* Begierde macht. Ich organisiere in Selbstsorge sorgend die Entsorgung des Dämonischen, das mich bedroht. In immer schon abgewandter Haltung wende ich mich dem bedrohlichen Objekt zu. Dieses Subjekt-Objekt ist ein »Keimträger«, Feinde in dessen eigenem Körper aufweisend, aber auch insgesamt ein Feind meines je eigenen Selbst seiend, das ich schützen und verteidigen muss.

Das volatile Wechselspiel von Depression und Manie ist bekannt.[130] Hier nun resultiert die Manie, das dämonische andere abzuwehren, aus der depressiv wirkenden Kastration der Pflege als mütterliche[131] Sisyphosarbeit. Eine einfache Frustrations-Aggressions-Hypothese? Aus dem Frust der Sinnlosigkeit des vergeblichen Kampfes das Objekt meiner Sorgearbeit zum Feind erklären? Natürlich ist diese Sorgearbeit nicht sinnlos. Es lässt sich eine komplexe Philosophie an- und ausführen, dass dies nicht der Fall ist. Aber das ist Philosophie. Was treibt die Akteure im Feld in ihrem Kopf an? Warum wird Angst und Ekel empfunden? Warum wird diese Entwicklungsaufgabe nicht so »verarbeitet«, dass die Würde des *homo patiens* gewahrt und der Mensch nicht repressiv ausgegrenzt wird?

Ich mache diese Fragen im mittleren Teil der Studie fest an dem Thema der hospitalisierenden Hygieneregime in den sog. Sonderwohnformen der stationären Wohnsettings. Aber es geht um das Allgemeine. Warum ist das Befreien vom Kot im Alter das ganz andere im Vergleich zum Windelwechseln bei Kleinkindern, das

129 Vgl. Keller & Meuser, 2017.

130 Vgl. Fuchs & Berger, 2013.

131 Zur Mütterlichkeit als geschlechtsunspezifische Haltungsressourve vgl. auch Heidinger, 2010.

mit Gesang, Freude und tiefer Liebe praktiziert wird? Das ist erklärungsbedürftig. Dazu bedarf es der »dichten Beschreibung« aus der ethnologischen Distanz ethnografischer Methoden auf psychoanalytischer Grundlage heraus.

I. Dramatische Narrationen

Die Altersstruktur in der Bundesrepublik ist von einer doppelten Dynamik des Alterns geprägt. Einerseits steigt der Anteil der älteren Menschen (die jungen und neuen[1] Älteren [ab 60 Jahre], des höheren Alters [ab ca. 70 Jahre], der Hochaltrigkeit [ab ca. 85 Jahre] und der Langlebigkeit [ab 100 Jahre]). Es liegt also eine beträchtliche Differenzierung innerhalb dieser sog. nachberuflichen Altersklasse vor. 2030[2] werden 29 Prozent der Bevölkerung über 65 Jahre alt sein, 2060 34 Prozent. 2030 wird der Anteil der über 85-Jährigen an der Bevölkerung bei vier Prozent liegen, 2060 bei neun Prozent.[3] Das muss – auch nicht mit Blick auf die Zukunft der volkswirtschaftlichen Innovativität – keine Katastrophe sein, wohl aber eine Aufgabe und Herausforderung. So ist also die durchschnittliche Lebenserwartung (ab Geburt) der Menschen angestiegen, bei Frauen stärker als bei Männern, was wohl auch genetische Ursachen hat.

Andererseits steigt auch die zusätzliche Lebenserwartung nach Erreichen eines bereits höheren Lebensalters dynamisch an. Die älteren Menschen werden demnach immer älter. Das wird die vorliegende Abhandlung als Thema in besonderer Weise beschäftigen: Gemeint ist die besondere Vulnerabilität (die Gefährdung und Verletzbarkeit) im Sinne von Risikolagen und Prävalenzen von Hilfebedürftigkeiten und Abhängigkeiten verschiedenster Art der stark ansteigenden Zahl von Menschen in der Hochaltrigkeit. Besonders werden dabei die Verluste, die Lücken und die Belastbarkeit von sozialen Netzwerken in das Zentrum der Betrachtungen zu rücken sein.

Die bundesdeutsche Fachwelt diskutiert in kontroverser Art und Weise eine Reform der Pflegeversicherung, die zentral vertrags- und leistungsrechtlich getragen wird vom SGB XI.[4] Es geht allerdings aus meiner Sicht um eine radikale Reform der Pflegepolitik als Teil der Gesellschaftspolitik. Ich habe dies in einem

1 In Zukunft auch ganz anders politisierten Senioren: Genz, 2020.

2 Vgl. https://de.statista.com/statistik/daten/studie/196598/umfrage/prognose-des-anteils-der-bevoelkerung-ab-65-jahren-in-deutschland/ (Tag des Zugriffs: 19. Januar 2020).

3 Vgl. auch https://www.demografie-portal.de/SharedDocs/Informieren/DE/ZahlenFakten/Bevoelkerung_Altersstruktur.html (Tag des Zugriffs: 19. Januar 2020).

4 Vgl. Krahmer & Plantholz, 2018; Udsching & Schütze, 2018.

öffentlich zugänglichen, analytischen Positionspapier des Kuratoriums Deutsche Altershilfe (KDA) darlegen können.[5] Es geht um viel mehr und um anderes als nur um eine Finanzierungsreform. Die angemessene Finanzierung steht am Ende einer Strukturanalyse, die klären muss, welche pflegepolitische Kultur mit welcher Versorgungslandschaft wir eigentlich finanzieren wollen. Das betrifft angesichts des Trends der Entwicklung der Langzeitpflege in das »Spinnennetz des Kapitalismus«[6] hinein auch ordnungspolitische Fragen der Steuerung der Ressourcen mit Blick auf eine obligatorische Sozialraumorientierung[7], die sich an eine Differenzierung der Wohnformen im Alter jenseits der relativ primitiven Dichotomie von privater Häuslichkeit versus Heim[8] knüpft. Damit steht gerade auch der Sektor der stationären Langzeitpflege – aus der der »stumme Schrei« ertönt: »Kinder, helft uns!«[9] – im Fokus der innovativen Transformation. Diese notwendige Transformation, die sicherlich wiederum nicht, in der Tradition der Entinstitutionalisierung »totaler Institutionen«[10] stehend, in eine simple Forderung nach der vollständigen Auflösung aller Heime mündet, ist begründet im personalen Menschenbild und in den grundrechtlich fundierten Wertorientierungen der normativ-rechtlichen Regime, die auf die Leitbildidee einer inklusiven und genossenschaftsartigen Kommune verweisen.[11] Die in der vorliegenden Abhandlung thematisierte Problematik der Gefährdung der Normalität des Wohnens im Heim durch klinische Hygieneregime, die den alten Menschen primär zum bedrohlichen Keimträger stigmatisieren, verweist uns auf eine Ordnungskultur, deren soziale Grammatik bis in ihre Tiefen hinein psychoanalytisch im Sinne einer Neurosenlehre[12] zu rekonstruieren und zu verstehen sein wird. Damit sind einseitig zugespitzte und im zwischenmenschlichen Miteinander nicht unproblematische »Verstiegenheiten« der Eigenschaften des Charakters gemeint. Im Fall charakterlicher Neurosen fehlt es an einem inneren Gleichgewicht in Bezug auf die zweipoligen Entwicklungsaufgaben des Menschen (Offenheit versus Verschlossenheit, Nähe versus Distanz, Geben versus Nehmen etc.). Einseitige Verstiegenheiten können die gesamte Daseinsführung eines Menschen dominieren und ihn wie ein böser Daimon zum Leiden trei-

---

5 Vgl. Schulz-Nieswandt, 2020e.

6 Wright; 2019; Mason, 2018.

7 Vgl. Kessl & Reutlinger, 2019.

8 Vgl. auch Kolland u.a., 2018.

9 Mütze, 2006.

10 Quensel, 2017.

11 Vgl. auch Jack, 1998.

12 Mit Blick auf eine depressive Grundgestimmtheit ist auf eine Pathologie des Zeiterlebens hinzuweisen: Die Sinnlosigkeit bildet sich aus der Entwertung der Gegenwart im Lichte entwerteter Vergangenheit und fehlender Zukunftsoffenheit heraus. Eine gewisse Wehmütigkeit mag produktiv sein, weil sie zum Nachdenken anregt; eine gewisse Melancholie kann subjektive Tiefe kreativ generieren. Es geht allein um die Problematik übersteigerter Verstiegenheit.

ben. Der »Geizhals« z.B. nimmt nicht liebend am Leben teil; er wird auch nicht geliebt. Vergleichbar – nur anders getrieben – der angstneurotische Mensch. Es geht um fehlende oder stark eingeschränkte Weltoffenheit im Sinne einer Liebesfähigkeit. Das Phänomen der krankhaften Blickverengung (Skotomisierung) kann als weiteres Beispiel angeführt werden. Sicherlich ist die Unterscheidung von dominant introvertierten bzw. extrovertierten Menschen relevant.

Der Pflegeheimsektor wird von einer ausgeprägten Mehrheit der Menschen nicht präferiert. Empirische Befragungsdaten belegen dies immer wieder. Wenngleich diese Sichtweise selbst durchaus bei tieferer Analyse der doch recht oberflächlichen Meinungsbilder aus verschiedenen Gründen problematisierbar ist und die Lebenswelt privater Häuslichkeit[13] angesichts der Pflegebedürftigkeit in der Hochaltrigkeit (angesichts u.a. der Gewalt[14], die komplizierte Fragen des Erwachsenenschutzes nach sich ziehen[15]) keineswegs zu einer heiligen Ordnung erklärt werden sollte, ist die Lebenswelt des Pflegeheimes[16] eine ebenso hochgradig ambivalente soziale Wirklichkeit. Die heilige Ordnung der privaten Häuslichkeit verweist hier gar nicht so sehr auf ihren grundrechtlichen Status im Sinne des Art. 13 GG. Gemeint ist die Narration, private Häuslichkeit sei ein Ort hoher Autonomie[17] der Lebensführung, die durch den Wohnformwechsel nicht verloren gehen soll. Die Geschichten, die hier zu erzählen wären, verweisen auf eine ungleich kompliziertere Welt voller Widersprüche. Es geht um Kontinuitätsverlustängste und Imaginationen von Abschiebepraktiken – »65 – Die Entsorgung der Alten«[18] – in eine Sonderwelt (in die »Deponie«[19]), die als tiefer biografischer Bruch (als »Endstation«[20] und als »Hölle« auf Erden) antizipiert wird. Oder ist das Heim molochartig zu erleben? Moloch[21] ist die biblische[22] Bezeichnung für phönizisch[23]-kanaanäische[24] Opferriten, die nach der biblischen Überlieferung die Opferung von Kindern durch Feuer vorsahen. Erleben alte Menschen das Heim als Molochort? Wird das Heim – analog zur Großstadtkritik des klassischen Expressionismus (in Literatur, Malerei, auch Film) – als Raum verstanden, der alte Menschen verschlingt? Ist das Heim

13 Vgl. Schmidt, 2015.
14 Vgl. Brendebach, 2000; Eggert, Schnapp & und Sulmann, 2018.
15 Vgl. Beck & Baumeister, 2017.
16 Vgl. Schneider, 2005; Baltes, 1996.
17 Vgl. Zander, 2014.
18 Jung, 2014.
19 Assmann, 2020.
20 Dowideit, 2012.
21 Vgl. Heider, 1985; Day, 1989; ferner Hieke, 2011.
22 Zur Orientierung in der Kontroverse zur sozialgeschichtlich, archäologisch und ethnologisch gesicherten kontextualisierten Genese vgl. Biblische Enzyklopädie. Bde. 1ff. Kohlhammer, Stuttgart.
23 Vgl. Sommer, 2008; Bonnet u.a., 2010; Diehl & Witte, 2008.
24 Vgl. Bonnet u.a.,2010; Niehr, 1990; Tubb, 1998.

die Analogie zur »panischen Stadt«[25]? Eine Analogie zum sowjetischen Wohnen der Kommunalka[26], die bedrohlich, ambivalent, konfliktreich erlebt wird? Wie bei den Morlocks in H. G. Wells Science-Fiction-Roman von 1895 »Die Zeitmaschine« (»The Time Machine«)? Die Dunkelheit[27] konturiert die atmosphärische Stimmung der Heimübersiedlung. Diese spürbare[28] Atmosphäre[29] dringt tief in die Innenwelt des Erlebens ein. Sie führt zur einschneidenden[30] Spaltung im Erlebnisraum.

Es wird im Verlauf der vorliegenden Abhandlung noch Abschnitte geben, wo wir diese Alltagsmythen remythisierend anders erzählen müssen. Dennoch bleibt ungeachtet differenzierter psychologischer Analysen der sozialen Geschehensprozesse und ihres Erlebens der Heimsektor und trotz seiner Differenzierungen und Wandlungen der vergangenen Jahrzehnte eine problematische Sonderwohnformwelt sozialer Exklusion bestehen. Natürlich gibt es auch ein »gutes Leben« im Alterszentrum.[31] In unserer Evaluation der Beratungs- und Prüfbehörden der stationären Langzeitpflege und des stationären Wohnens mit Menschen mit Behinderung im Land Rheinland-Pfalz[32] ist uns verständlich geworden, wie treffsicher ein Ampelsystem in der Einschätzung der Einrichtungen ist, also eine Grün-Gelb-Rot-Skalierung.

Exkurs: Kultursemiotik der Einrichtung

Es geht[33] um Räume, in denen als Semiosphären die Kommunikation topografisch als Verknüpfungen von binären Raumvektoren (wie oben und onten) und Semantiken (wie gut und böse) organisiert wird. Kultur ist eine räumliche Konzeptualisierung sozialer, moralischer, religiöser, rechtlicher, politischer, wirtschaftlicher Prozesse.

Der Begriff der Einrichtung ist aus dem komplexen Feld der Struktur des Gesundheits-, Pflege- und Sozialwesens heraus zu verstehen. Nachfolgendes Schaubild 2 mag hier helfen, den Vogelflugblick auf das System einzunehmen.

Die grafische Darstellung veranschaulicht die Struktur des Gesundheits-, Pflege- und Sozialwesens unter Einfluss der Vektoren F (Finanzierung), T (Trägerlandschaft) und R (Regulierung). Die Strukturqualität (SQ), die den Ermöglichungsrahmen abgibt für die Prozessqualität (PQ), die wiederum die Ergebnisqualität (EQ) prägt, umfasst drei Dimensionen der Versorgunglandschaft: Cure

25 Virilio, 2007.
26 Vgl. Evans, 2011.
27 Vgl. Fischer, 2017.
28 Vgl. Andermann & Eberlein, 2011.
29 Vgl. Rauh, 2012.
30 Vgl. Rodatz, 2014.
31 Vgl. Zimmermann, 2017.
32 Vgl. Schulz-Nieswandt, Köstler & Mann, 2019; Schulz-Nieswandt, 2020i.
33 Dazu Lotman, 2010a.

Schaubild 2: Strukturanalyse der Felder des Systems

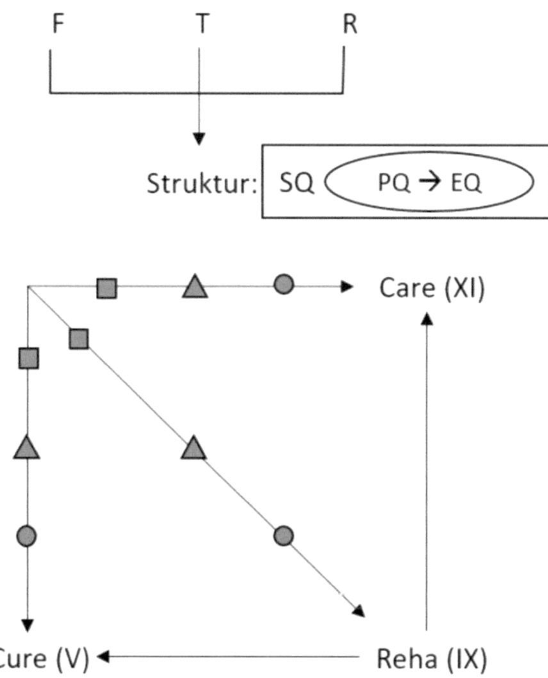

(Akutmedizin) im Feld des SGB V, Care (Langzeitpflege) im Feld des SGB XI und die mit Blick auf Aufgaben, Ziele und Träger differenzierte Rehabilitation (SGB IX). Insgesamt kommen Teile des SGB XII[34] mit ins Spiel des Feldes. Unterschieden werden in dieser Strukturanalyse Einrichtungen stationärer, teilstationärer und ambulanter Art, die mit verschiedenen Symbolen – ■, ▲, ● – eingetragen sind. Die vorliegende Analyse fokussiert auf den stationären Sektor[35], wenngleich forschungsfundierte Anmerkungen u.a. zum ambulanten Bereich ebenso eingestreut sind.

Der eher triviale Begriff der »Einrichtung«[36] (stationäre, teilstationäre und ambulante Orte der Erbringung sozialer Dienstleistungen an Geist, Körper und Seele

34 Vgl. Bieritz-Harder, Conradi & Thie, 2018.

35 Vgl. Gesundheitsberichterstattung des Bundes (2019): Pflegeheime (Anzahl). Gliederungsmerkmale: Jahre, Deutschland, Pflegeangebot, Träger, Kapazitätsgrößenklassen, www.gbe-bund.de/stichworte/PFLEGEHEIME.html (Tag des Zugriffs: 19. Februar 2020). Vgl. auch Pantel, 2018.

36 Rhomberg, 2015.

von Menschen) erweist sich demnach als komplex und vor allem entschlüsselbar mit Blick auf verborgene Tiefenschichten. Soziale Interaktionen wie die der Pflege entpuppen sich als soziale Praktiken, die über die Skripte der Akteure, in die sich die kulturelle Ordnung »eingeschrieben« hat, codiert sind.

Kurt Lewin[37], nicht unähnlich[38] auch das Verständnis des Integrationsraumes bei Thure von Uexküll[39] als Raum für die Integration von physischen und psychischen Gegebenheiten oder auch die Gestaltkreistheorie von Viktor von Weizsäcker[40], nimmt an, dass das Verhalten *V* eine Funktion der Person *P* und der Umwelt *U* darstellt,

$$V = f(P, U),$$

und dass *P* und *U* in dieser Formel wechselseitig abhängige (transaktionale) Größen sind. Damit ist die Feldtheorie von Kurt Lewin[41] sozialpsychologisch als Ausgangspunkt der Soziologie der Gruppendynamik[42] zu verstehen. Innerhalb einer Gruppe – hier die sozialen Beziehungen in den Einrichtungen – besteht ein Kräftefeld, das sich aus der Kultur der sozialen Interaktionen zwischen den einzelnen Gruppenmitgliedern heraus begreifen lässt.

Nur radikale klassifikatorische Überschreitungen (revolutionäre Transgressionen) gelten in der Kulturtheorie von Lotman[43] als Ereignisse, die als Mutationen der Drehbücher der codierten Einrichtungen zu verstehen sind. Damit ist das Thema der radikalen Sozialreform des Programmcodes der Institutionen angesprochen, in die das Thema einzubetten ist.

Der Ursprung der Hygienepolitik des öffentlichen Gesundheitswesens liegt in der Epoche der Urbanisierung[44] und in der sozialen Frage als ihrem Korrelat.[45] Es war z.B. die Cholera im »Zeitalter der Angst«[46], die, heute nochmals anders zu sehen mit Blick auf die militärische Forschung[47], hier ihre Signatur in der Verknüpfung[48] von Natur (Biologie) und Kultur (soziale Verhältnisse und staatliche Politik) findet. Spitzen wir in kritischer Absicht in ungeheuerlicher Weise zu: Heute verdichtet sich diese sozialdisziplinierende Dispositivordnung in stationären Wohneinrichtungen, wo die menschlichen Keimträger kaserniert sind. In diesen

37 Vgl. Lück, 1996; Stützle-Hebel & Antons, 2017; Stemberger, 2018.
38 Vgl. insgesamt auch in Schulz-Nieswandt, 2010b.
39 Vgl. Uexküll, 1963.
40 Vgl. Weizsäcker, 1997.
41 Seine Fortentwicklungen (Stemberger, 2009), sin d auch makrosoziologisch orientiert.
42 Vgl. König & Schattenhofer, 2018.
43 Vgl. Lotman, 2010b.
44 Vgl. Oberzaucher, 2017.
45 Vgl. Witzler, 1995; Flügel, 2012; Vögele & Woelk, 2000; Braun, 2019.
46 Briese, 2003.
47 Vgl. Dickmann, 2011. Vgl. ferner Caduff, 2017.
48 Vgl. Hacker, 2003.

Orten[49] treffen unterschiedliche Weltbilder (differente Wahrheitskonzeptionen[50]) aufeinander: die Wohnbedürfnisse der um ihre Lebensqualität ringenden Menschen einerseits und die Kontrollbedürfnisse der Professionen andererseits. Die Bewohnerschaft neigt angesichts der Konfliktformation zum Teil im Modus einer Entschuldigungstendenz[51] zur Identifikation mit dem Personal; das Personal neigt zum manischen Dämonenabwehrzauber als Bewältigung von Angst und Ekel infolge ihrer Schuldgefühle und ihrer depressiven Gefühlsneigung, die aus der frustrierenden Kastration ihrer professionellen Anspruchshaltungen resultiert.

Zurück aus dem Exkurs.

Der Sektor selbst erzählt oftmals die klassische Geschichte: Ja, es gibt »Pflegenotstand«[52], aber nicht bei uns.[53] Die Wirklichkeit (auch in Medizin und Pflege[54]) besteht aus Erzählungen.[55] Der Sektor kann sich aber nicht weiterhin hinter der großen Erzählung verstecken, er sei Ort der Sicherheit und Geborgenheit, auf die (in Verkürzung der Lebensqualitätsforschung der gerontologischen Pflegewissenschaft[56]) vielfach dominant argumentativ abgestellt wird.[57] Und im Lichte des Sicherheitsdenkens kann sich dann auch eine Ansteckungserkrankung zur absurden Angst[58] steigern, zu dem, was der Alltagsmensch Hysterie (in der Psychoanalyse und in der entsprechenden Charakterlehre terminologisch so nicht mehr üblich[59]) nennt.

Das vorliegend zu behandelnde Thema der Kultur der Hygieneangst und der Regime der Entnormalisierung des Wohnens in den stationären Settings der Pflegeheime erweist sich einerseits als ein (scheinbar) spezielles, kristallisiert sich bei tieferen Bohrungen aber (tatsächlich) als Teil der Heimwohnkultur andererseits heraus. Das Thema trägt die Signatur eines allgemeinen grundlegenden Kulturproblems dieser Wohnform, aus der heraus innovative Wege zu suchen sein werden, wenn wir humangerechte[60] – an der »Sakralität der Person« metaphysisch orientierte und entsprechend skalierbare – Ordnungen der personalen Würde[61]

49 Vgl. Görgen & Halling, 2014. Vgl. ferner Lobenwein u.a., 2017.

50 Vgl. Wilhelm, 2013.

51 Vgl. Steffen, 2009.

52 Pé, 2020.

53 Analog im Krankenhaus: Frank, 2017.

54 Vgl. Hofheinz & Cors, 2016.

55 Vgl. Goslar, 2020.

56 Vgl. Brandenburg & Güther, 2015.

57 Dazu auch Friedrich, 2015.

58 Vgl. Eisch-Angus, 2019.

59 Vgl. Arnaud, 2018; Mentzos, 2015; Seidler, 2001. Nochmals Hysterie ganz anders gelesen: Braun, 1990.

60 Vgl. Gerhardt, 2019.

61 »Dignity is inherent«, so lautet es im Völkerrecht. Die Würde ist Teil der menschlichen Natur, also seines Wesens. Die Würde ist dergestalt Kernidee eines modernen, demokratischen

im höheren und hohen Alter gewährleisten wollen.[62] Das gilt auch dann noch,[63] wenn Verfassungsbeschwerden keinen erfolgreichen Klageweg finden.[64]

Nicht nur das personale Erfahrungserlebnisgeschehen der Heimübersiedlung[65] ist mitunter als traumatisierend einzuschätzen.[66] Wenn das psychodynamische Bewältigungsgeschehen dieser kritischen Statuspassage[67] »gut« läuft, dann – nach höchster Wohlbedachtheit und tiefster Selbstbesinnung – als Bilanzierung des Ringens von Herz und Verstand der älteren und alten Menschen angesichts ihrer Vulnerabilität in einer privaten Häuslichkeit, der es oftmals an sorgender Gemeinschaft im Sinne einer nachhaltigen Vernetzung mangelt. Das Leben im Heim nach vollzogener Übersiedlung muss im Lichte »dichter Beschreibung« mit Blick auf die Dispositive und Praktiken der Logik institutioneller Versorgung kritisch hinterfragt werden.

Sozialempirische Wissenschaft erklärt sinnverstehend in methodisch kontrollierter und transparenter, also intersubjektiv nachvollziehbarer Weise rekonstruktiv oder in prognostischer Perspektive die theoriegestützte Konstruktion sozialer Wirklichkeit. Sie kann dabei aber auch die Lebenswelten (jenseits abstrakter statistischer Befunde als Strukturgitter von deskriptiven oder kausalen Zusammenhängen) im Zuge von explorativer, abduktiver und veranschaulichender, einfühlender,

---

Naturrechts. Doch in Konfrontation mit der sozialen Wirklichkeit muss gelten: Das Wesen muss erst noch (entfaltet) werden. Es ist an sich, muss aber erst noch erfahrbare Gestalt annehmen. Das fundiert Kritische Wissenschaft. Gegenüber dem traditionellen, eher der Herrschaft über breite Bevölkerungen dienenden Naturrecht der kirchengeschichtlichen Scholastik versteht das moderne Völkerrecht die Würde als konstitutiven Teil der menschlichen Natur. In diesem Sinne ist die Idee der Würde als Kern des Wesens des Menschen in seiner Personalität in das europäische grundrechtliche Unionsbürgerschaftsdenken und in die Grundrechte der bundesdeutschen Verfassung des Grundgesetzes fundamental eingegangen. In der neueren Literatur wird von der »heiligen Ordnung der Menschenrechte« bzw. von der »Sakralität der Person« als Grundlage des sozialen Rechtsstaates gesprochen. Diese Axiomatik der Würde prägt normativ-rechtlich auch die Logik des Gewährleistungsstaates. Für die am Capability-Ansatz der Sozialpolitik der Lebenslagenverteilung orientierte Gesellschaftspolitik sind die Werte der Selbstbestimmung, Selbstständigkeit und Teilhabe sozialrechtlich bestimmend. Diese personalistische Anthropologie von Autonomie und Partizipation rückt die Würde in das Zentrum der ontologischen Seinsverfassung des Menschen. Maßgeblich ist der kategorische Imperativ von Kant, wonach der Mensch immer nur Selbstzweck sein darf. Er darf nie instrumentalisiertes Mittel für andere Zwecke werden (Verbot von Violation und Alienation als Verletzungen der Würde im Völkerrecht).

62 Vgl. Gawande, 2017.

63 Vgl. Dabrowski & Wolf, 2016; Meireis, 2015; Werren, 2019.

64 Vgl. Helmrich, 2017.

65 Vgl. Zielke, 2020.

66 Vgl. auch Burkart, 2009; Altmann, 2014.

67 Vgl. Schröer u.a., 2013.

exemplarischer, interpretativer Weise im Sinne ethnografischer Erzählungen (Narrationen, dabei auch Narrativen auf der Spur seiend[68]) erkunden.[69]

Wenn statistische Daten vorliegen, die immer dringend benötigt werden, um sich »ein Bild zu machen«, so erzählen sie nicht Geschichten des Erlebens der Geschehnisse, des Beginns, der Entwicklung und der Abläufe der Erfahrung der Ereignisse. Was bedeuten die Erfahrungen von Ereignissen, die erzählt werden? Statistik meint ein Porträt sozialer Wirklichkeit in abstrakten Zahlen. Was bedeuten sie jedoch im konkreten Alltag des Versorgungsgeschehens? Was spielt sich da ab? Welche Geschichten könnten erzählt werden? Welche Dramen, welchen Tragödien? Zum Teil auch Komödien, manchmal aber wohl eher Grotesken, die zum Gegenstand von Persiflagen und Parodien werden können. Zum Teil erinnert die soziale Wirklichkeit an absurdes Theater. Orte und Vorgänge des Geschehens? Beispiele: der Demenzkranke als Störfaktor im Akutkrankenhaus, der traumatisierende Pendelverkehr zwischen Pflegeheim und Akutkrankenhaus,[70] Zahnhygiene im Pflegeheim; fehlende Demenzdiagnostik in der Hausarztmedizin; Sturz und einsamen Sterben in der Netzwerklosigkeit der Hochaltrigkeit, misslingende Polymedikation bei komplexer Multimorbidität[71], Schmerzverkennung[72] bei Demenz, Einsamkeit im Pflegeheim, Missachtungen von Patientenverfügungen u.v.a.m. an traurigen Erzählungen.[73]

Diese Rekonstruktionen können die quantitativen Forschungen nicht leisten. Das ist Aufgabe der qualitativen Sozialforschung, der Ethnografie, der Biografiearbeiten[74], der psychoanalytischen Aufarbeitungen und Interpretationen, der Sozialreportagen[75] etc. Die vorliegende Abhandlung nimmt zu Teil Züge narrativer Wissenschaft an, was eine Form der wissenschaftlichen Erzählung meint. Das Spektrum der Geschichten, die zu erzählen sein werden, ist breit; die Stufen der Schattierungen im Duktus der Erzählungen sind sehr differenziert. Einerseits wird das Spektrum schön wie ein Regenbogen sein, andererseits dunkle Pfade in den Hades darstellen. Man wird dieses existenzielle Themenfeld nicht einfacher und leichter haben können: Es ist angesiedelt zwischen Tragödie und Komödie als Formen des Dramas. Man kann über dieses Drama fabulieren (naturalistisch, realistisch, existenzialistisch, surrealistisch), Novellen oder Gedichte schreiben, vor allem Romane als Darstellungsform des Lebens.

68 Vgl. Chivers & Kriebernegg, 2017.

69 Vgl. Vaassen, 2012.

70 Vgl. Block u.a., 2012; https://www.aerzteblatt.de/archiv/210398/Pflegeheime-Strukturdefizite-sorgen-fuer-Krankenhauseinlieferungen (Tag des Zugriffs: 20. Februar 2020).

71 Vgl. Kuhlmey, Blüher & Dräger, 2015; Kuhlmey & Schaeffer, 2008.

72 Vgl. Sirsch, 2019.

73 Vgl. Struppek, 2010.

74 Vgl. Lutz, Schiebel & Tuider, 2018.

75 Vgl. Braun, Elze & Wetzel 2016.

Die vorliegende Abhandlung wählt einen Mittelweg zwischen Erfahrungswissenschaft, narrativer Wissenschaft und werteorientierter Handlungswissenschaft. Sie referiert einerseits keine reine Datenlandschaft, ist aber andererseits auch keine wissenschaftliche Reportage. Sie stellt eine Art von moderner metaphysischer Analyse sozialer Wirklichkeit dar: Sie ist Metaphysik, weil das »Wesen« des Menschen in seiner Seinsverfassung im Modus der vulnerablen Kreatürlichkeit in den Vordergrund aller Betrachtungen geschoben wird. Das »Wesen« des Menschen wird hierbei durchaus so dargestellt, wie es im modernen Rechtssystem kodifiziert ist. Dabei wird die Empirie als »Stand der Dinge« genommen und wird zum Verständnis der Entwicklung der Verhältnisse eben skalierend im Lichte der normativ-rechtlichen Vorgaben betrachtet.[76]

Meine Abhandlung ist werteorientiert einer Rechtsphilosophie eines Menschenbildes verpflichtet, die die Personalität des Menschen in den Mittelpunkt aller Betrachtungen und Erwägungen zu stellen hat. Die Würde[77] der menschlichen Person ist unantastbar und der transzendentale Fluchtpunkt aller normativ-regulativer Positionierungen in Bezug auf die Welt sozialer Tatsachen. Teilhabe[78] ist der partizipative Modus, in dem sich die möglichst selbstständige Selbstbestimmung der Menschen vollzieht. Anders ausgedrückt: Die Teilhabe am Gemeinwesen ist die Form, in der sich die Selbstbestimmung des Menschen als Wesensbestimmung des Menschen zum Ausdruck bringt. Versuchen Sie, sich das Zusammenspiel von Form und Wesen verständlich zu machen! Vielleicht kennen Sie die Analogie aus der Kunstbetrachtung? Oder haben Sie dergestalt schon einmal über die Wahl der Kleidung nachgedacht?

Inklusion ist als Bezugspunkt der Vermessung sozialer Wirklichkeit nicht beschränkt auf die Lebenssituation von Menschen mit Behinderungen.[79] Zu fragen ist nach den sozialen Ausgrenzungen von Menschen in verschiedensten Lebenslagen.[80] Inklusion meint Überwindung von Exklusion. Ein Leben in Inklusion meint das Ausschöpfen des Potenzials der Selbstbestimmung in möglichst großer Selbstständigkeit in Formen der Teilhabe, also der Partizipation am Gemeinwesen des sozialen Miteinanders in einer Welt der Diversität, also der Vielfalt der Geschlechter, der Altersgruppen, der Kulturen, der Begabungen, der sozialen Herkunft, der phänotypischen Merkmale. Die Ausschöpfung des Potenzials meint dann aber auch die Anerkennung der unausweichlichen Abhängigkeit, denn Autonomie ist immer relativ, eingelassen in soziale Beziehungen (die begrenzt [belastbar] sind oder gar

76 Vgl. auch Wils & Baumann-Hölzle, 2019.

77 Vgl. Knor, o.J.

78 Vgl. auch Amann, 2019.

79 Vgl. Welti, 2005.

80 Damit werden die ressourcenabhängigen Handlungsspielräume bezeichnet, die Menschen zur Erreichung ihrer authentisch wichtigen Ziele haben.

fehlen können) in Kontexten (als Umwelten des Handelns). Absolute Autonomie gehört nicht zur *conditio humana*.

Die Entwicklung einer achtsamen Wohlfahrtsgesellschaft muss mit resilientem[81] Mut zum Wagnis des Daseins (an dem der Mensch scheitern kann) den Fokus der sozialen Gestaltungsphilosophie auf die kommunale Lebenswelt legen. Hier wird gewohnt, gependelt, gearbeitet, geliebt, gestritten, gelitten, gestorben, gefeiert, konsumiert. Psychologisch und kulturwissenschaftlich gesehen haben Menschen ein tief sitzendes Bedürfnis nach örtlicher sozialer Geborgenheit. Die Aufwertung der Regionen und der lokalen Lebenswelten steht nicht im Widerspruch zur Welt der Globalisierung, Flexibilisierung und Beschleunigung der Moderne, sondern ist ihre passungsfähige Kehrseite. Die moderne Gesellschaft bedarf durchaus Formen der personalisierenden Vergemeinschaftung ihrer Individuen.

Im Zentrum radikalen Denkens einer sozialraumorientierten Weiterentwicklung der Gesundheits- und Pflegepolitik[82] steht ein Bekenntnis zur öffentlichen und, dabei mitgedacht, zivilgesellschaftlichen Daseinsvorsorge angesichts der zwingenden normativ-rechtlichen Vorgaben. Ich muss den bedeutsamen Punkt nochmals anführen: Die angesprochene Normativität in der Beurteilung der sozialen Wirklichkeit im Lichte empirischer Befunde kann nicht beliebig und willkürlich gesetzt werden, sondern muss anthropologisch fundiert aus der Rechtsphilosophie kommen. Letzter Fluchtpunkt aller Überlegungen muss die Würde des Menschen in seiner Personalität sein.

Einige erkenntnistheoretische Aspekte sind nun anzuführen, die für das Verständnis von Wissenschaft bedeutsam sind. Empirische Befunde sind Fakten, die zunächst sprachlos sind. Sie sprechen erst, wenn man sie im Lichte von normativen Referenzpunkten sprechen lässt, ihnen also Bedeutung zukommen lässt. Das deckt sich zunächst mit der Einsicht, dass aus »Es gibt«-Sätzen keine »Es soll«-Sätze deduziert werden können (der sog. naturalistische Fehlschluss). Empirische

---

81 Das Leben entlang der kalendarischen Zeitachse ist eine einzige Abfolge von Entwicklungsaufgaben der sorgenden Daseinsführung, an denen der Mensch mangels Ressourcen scheitern kann. Eine Ressource ist die Resilienz als seelische Widerstandskraft. Im Alltag sagt man: Nicht unterkriegen lassen! Kopf über Wasser halten! Nicht untergehen! Einmal mehr aufstehen, als man gefallen ist! Nicht in die enge Ausweglosigkeit drängen lassen! Resilienz bezeichnet in der Sozialpsychologie (z.B. in der Copingtheorie kritischer Lebensereignisse oder von Entwicklungsaufgaben in Statuspassagen) einen Ansatz zur Analyse der Bedeutung von psychischer Widerstandskraft im Lebenszyklus zur Förderung und Stabilisierung von Wohlbefinden, Lebenszufriedenheit bzw. Lebensqualität. Es gibt verwandte Konzepte in Bezug auf z.B. Selbstwertgefühl, Selbstbewusstsein, Selbstwirksamkeit usw. Das Konzept verweist uns auf das Theorem des Transaktionalismus. Es gehört zur Modellierung der Rolle von personengebundenen Kompetenzen im Lebenslagenverständnis im Sinne des Capability-Ansatzes.

82 Vgl. auch Schulz-Nieswandt, 2020d.

Befunde sind wahrheitsfähig im erfahrungswissenschaftlichen Sinne, da Erkenntnisse durch die Überprüfung falsifizierbarer Hypothesen gewonnen werden. Normative Maßstäbe sind aber nicht wahrheitsfähig, sondern nur geltungsfähig. In neukantianischer Tradition der Erkenntnistheorie fallen Sein und Sollen auseinander. Empirische Wissenschaften sind insofern werturteilsfrei. Sieht man davon ab, dass diese These heute problematisierend sehr differenziert diskutiert wird, so interessiert hier nun ein anderer Gedanke. Der von der südwestdeutschen, neukantianischen Wissenschaftslehre geprägte klassische Soziologe Max Weber (1864-1920) hat das berühmte Postulat der Werturteilsfreiheit sozialwissenschaftlicher Erkenntnisse aufgestellt. Doch muss man Max Weber genau (oder überhaupt erst einmal) lesen und angemessen verstehen. Er sprach nämlich davon, dass Erkenntnis wissenschaftlicher Art nur möglich sei durch transzendentale Wertbezüge von Kulturbedeutung. Der Begriff des Transzendentalen ist der Erkenntnistheorie von Kant entnommen. Er meint die Voraussetzungen der Ermöglichung von Erkenntnis. Diese Voraussetzungen sind vor jeder subjektiven Erfahrung liegend und ermöglichen die Erkenntnis der Gegenstände an sich erst.

Also: Erst im Lichte von Wertorientierungen sprechen soziale Fakten zu uns. Was bedeuten sie für uns? Welche Bedeutung hat die Erfahrung der Kenntnisnahme des Ereignisses der wissenschaftlichen Produktion von Fakten als empirische Befunde? Widersprechen sie oder verletzen sie gar unser Menschenbild, unser Weltbild, unser System von Normen und Werten? Stehen sie im Gegensatz zum Recht, in dem sich ja Normen und Werte (etwa Ideen sozialer Gerechtigkeit) ablagern und dort zum Ausdruck kommen? Die Differenz im Soll-Ist-Vergleich (D) ist eigentlich das Ergebnis einer Relation zwischen zwei Ebenen von Wahrheit: Einerseits gibt es korrespondenztheoretisch die Richtigkeitswahrheit empirischer Befunde (E), andererseits die Wahrheit der Bewertung (B*) der Bedeutung (B) dieser Empirie (E) mit skalierendem Blick auf das Wirklich-Werden des Menschenbildes, also:

$$D = B^* — B (E).$$

Hier geht es um die Frage, ob im Kontext der sozialen Rechtsstaatlichkeit als Verfassung unserer Gesellschaft die Würde des Menschen (als »heilige« Grundlage des Rechtsstaates in der Form des Sozialstaates) im Lichte der empirischen Befunde verletzt wird. Es geht um die Frage, ob Grundrechte der Personalität des Menschen (seine fundamentalen Rechte auf Selbstbestimmung, Selbstständigkeit und Teilhabe sowie Solidarität der Gesellschaft als Hilfegenossenschaft) angesichts seiner kreatürlichen Vulnerabilität verletzt werden.

Anders formuliert:

$$D = W^* — W,$$

wobei:

$W^* = f(B^*)$ *und* $W = f(B\,[E])$.

Gibt es demnach im Lichte der *Analogia-entis*-Theologie immer angesichts der Vulnerabilität (V) der menschlichen Kreatur ein Rest-D, nämlich D^R, so geht es um die Minimierung von

$$(D — D^R) = (W^*\text{-}W)/R.$$

Der Zustand D = 0 »existiert« (als normativer Skalierungspol) nur in der Welt der Götter; das Programm

$$(D — D^R) \rightarrow min!$$

ist die empirische Welt der göttlichen Menschen in der Geschichte.

Diese Überlegungen müssen nachvollzogen werden, denn sie sind wichtig für das Verständnis der ganzen Argumentation. Sie dienen als Lesebrille, als Schlüssel, der die Türen öffnet. Befunde können eben in den sozialen Resonanzräumen sehr unterschiedlich (mit Empathie[83], Zynismus, Arroganz oder Ignoranz) wahrgenommen werden und es kann ihnen mit sehr unterschiedlichen Reaktionsstilen (prosozialer Mitsorgehaltung oder ausgrenzender kausaler Schuld- und Selbstverantwortungszuschreibung) begegnet werden: »Doing Social Problems«.

---

83 Vgl. auch Görlach, 2019. Empathie ist eine genetisch (von Natur aus) mögliche, sodann aber erst noch (durch Kultur) sozial erlernbare Fähigkeit des Einfühlens in die Erfahrungswelt des Mitmenschen. Empathie ist eine insbesondere in der psychodynamischen Bindungsforschung fundiert erforschte Fähigkeit des Einfühlens durch Sinn-Verstehen fremden Ausdrucksverhaltens (Hermeneutik) und stellt durch Übergang zum Mitleiden die Grundlage für prosoziales Handeln dar. Empathie kann der Mensch (auf der Grundlage der neurowissenschaftlich erforschten komplexen Spiegelneuronen) im Zuge seiner primären Sozialisation (vor allem schon der frühen formativen Jahre) erwerben. Es handelt sich also um ein Wechselspiel von Natur (Biologie) und Kultur (Vergesellschaftung), verweisend auf das Phänomen der Aktualgenese. Empathie ist insofern auch die Voraussetzung für das Erlernen der Moral (Sittengesetz) und das Werden der Person.

II. Diskurskontexte, Fragestellung, Hypothesen, Erkenntnisinteressen

Pflegepolitik darf nicht reduziert werden auf die Pflegeversicherung und eine Pflegereform darf nicht reduziert werden auf eine Pflegeversicherungsfinanzierungsreform. Welche Strukturen wollen wir reformiert finanzieren? Pflegepolitik ist Teil der Sozialpolitik als Teil der Gesellschaftspolitik. Es geht um eine neue Kultur der Solidarität in unserer Gesellschaft. Sozialpolitik dient somit durch Gewährleistung von Ressourcen der Befähigung zur Bewältigung der Entwicklungsaufgaben im Lebenszyklus. Es wäre kaum zu verstehen, wenn dies ohne eine tiefenpsychologische Hermeneutik des vergesellschaften Subjekts konzipiert würde.

Wie wollen wir mit dem Alter in der alternden Gesellschaft umgehen? Es geht um die Differenzierung der Wohnformen und um die kommunale Steuerung der Versorgungslandschaften (medizinisch, pflegerisch, sozial) als Infrastruktur um das Wohnen herum. Der Gewährleistungsstaat als Form des sozialen Rechtsstaats muss kooperieren mit einer moralökonomischen[1] Wohlfahrtsgesellschaft der Caring Communitys. Daher steht am Anfang jeder echten Reformdebatte die Klärung des leitenden Menschenbildes. Wie wollen wir miteinander gelingend leben?

Wir benötigen in Deutschland eine doppelte Kulturtransformation des Sozialstaates. Einerseits müssen wir angesichts der Prozesse des Marktversagens die Steuerungskapazitäten auf der kommunalen Ebene im Rahmen der Bundes- und Landesgesetzgebung stärken, um die Märkte stärker in bedarfsgerechte Entwicklungen der Versorgungslandschaften durch sozialraumorientierte Gesundheits- und Pflegestrukturplanung einzubinden. Andererseits müssen wir die Kultur der sozialen Praktiken des Versorgungsgeschehens als Formen der A-Normalisierung des normalen Wohnens im Modus von Sonderanstalten als soziale Ausgrenzungen überwinden. Dieser Kulturwandel betrifft die Programmlogiken der Institutionen

1 Hierbei wird nach dem Potenzial prosozialer handlungsrelevanter Normen und Werte sowie Wahrnehmungs- und Deutungsmuster gefragt, die unser soziales Zusammenleben motivieren, leiten, strukturieren und daher soziale Folgen mit Blick auf Inklusion/Exklusion, Diskriminierung, Ungleichheit etc. oder eben auch Liebe und Solidarität generieren.

und die Habitusaufstellungen der Professionen. Die Kritik gilt ethnomethodologisch den sozialen Praktiken der Sozialpolitik, nicht der ontologischen Wahrheit der anthropologisch begründbaren Idee des Sozialstaates (vgl. Anhang 1) vom personalistischen Standpunkt (vgl. Anhang 2) aus. Diese ontologisch-ontische Differenz muss beachtet werden, damit die zugespitzte Argumentation des vorliegenden kritischen Essays nicht falsch verstanden und entsprechend falsch eingeordnet wird in die ideologische Landschaft.

In den nachfolgenden »Zugängen« verknüpfe ich verschiedene Dimensionen, Aspekte und Perspektiven auf das Thema, wobei ich gar nicht so sehr an ohnehin nicht endgültigen Antworten interessiert oder gar zur Formulierung von Lösungen für gestellte Problemstellungen befähigt bin, sondern an der Entwicklung und Entfaltung der Fragestellung ein Interesse habe. Natürlich muss es auch Antworten geben, also zumindest eine Lösungssuche. Aber bekanntlich müssen zunächst die richtigen Fragen gestellt werden. Ich verknüpfe (1) pflegepolitische Diskurszusammenhänge mit ethnografischen Erkundungsinteressen, (2) die gesellschaftlichen Herausforderungen des Alterns mit (3) der Konkretisierung der Fragestellung im Lichte (4) von erkenntnisleitenden Interessen mit (5) dem Daseinsthemenfeld von Sterben und Tod. Erst dann gehen wir weiter: zur *Hygeia* und ihrer Ordnung (Abschnitte III und IV) und zu den ganzen wohlfahrtsstaatskulturellen Folgen (Abschnitt V). Erst dann deuten wir weitere Schlussfolgerungen an (Abschnitt VI).

Wie ist die »Stellung des Menschen im Kosmos« seiner Umwelt der sozialen Mitwelt zu charakterisieren? Die Antwort verweist uns auf die Bedeutung des Sozialcharakters der Person. Wie ist er haltungsmäßig »aufgestellt« in Bezug auf seine soziale Umwelt? Ein neurotischer Charakter ist bestimmt von einer einseitigen Übersteigerung eines Wesenszuges: Der Geizige z.B. wird beherrscht vom Geiz. In der Folge wird er ungeliebt bleiben und nimmt selbst nicht liebend Teil am Leben. Er ist nicht in liebender Weise weltoffen und er wird sozial vereinsamen, sein Dasein misslingt, sein Leben entgleitet und misslingt ihm letztendlich. Der Geizige ist hier ja nur ein Beispiel.

Dieses Verständnis von Charakterneurosen verweist auf »Verstiegenheiten«, wie es in der Tradition der daseinsanthropologischen Psychiatrie heißt. Auch Angst und Ekel können das soziale Leben dominieren. Wir sind noch nicht im Reich der Psychosen; es geht nicht um massive Angststörungen oder um (soziale) Phobien.

Der klassische Ethnologe Malinowski[2] schrieb: »Die Menschen sind immer und überall von Krankheit, Unglück, Naturkatastrophen und dem Auftreten menschlicher Konflikte bedroht.« Was bedeutet dies? Was ist die Bedeutung dieser Erfahrungen solcher Ereignisse? Es geht um ein anthropologisch fassbares Hauptmotiv:

2 Malinowski, 1951: 195.

um Schutz vor Gefahren.[3] Es waren die Dämonen[4], die die Menschen in komplexer Weise beschäftigt haben. Frei davon ist, wie darzulegen sein wird, auch die heutige Moderne nicht. War[5] im vorchristlichen Zeitalter ein Daimon durchaus auch ein guter Geist, so ist das Dämonische heute »böse«[6]: Es erschreckt, bedroht und richtet Schaden an.

Worauf wird diese ethnologische Einsicht hier nun daseinsthematisch bezogen? Auf das Erleben der Wohnatmosphäre in Heimen der Langzeitpflege unter dem Aspekt der Ermöglichung oder Verhinderung von Normalität[7] durch Hygieneregime.

Die vorliegende Studie hatte längere Zeit den Titel »Hygieneregime und Normalisierung des Lebens im Langzeitpflegeheim. Kritische Nachfragen zu einem heiklen Thema auf der Grundlage genealogischer Rekonstruktionen«. Nur hat sich die Analyse zunehmend vertieft in eine tiefenpsychologisch orientierte Rekonstruktion der Semiotik der Kultur der Hospitalisierung des Altenpflegeheims, sodass ich den Titel zunächst geschärft hatte: »Apotropäische Dämonenangst und Hygieneregime im Pflegeheim. Zur Tiefenpsychologie der Semiotik der Hospitalisierung des Wohnens«. Offensichtlich gilt auch hier: Schlimmer geht also immer. Allerdings machten diese Interimslösungen fachwissenschaftlich durchaus ihren Sinn: In dem genannten Titel nehme ich absichtlich eine Nähe zur semantischen Doppelung in Kauf: apotropäische Dämonenangst. Die apotropäische Haltung[8] bezieht sich in einem gewissen Sinne *ex definitione* auf das Dämonische (als Bezeichnung für die bösen Geister, die vom Menschen Besitz ergreifen wollen), in Bezug auf welches ein Abwehrzauber (oder auch Gegenzauber[9]) wirksam werden

3 Malinowski, 1974: 136f.
4 Vgl. Kirchschläger u.a., 1995.
5 Dazu Fögen, 1997: 217ff.
6 Das Böse war immer schon ein Thema nicht nur der Theologie, sondern auch der Philosophie: Neiman, 2004.
7 Vgl. Alisch & May, 2015.
8 Eine apotropäische Handlung speist sich aus der Angst vor den Gefahren, die in einer Berührung (Begegnung) mit dem Mitmenschen verankert sein mögen und daher vermieden werden müssen. Das Phänomen des Apotropäischen bezeichnet in der Religionswissenschaft das Dämonische, das Furcht erregt (das Heilige ist numinos, erregt Faszination und Schauder bzw. Furcht). Der Mensch reagiert aus Angst heraus mit Abwehrzauber. Für die moderne Sozialpolitikforschung ist dieses Phänomen nutzbar, da sich im Umgang mit dem andersartigen Mitmenschen (dem Fremden, dem Kranken, dem Behinderten, dem Dementen, dem Alten etc.) Formen des Affekts von Angst und Ekel (auf der Basis binärer Codes »Ego versus Alter Ego, Identität versus Alterität«) zu einer apotropäischen Haltung (Habitus) verdichten können. Diese Haltungsfragen sind hochbedeutsam für das Verständnis kultureller Praktiken sozialer Ausgrenzungen (auch für die Logik von »totalen Institutionen«).
9 Von Homer kennen wir heute noch ein Gegenzaubermittel der griechischen Antike: das Zauberkraut Moly, mit dem Odysseus sich gegen die Zauberkraft der Kirke (Kuhn, 2008) schützt und die von ihr in Schweine verwandelten Gefährten wieder in Menschen zurückverwandelt.

soll. Ich benutze aber den Begriff über dieses religionsphänomenologische Verständnis hinaus als signifikanten Begriff für das Erleben des mitmenschlichen anderen[10] als ein fremdes »ganz anderes« der Alterität, das erschrecken kann, Angst evoziert und sodann zu Ausgrenzungspraktiken führen mag. Die Demenz oder das Down-Syndrom – oder das phänomenologische Frailty-Syndrom des geriatrischen Patienten, hinter dem nosologisch die Symptomatik verschiedener ICD-codierter Krankheitsbilder, aber letztendlich die Multidimensionalität der ganzen Lebenslage steht – kann diese Gestalt annehmen oder eben auch der alte Mensch schlechthin. Das Asylphänomen im heutigen Europa hat sich zum Teil von seinem – in der rechts- und religionsgeschichtlichen Forschung breit erörtert – heiligen Ursprung des Apriori der Gastfreundschaft als Fremdensozialrecht gelöst. All dies ist in der neueren Kulturwissenschaft durchaus breit diskutiert; mitunter fehlt nicht selten dennoch eine gewisse Tiefe, die – das Wort zum Programm machend – auf die notwendige tiefenpsychologische Spurensuche der kulturellen Grammatiken verweist.

Man wird das Problem als Konfrontation von zwei verschiedenen Perspektivitäten verstehen müssen: Die Bewohnerschaft (folge ich hier den differenzierten Ausführungen von Szasz.[11] erlebt sich im Heim nicht als in einem Daheim, während die Professionen aus Angst, die sich, wie Devereux[12] in Bezug auf die Studie von Ruth Benedict[13] zu den Urformen der Kultur schreibt, hinter der apollinischen Ordnung verbirgt, heraus zu Abwehrmechanismen übergehen, die wiederum den Stress nicht zum Trauma werden lassen sollen.

1. Pflegepolitischer Diskurszusammenhang und ethnologische Erkundungsinteressen

Um die Pflegepolitik in Deutschland steht es nicht gut; zumindest ist das evaluative Bild, das man sich machen kann, von signifikant mehr als gemischten Gefühlen geprägt. Der Wandel der sog. Versorgungslandschaft ist wie ein bunter Flickenteppich heller und dunkler Eindrücke unübersichtlich, einerseits von sozialen Innovationen geprägt, die auch einer werteorientierten Skalierung stand-

10 Vgl. Schriever, 2018.

11 Vgl. Szasz 1997: 140ff. Zum Teil war Szacz innerhalb der Anti-Psychiatrie-Debatte umstritten. Mit Blick auf seine überaus scharfe Kritik warf man ihm »Primitivkapitalismus« und neoliberale Sozialstaatskritik vor. Vgl. Szacz, 2013; Vice, 1993; Rattner, 1995.

12 Vgl. Devereux 1982: 328. Auf die Methodologie der Ethnopsychoanalyse und Ethnopsychiatrie von Devereux (Brauer, 1986) gehe ich nicht weiter ein, ebenso nicht auf verwandte Vertreter der Richtung wie Géza Róheim, Fritz Morgenthaler, Mario Erdheim. Vgl. auch Reichmayr, 2003.

13 Vgl. Benedict, 1955.

halten können, andererseits von strukturkonservativen Pfadabhängigkeiten und dominanten marktökonomischen Borniertheiten geprägt. Die derzeit laufenden Diskurse zur Pflegereform sind zum Teil kleinkariert geführt und visieren parametrische Makulaturreformen an, indem an kleinen Rädern gedreht wird; zum Teil werden aber auch ordnungspolitische Systemfragen aufgeworfen. Die Systemfragen berühren nicht nur die Forderung nach Überwindung der gedeckelten (plafondierten) Grundsicherungslogik, jeweils in Bezug auf die Pflegegrade, die sicherlich eine Verbesserung gegenüber den älteren Pflegestufen darstellen, weil die Validität der Pflegebedürftigkeitsabbildung gesteigert worden ist. Eine Systemreform würde auf der Grundlage einer personenzentrierten Bedarfsdiagnostik eine auch entsprechend passungsfähige Personalmixbemessung vornehmen. Eine Systemreform würde – das Bundesteilhabegesetz als Neuordnung des SGB XII und SGB IX[14] quasi als Blaupause nutzend – die Leistungsfinanzierung wohnform- und wohnortunabhängig ausgestalten. Dies würde Auswirkungen haben auf die unter dem Aspekt der fehlenden Wahlmöglichkeiten längst überfällige Differenzierung der Wohnformenangebote im Alter, in der sich die Werte der Selbstbestimmung, Selbstständigkeit und Teilhabe adäquater abbilden würden. Die Wohnformenlandschaft, auch Ausdruck des anachronistischen § 3 des SGB XI (»ambulant vor stationär«), muss sich herausentwickeln aus der Herrschaft einer binär codierten, primitiven Logik von privater Häuslichkeit einerseits und dem Heimsektor als Setting stationärer Langzeitpflege andererseits. Nicht das kulturell andere der sog. archaischen Kulturen ist primitiv; wir sind es selbst. Diese Binärik ist auch in anderer – versteckter oder offener – normativer Hinsicht nicht stimmig. Weder ist die Lebenswelt privater Häuslichkeit nur ein Ort der Freiheit, sondern auch der Isolation, Gewalt, Vernachlässigung, Einsamkeit, Unter- und Fehlversorgung und Verwahrlosung, auch Ort einsamen Sterbens, noch ist »das« Heim als »totale Institution« zu dämonisieren. Frei von den Strukturmerkmalen[15] totaler Institutionen ist der Sektor sicherlich nicht. Der Heimsektor ist als reguliertes Marktgeschehen eine Welt voller Schattierungen. Die Debatte um die Sozialraumöffnung indiziert erhebliche Wandlungen. Die »stambulanten« Formen[16], gestaltartig auf die Hybridität

14 Vgl. Götze u.a., 2001. Stand: 2019.

15 Vgl. Pöschel, 2013.

16 Diese Entwicklung der Stambulantisierung verweist in Verbindung mit der zwar ebenso zu differenzierenden, jedoch anhaltenden Kritik an der Lebenswelt »Heim«, weil wir, insgesamt gesehen, eine deutliche Ausdifferenzierung der Wohnformen im Alter benötigen, damit wir optimale Versorgungen organisieren können um die jeweils gewählten, präferenz- und bedarfsgerechten Wohnformen herum. Die duale Weltsicht – die dichotom codierte Landschaft – private Häuslichkeit versus Heim trägt nicht mehr. Daher werden zunehmend neue, innovative, hybride Formen des Wohnens (weder rein privat-häuslich noch rein stationär) diskutiert. Und tatsächlich entwickeln sich, langsam, aber zukunftsweisend, neue Formen in diesem hybriden Zwischenraum zwischen den traditionellen Polen des Kontinuums. Hier

»weder rein ambulant noch rein stationär« verweisend, verändern die Landschaft der Wohnformen. Die Tagespflege ist hier anzuführen, ebenso die »alternativen« Wohnformen wie Hausgemeinschaften[17] oder selbst organisierte und selbst verwaltete Wohngemeinschaften, die an die Genossenschaftsidee der gemeinschaftlichen, auf Gegenseitigkeit beruhenden Selbsthilfe erinnern.

Eine Systemreform auf Bundesebene wird aber auch die landesrechtliche Ermöglichung der sozialen Daseinsvorsorge der Kommunen stärken müssen. Hier werden Governancefragen aufgeworfen. Denn die (von der Wertestruktur selbstständiger Selbstbestimmung im völkerrechtlichen, aber auch im europäischen Grundrechtsdenken imprägnierte) Idee der Entwicklung des Sozialraums hin zu lokal sorgenden Gemeinschaften *(Caring Communitys)* – als Fortentwicklung des § 8 SGB XI, wonach Pflege eine gesamtgesellschaftliche Aufgabe als Hilfe-Mix-Bildung sein soll – erfordert eine regionale Pflegeinfrastrukturplanung. Das wäre aber das Ende eines marktliberal gedachten, allgemeinen Vertragsabschlusszwanges (obligatorischer Kontrahierungszwang[18]) seitens der Kassen. Wir benötigen einen strukturpolitisch *bedingten* Vertragsabschlusszwang.

So mag es in den vergangenen Jahren (infolge der Pflegestärkungsgesetze) leistungsrechtliche Verbesserungen gegeben haben, die nicht zu unterschätzen sind. Doch bleiben ordnungspolitische Grundsatzfragen hierbei außerhalb des Wirkkreises des gesetzgeberischen Wandels. Die soeben angesprochene Problematik der Überwindung der Marktöffnungsideologie verweist aber auf die notwendige Modernisierung des Vertragsrechtsgeschehens. Dazu müssen die Sozialversicherungen als Kostenträger sich selbst verändern zu sozialraumorientierten Daseinsgestaltern in Partnerschaft mit den Kommunen im Rahmen der Landesgesetzgebung, die durch das SGB XI ermöglicht wird. Dazu gehört die Entwicklung effektiver, also mit Wirksamkeit ausgestatteter regionaler Konferenzstrukturen der Generierung von integrierten transsektoralen Infrastrukturlandschaften, hierbei lokale Strukturen sorgender Netzwerkbildung einbauend. Dies ist viel mehr und etwas ganz anderes als die bisherige Auslegung des sog. Subsidiaritätsprinzips ([informeller] Selbsthilfe vor [formeller, professioneller] Fremdhilfe), die einer archaischen Logik der familialistischen Risikoprivatisierung bzw. der nur partiellen Risikoverantwortungsvergesellschaftung folgt, also unter Tradierung von überholten

tragen gerade auch die Länder im Lichte der (Wohn- und Teilhabegesetze) WTG Gewährleistungsaufgaben.

17 Vgl. Palm & Bogert, 2011.

18 Vertragsrechtlich bedeutet dies die Transformation des obligatorischen Kontrahierungszwangs zu einem bedingten Vertragsabschlusszwang: Es wird nur unter Vertrag genommen, was in diesem gewährleistungsstaatlichen Kontraktmanagement öffentlicher und öffentlich-rechtlicher Körperschaften »sorgekonzeptionell« und »versorgungspolitisch« gewollt ist. Das würde zum innovativen Wandel der Versorgungslandschaften antreiben.

Gendercodes[19] die (von Vereinbarkeitsfragen[20] geplagten) Angehörigen[21] ins »Visier der Pflegepolitik«[22] nimmt und auch Gefahr läuft, Formen des bürgerschaftlichen Engagements[23] sinnverstörend zu instrumentalisieren.[24]

Das vorliegende Thema verweist vor dem Hintergrund dieses Abrisses der pflegepolitikkontextuellen Hintergründe auf den kulturellen Modernisierungsbedarf des Ordnungsrechts im Feld der Altenpflege und auch der Politik der »Behindertenhilfe«. Wir benötigen einen Kulturwandel des Gewährleistungsstaates[25] im Feld der Wohn- und Teilhabegesetze. Dieser Wandel wäre auszuformulieren als Wandel der obrigkeitsstaatlichen Prüfbehörden zur kommunikativen Praxis einer dialogischen Kultur eines Innovationsinkubators, wie es am Beispiel des Landes Rheinland-Pfalz

19 Vgl. Kohlen & Remmers, 2010.

20 Vgl. Keck, 2012; Eggert, Sulmann & und Teubner, 2018.

21 Vgl. Haubner, 2017.

22 Vgl. auch Dammert, 2009. Daher sollte auch das Pflegegeld als leistungsrechtlicher Tatbestand der Pflegversicherung, der eine mit Blick auf die Verwendungsqualität kaum kontrollierbare oder eben mit einer entsprechenden obrigkeitlichen Kontrollkultur verbundene Anreizökonomik des archaischen Biologismus von Familie und Mütterlichkeit ist, ersetzt werden durch einen dem Sinn nach grundrechtlich fundierten Familienlastenausgleich aus Steuermitteln. Pflegepolitik sollte sich auf Sachleistungen im Hilfe-Mix inkl. der Öffnung hin zu digitalen Hilfesystemen konzentrieren.

23 Vgl. Neumann, 2016; Dings, 2009; Goesmann, 2016.

24 Das Weltbild des SGB XI ist in diesem Sinne archaisch. Nach wie vor basiert die »Hilfe zur Selbsthilfe« der durch steigende Eigenanteile ausgehöhlten Grundsicherung des SGB XI auf einem archaischen Weltbild: Pflege sei Aufgabe der Angehörigen, der Familien und letztendlich der mütterlichen Frauen. Das ist eine konservativ verengte Auslegung des Prinzips der Subsidiarität. Pflege muss analog zu Krankheit solidarisch als gesamtgesellschaftliche Aufgabe (§ 8 SGB XI) gesehen werden, aber nicht mehr in diesem Modus der Privatisierung des sozialen Risikos. Eine bedarfsdeckungswirtschaftliche Sozialversicherungslösung mit zumutbarem Eigenanteil und einem Steuerzuschuss würde das soziale Risiko angemessen »vergesellschaften«. Ich halte dies für eine Zivilisationsfrage: Wie gehen wir mit dem Alter(n) gesellschaftspolitisch um? Das ist eine Frage der Kultur des Zusammenspiels von Wohlfahrtsgesellschaft und Wohlfahrtsstaat als Form des sozialen Rechtsstaates.

25 Anachronistisch ist der Ordoliberalismus. Es gibt viele Variationen von Liberalismen (Manchesterliberalismus, Sozialliberalismus, Neoliberalismen, libertärer Egalitarismus etc.). Der (allerdings durchaus schattierungsreiche, auch multidisziplinär fundierte) Ordoliberalismus verknüpft freie Marktwirtschaft mit einem starken, autoritären Staat der Ordnungspolitik als Wettbewerbsermöglichungspolitik konstitutioneller und regulativer Art. Damit ist er geprägt von vielen Ambivalenzen. Gemeint ist mit der ordoliberalen Tradition der Marktwirtschaft die Freiburger Schule der Nachkriegszeit in Deutschland. Eine gegenüber wirtschaftlicher Machtbildung kritische Wettbewerbspolitik soll die Marktordnung konstituieren; der Staat reguliert die Märkte (ohne interventionistisch einzugreifen) durch ordnende Rahmengesetzgebung, z.B. Verbraucherschutz, im SGB-XI-Feld entsprechend als regulierendes Ordnungsrecht und Politik des Qualitätsmanagements. Strukturgestaltende Interventionen in das Marktgeschehen soll es nicht geben.

nachgezeichnet werden könnte. Hierbei kann man aufbauen auf den Befunden einer von uns durchgeführten qualitativen Evaluationsstudie[26] zum Wandel der Arbeitskultur der vier Beratungs- und Prüfbehörden des Landes Rheinland-Pfalz in Bezug auf die Altenpflegeheime und auf die stationären Einrichtungen des Wohnens von Menschen mit Behinderungen im Rahmen der Wohn- und Teilhabegesetzgebung sowie des entsprechenden Umsetzungsverordnungswesens des Landes Rheinland-Pfalz. Regulierungstheoretisch gesehen muss Markt- und Unternehmensversagen nach wie vor im Visier der Beratungs- und Prüfbehörden bleiben. Aber die Kultur des Umgangs mit den Einrichtungen, mit ihren phantasielosen Pfadabhängigkeiten einerseits und mit ihren Innovationspotenzialen andererseits muss sich verändern. Entbürokratisierung und Neudefinitionen des Regulierungsgeschehens sind seit Langem thematische Dimensionen des Diskurses in diesem Feld. Hier nun geht es um eine neue Kultur der Hygieneregime. Hintergrund ist die normativ-rechtliche Sicht der Heime als Orte des normalen Wohnens. Diese resultiert aus der bereits oben deutlich herausgestellten Wertestruktur, die die Personalität des Menschen in den Mittelpunkt allen alltäglichen Geschehens stellt und vom ideengeschichtlich schon älteren Normalisierungsparadigma geprägt ist.

Stattdessen herrscht die Angst vor dem alten Menschen als Keimträger vor; Ekel ist ein entsprechendes Reaktionsmuster, aus dem Abwehrmuster resultieren, die leicht umkippen (können) in soziale Ausgrenzungspraktiken, die die Logik der Normalisierung der Lebenswelten in solchen als »Sonderwohnformen« begriffenen Settings der Hospitalisierung unterlaufen. Daraus resultiert nun der kritische ethnologische Blick, der psychoanalytisch einen Verdacht transportiert.

Dieser Verdacht baut auf Theorien des Fremden[27] auf, so als ob die Einwohnerschaft (die Bewohner des Heimes) die Wilden[28] aus der Blickrichtung des kolonialen Habitus sind. Wird der alte Mensch zum aggressiven Feind zudringlicher Töne und offener Wunden[29], gar zum Drachen[30]? Es stellt sich die Frage, wie man mit der Fremdheit als Andersartigkeit umgeht: entsorgend? Exklusion wird dann zur Frage nach den »Überflüssigen«[31]. Es geht um die Rettung des humanen Rests.[32]

Ich frage provozierend einmal nochmals anders herum: Warum haben wir eine weitgehende Bedarfsdeckungswirtschaft im SGB V und eine risikoprivatisierende und erodierende Grundsicherung im SGB XI?

26 Vgl. Schulz-Nieswandt, Köstler & Mann, 2019.

27 Vgl. Müller-Fink, 2016; Henrichs, 2019.

28 Vgl. Taussig, 2018.

29 Vgl. Jentsch, 2006.

30 Vgl. May u.a., 2019.

31 Vgl. Bude & Willisch, 2007.

32 Vgl. Böhme, 2013b.

Sollte etwa die Antwort dem Muster folgen: In der GKV geht es um die produktive Gesundheit des Humankapitals der Jugend[33] mit Blick auf die Bruttoinlandsproduktentwicklung im internationalen Wettbewerb?[34] Die Rationierungsdebatte dort konzentriert sich auf die geriatrische Versorgung. Die Unterversorgung in der Psychotherapie im Alter wird kaum diskutiert, die hohe Suizidalität im Alter verdrängt. Das SGB XI wird weitgehend als Altenpflegefinanzierung ausgelegt, als Finanzierung der Sorgearbeit (mit der Gefahr des Umkipp-Effektes zur Entsorgung), die von Altersbildern der unproduktiven Last dominiert wird. Soziolinguistisch ist doch vielfach auf die verräterische Eigenschaft der Sprache – die als Sprechakte soziale Wirklichkeit erzeugt – hingewiesen worden[35]: Überalterung ist dann der Ausgangsbefund. Der Altenlastquotient ist sodann die numerische Signatur dieser Sicht, die im Diskurs vorbereitet, dass und wie die Dinge eine neue Ordnung benötigen. Rentnerberg und Vergreisung (also das Werden greiser Körper[36]) werden uns in den erneuten Untergang des – dazu auch noch kulturell überfremdeten, ehemals deutschen – Abendlandes führen. Wo sich das (junge/fitte[37]) Alter dieser Defizithypothese nicht fügt oder sich ihr entzieht, wird sie erneut in den Leistungsfetischismus als Religion des Kapitalismus recycelt[38] oder auch in Rollen artifizieller Tauschsysteme wie die der Leihgroßeltern[39] eingefügt.

Die Sozialpolitik hat in ihrem vielschichtigen Wesen, genealogisch betrachtet, eben durchaus auch diese Schattenseite des Produktivitätsfetischismus inkorporiert.[40] In den 1980er-Jahren diskutierte man die marxistische These, Sozialpolitik diene der Erziehung als Formung des Subjekts zur Lohnarbeit, damit die Bevölkerung das Spiel der kapitalistischen Akkumulationsreligion mitspiele. Die aktuellen Debatten zum Anarchismus des bedingungslosen Grundeinkommens verweisen uns auf die Probleme, sich (oder auch: uns) aus diesem Käfig des mentalen Kapitalismus zu befreien. U. a. die Bürokratiefurcht von Max Weber als »stählernes Gehäuse« der rationalistischen Moderne gehört in diesen Kontext. Die Überlegungen gehen auf die sozialhistorischen Forschungen zur Erziehung zum »industriösen« Sozialcharakter im Zeitalter der klassischen sozialen Frage als sittliche Sozialpädagogik in Bezug auf die arbeitende Klasse zurück und haben ihre aktuelle Renaissance in verschiedenen Diskursen und institutionellen Praktiken neoliberaler Subjektivierungsformen. Immer noch wirkt die frühneuzeitliche Kultur der sozialen

33 Vgl. Graf, 2013; Spreen, 2015.
34 Vgl. Brunett, 2009.
35 Vgl. Gronemeyer & Jurk, 2017.
36 Vgl. Kampmann, 2020.
37 Vgl. Dyk & Lessenich, 2009.
38 Vgl. Denninger u.a., 2014.
39 Vgl. Huszka, 2018.
40 Auch Normalisierung in der »Behindertenpolitik« meint bis heute vor allem Eingliederung in den »normalen« Arbeitsmarkt: Bösl, 2009.

Disziplinierung im Modus des absolutistischen Sozialstaates als soziale Kontrolle fort. An dem marxistischen Funktionalismus ist diese Staatsableitungsmanie sicherlich selbst ein psychoanalytisch verstehbares Problem. Wird, allerdings unter der Bedingung der grundsätzlichen Anerkennung der freiheitsermöglichenden Fundamentalbedeutung der Idee des Wohlfahrtsstaates, die regressive Unmündigkeit der Bürgern im kindlichen Ruf nach »Vater Staat« durchaus problematisierbar, so ist die Staatskritik als Herrschaftskritik des funktionalistischen Marxismus eine Art von Abnabelungsverhalten der spätpubertär-frühadoleszenten Jugend vom Elternhaus, wobei die Familie ebenso funktionalistisch als Brutpflegeanstalt der kulturellen Vererbung der herrschenden Weltbilder und Deutungsmuster, Normen und Werte sowie sozialen Praktiken verstanden wird.

Geht das unproduktive Alter in diesem Systemfunktionalismus unter? Wie steht es um die authentische Wertschätzung?

Natürlich ist alles viel differenzierter. Angesichts der Befunde der differenziellen Gerontologie[41] ist das Alter oftmals in produktive Rollen der Generativität[42] eingebunden, was mitunter von der Kritischen Gerontologie[43] problematisiert wird. Aber steht es wirklich gut um die Kultur der gesellschaftlichen Umgangsweise mit dem Alter? Gerade die dynamisch anwachsende Hochaltrigkeit ist von einer komplexen Vulnerabilität geprägt. Sind wir – in unseren Haltungen – wirklich gut aufgestellt für diese kollektive Entwicklungsaufgabe?[44]

Der Mensch kann *nicht nicht* affektiv gestimmt sein – mit dieser Annahme erweitert die Theorie der Affektlogik[45] das Axiom von Paul Watzlawick, dass der Mensch nicht nicht kommunizieren könne und bezieht die Affekte (als codierte Gefühle/Emotionen) in die zwischenmenschliche verbale wie nonverbale Kommunikation ein, wobei ich ergänze: Diese Affektmechanismen verweisen auf Tiefenschichtungen im psychischen Mechanismus, die dechiffriert werden müssen.

Das Apotropäische[46] (nochmals: Gemeint ist eine affektuelle Haltung der Abwehr böser Mächte) hat mich, meine eigene Forschungsbiografie in den Blick nehmend (Schulz-Nieswandt, 2016c, 2019d), schon seit längerer Zeit in der Sozialpolitikforschung im Kontext der Inklusionsidee[47] bzw. der kulturellen Grammatiken

41 Vgl. Wahl, 2017; Wahl & Heyl, 2015.

42 Vgl. Wegner, 2013.

43 Vgl. Amann & Kolland, 2014.

44 Vgl. Stöckl, Kicker-Frisinghelli & Finker, 2016.

45 Vgl. Ciompi, 2002.

46 Vgl. Schlesier, 1990.

47 Die Idee besagt, dass Menschen ein Grundrecht darauf haben, selbstbestimmt zu leben und, aus dieser Perspektive heraus, im gemeinschaftlichen Miteinander der Gesellschaft partizipativ (gebend wie nehmend) eingebunden zu sein, dabei basierend auf einer Kultur des gegenseitigen Respekts gegenüber der jeweiligen Andersartigkeit (Diversität), ohne wesentliche Diskriminierung und Ausgrenzung, soweit diese Toleranz eben nicht das universale Grundrecht selbst unterläuft. Vom Völkerrecht der UN vorangetrieben, aber auch aus vielfäl-

der sozialen Ausgrenzungen auf psychodynamischer, hierbei auf charakterneurotische Verstiegenheiten (im Sinne der daseinsanthropologischen Psychiatrie) abstellender Grundlage[48] interessiert. Im Hintergrund stand die Frage einer (z.B. demenzfreundlichen[49]) Gemeindeordnung[50], die in ihrer mitweltoffenen Haltung genossenschaftsartig[51] zu begreifen ist. Das sich dabei herauskristallisierende, habitusbezogene Hauptproblem der Haltung[52] ist die Frage der Überwindung die-

tigen neuen sozialen Bewegungen des Empowerments des *homo patiens* angesichts der Ordnungen und Praktiken (Habitus) der sozialen Ausgrenzungen (hier: apotropäische Haltungen) resultierend, ist unter Inklusion weit mehr zu verstehen als soziale Integration: Es meint eine soziale Welt der Diversität (der bunten Vielfalt) auf der Grundlage der respektvollen, nicht diskriminierenden gegenseitigen Anerkennung jeweils andersartiger Menschen (Geschlecht, soziale und kulturelle Herkunft, politische Nationalität, Hautfarbe, Alter, Religion, sofern diese die Idee der Rechtsstaatlichkeit und der universalen Grundrechte teilt etc.) sowie eine entsprechende Normalisierung der Teilhabe selbstbestimmter Menschen mit Merkmalen, die (häufig) zur sozialen Ausgrenzung führen – Krankheit, Pflegebedürftigkeit, Behinderung, Armut, Arbeitslosigkeit, Alter, traumatisierende Gewalt-und/oder Fluchterfahrung etc. Diese Inklusionsidee ist grundrechtstheoretisch fundiert und zentriert sich um die Würde des Menschen in seiner Personalität. Sie widmet sich dem *homo patiens* in seiner besonderen Vulnerabilität (so im Fall der Kindheit, der Frauen und des hohen Alters oder in besonderen Lebenslagen wie die des Lebens z.B. mit Behinderungen. Das Sozialpolitikverständnis der Inklusionsidee orientiert sich am Capability-Ansatz.

48 Vgl. Schulz-Nieswandt, 2010a, 2012a, 2016a.

49 Vgl. Rothe, Kreutzner & Gronemeyer, 2015.

50 Vgl. Schulz-Nieswandt, 2012b, 2012c, 2013a, 2013b.

51 Vgl. Schulz-Nieswandt, 2015b, 2018c, 2019e.

52 Jeder Mensch hat herkunftsspezifisch im Zuge seines Aufwachsens ein Muster, nach dem er »tickt«. Es ist ein innerer Arbeitsapparat, aus dem jeweils typische Verhaltensmuster generiert werden. Habitus (altgriechisch: *hexis*) meint Haltung und verweist auf die ältere Lehre vom Sozialcharakter (u.a. in der personalistischen Strukturpsychologie sowie in den Modellen intraindividueller Arbeitsapparate der psychoanalytischen Schulen). Vor allem in der Tradition der Soziologie von Pierre Bourdieu meint Habitus ein System tief im Individuum abgelagerter, inkorporierter Dispositionen des vergesellschafteten Subjekts, aus dem spezifische soziale Praktiken (Handlungsmuster, Deutungsmuster etc.) generiert werden. Als Habitushermeneutik spielt das Konzept eine bedeutende Rolle vor allem in qualitativen Sozialforschungen zur Logik der Professionen in verschiedenen Teilfeldern des Gesundheits-, Pflege- sowie Sozial- und Bildungswesens. Bei tieferer Betrachtung verbindet sich die Habitusforschung mit dem Poststrukturalismus von Michel Foucault, der gesellschaftliche Dispositive erforscht, die sich als gouvernementale Ordnungen in das Subjekt einschreiben (Inskription). Dadurch verläuft die gesellschaftliche Dynamik über die Vergesellschaftung des Subjekts, das nicht (wie in verschiedenen Varianten des methodologischen Individualismus) autonom am Anfang und exogener Ausgangspunkt der Erklärung von Gesellschaft ist, sondern endogener Teil ist. Gouvernementalität ist eine Kategorie einer Forschung, die danach fragt, wie Menschen von der Dispositivordnung regiert werden. Dispositivordnungen sind Komplexe von Denkweisen, Diskursen, Institutionen, sozialen Praktiken usw. einer Epoche, die die Menschen individuieren in jeweiligen Formen von Subjekten im Sinne von Subjektivierungsformen.

ser affektuellen (was auf den Charakter des Menschen bezogen mehr ist als eine Einstellung im Sinne der Meinungsforschung), auf Angst und Ekel basierenden Abwehrhaltungen als Ausdruck »endokosmogenetisch« (ein kurzer Erläuterungsversuch folgt sogleich) von im Subjekt verankerten Grundgestimmtheiten aus der transgressiven Sicht einer dionysischen[53] Sozialpolitik der Sozialraumbildung[54]. Das »Endon« meint (bezeichnet phänomenologisch) eine Grundgestimmtheit des Menschen; Endo-Kosmo-Genität verknüpft Endogenität (das Innere) mit dem Kosmos (oder auch Nomos, denn die altgriechische Sprache ist hier, wie die damalige Göttergestaltenwelt, polyvalent) als Ordnungscharakter dieses Innen mit Generativität[55], also dem Generieren von sozialen Praktiken: Verhaltensmustern *(patterns of behavior)* gegenüber dem Mitmenschen und der sozialen Umwelt insgesamt.

Hierbei muss die Werteorientierung der Forschung explizit an- bzw. ausgesprochen werden. Die komplexen theoretischen Hintergründe einer Metaphysik der Sozialpolitik[56] aus der freiheitlichen Sicht eines ethischen Sozialismus sollen an dieser Stelle nicht erneut wiederholt ausgerollt werden. Hier verweise ich auf eine neuere Abhandlung von mir, die den Fokus auf die politische Theologie des religiösen Sozialismus von Paul Tillich legt.[57]

Das Thema der apotropäischen Haltung geht klassisch[58] auf die Abhandlung des Philologen, Archäologen und Musikwissenschaftlers Otto Jahn »Über den Aberglauben des bösen Blicks bei den Alten« (1855) zurück.[59]

53 Nach einigen Vorarbeiten (Schulz-Nieswandt, 2015a, 2016d, 2017a) jetzt Schulz-Nieswandt, 2019g.

54 Schulz-Nieswandt, 2018, 2019a.

55 Dies ist die Bedürftigkeit des Menschen im ganzen Lebenszyklus, altersspezifisch sozial bedeutsame Rollen zu spielen, die zugleich für das eigene Selbstkonzept identitätsbildend sind. Vor allem auch mit dem Namen des auch ethnologisch forschenden Identitäts- und Entwicklungspsychologen Erik H. Erikson (1902-1994) ist das Konstrukt der Generativität (Wegner, 2013) verbunden. Es geht um die Rollenidentität bzw. Aufgabenorientierung im höheren Alter. Das Alter möchte – statt erzwungenen (Bihrer, Messner & Zimmermann, 2017) Disengagement und Akzeptanz eines sozialen Todes (im Sinne der sozialen Bedeutungslosigkeit) – eine Rolle in der Gesellschaft und insbesondere im intergenerationellen Gefüge spielen, sei es in der Familie oder im sozialen Umfeld. Dem Alter könnte die Funktion der Weisheit zukommen. Dies ist ein in der Kulturgeschichte verbreiteter Mythos im Diskurs um angemessene Altersbilder, der die Bedürftigkeit des Alters zum Ausdruck bringt. Die Forschung zeigt aber, dass Weisheit nicht mit dem chronologischen bzw. kalendarischen Alter korreliert, sondern mit dem Ertrag sinnhaft verarbeiteter Erfahrungen im Lebenszyklus.

56 Vgl. Schulz-Nieswandt, 2017a, 2017b, 2018b, 2018c.

57 Vgl. Schulz-Nieswandt 2020b.

58 So u.a. Rakoczy, 1996.

59 Zu Otto Jahn (1813-1869) ausführlich Schlesier, 2015.

Exkurs: Das Apotropäische bei James George Frazer

Bei der Ausarbeitung meiner Gedanken erinnerte ich mich an das Werk von James George Frazer. Ich rezipierte ihn im Rahmen meiner Überlegungen zum Ursprung der Sozialpolitik des Teilens im Rahmen der Praktiken einer solidarischen Mahlgemeinschaft im Kontext des Opferkults,[60] die mich zu einer rechtsgeschichtlich-morphologischen Archetypenlehre der vertikalen (Herrschaft) und horizontalen (Genossenschaft) Sozialpolitik führten.[61] Ich studierte die Rowohlt-Ausgabe von »Der goldene Zweig« (Frazer, 1994), ein Reprint der immer noch monumentalen Kurzfassung von »The Golden Bough« von 1928. Das Hauptwerk umfasst ja 22 Bände.

Hier beziehe ich mich aber nicht auf die Kapitel zum Opferkult[62] oder zur Sündenbocktheorie. In Frazers Typologie der Magie ist für uns die »Übertragungsmagie« (53ff.) von Interesse. Die damit verbundenen Angstmechanismen und die aus ihnen resultierenden Tabuordnungen[63] führen uns zur modernen Problematik der sozialen Ausgrenzung: »Diese Leute von der übrigen Welt auszuschließen, so daß die gefürchtete geistige Gefahr sie weder erreicht noch von ihnen ausgeht, ist der Sinn des Tabus« (325). Diese Sicht ist auch relevant für die aktuelle Problematik der Fremdenfurcht im Rahmen der Asylentwicklung (184: »Tabus auf Umgang mit Fremden«). Hierbei können die Praktiken der »Übertragung von Unheil« (783) von Interesse sein, aber vor allem die Ausführungen zu den Praktiken der »öffentliche[n] Vertreibung von Unheil« (794). Diese setzen an der »Allgegenwart von Dämonen« (794) an. Der Begriff der Übertragung ist mehrfach spannend. Er bietet Analogien zur Epidemiologie der Infektionserkrankungen, aber auch zur Psychoanalyse. Ich komme deshalb auf Frazers Überlegungen zur Modernität der archaischen (»primitiven«) Kulturphänomene (383: »Unsere Dankesschuld gegen unsere barbarischen Vorfahren«) zu sprechen: »Wir stehen auf der Grundlage, welche die Generationen, die uns vorangingen, gelegt haben« (384). So »finden wir doch mehr gemeinsame zwischen den Wilden und uns als unterscheidende Merkmale«. »Wir gleichen den Erben eines großen Vermögens« (beides 385). Zwischen diesen Zeilen findet sich allerdings auch der Hinweis auf die Selektion dessen, was wir uns »wohlweislich als echt und nützlich beibehalten«. Hier verbirgt sich im Rahmen der von Frazer betonten trans-generationellen kulturellen Vererbung auch die Möglichkeit, dass mit Blick auf die (für uns, rechtsphilosophisch auf Inklusion abstellend, problematisierbare) Utilität diverse Mechanismen von Ausgrenzungspraktiken beibehalten werden. Am Ende zeigt uns Frazer auch auf, warum dies der Fall ist

60 Vgl. u.a. Schulz-Nieswandt, 2001.

61 Vgl. u.a. Schulz-Nieswandt, 2003, 2018c, 2019e.

62 Zur Opfertheorie vgl. auch Bouyer, 1964: 99ff.

63 Vgl. Oelke, Scheller & Ruwe, 2017; Dingeldein & Emrich, 2015.

(1034): Es gibt Ähnlichkeiten zwischen Wissenschaft und Magie, die in der Bildung von Hypothesen über Kausalität begründet sind. Auf die verwickelten Zusammenhänge (Verwandtschaften und Differenzen) zwischen Kunst, Wissenschaft, Religion und Magie ist Kerenyi (1952: 66ff.) im Rahmen seiner Charakterisierung antiker Religion differenziert eingegangen.

Die Magie mag auf falschen Hypothesen beruhen – im Gegensatz zur modernen Wissenschaft. Aber dies schließt nicht aus, dass im Alltag (hier der Wohneinrichtungen für pflegebedürftige Menschen) im Kontext moderner Epidemiologie und Hygienewissenschaft Ängste wirksam werden, die die apotropäische Haltung der Furcht vor den Dämonen zu einem exkludierenden Abwehrzauber führt, zu psychodynamisch (also endokosmogenetisch) tief verankerten kulturellen Praktiken sozialer Exklusion, expressiv in Angst und Ekel, die auch die Moderne noch als Erbe archaischer Kulturstufen verstehen lassen kann. So nutze ich hier eine Formulierung von Bruno Latour, wonach »[w]ir nie modern gewesen sind«. Während die Theorie kommunikativen Handelns bei Habermas im Rahmen einer transzendental-pragmatischen Verfahrenslogik deliberativer Demokratie[64] davon ausgeht, dass sich ein »gutes Leben« in der sprachgebundenen Verständigungspraxis vernunftbegabter Subjekte einstellen kann,[65] so wäre hier in der Tradition der strukturalen Psychoanalyse von Jacques Lacan daran zu erinnern, dass das Unbewusste selbst Sprache ist.

Zurück aus dem Exkurs.

Im sozialpolitischen Kontext sprach ich (Schulz-Nieswandt, 2012a) von apotropäischer Hygieneangst. Hier greife ich diesen Blick auf und frage nun nach den apotropäischen Tiefenstrukturen in Hygieneregimen in Einrichtungen der Altenpflege. Dabei geht es mir um kritische Spurensuche nach regulativen »Verstiegenheiten«, um diesen zentralen Begriff der daseinsanthropologisch fundierten Charakterneurosenlehre aufzugreifen. Nicht nur Individuen weisen, habitushermeneutisch (vgl. zur Vertiefung Anhang 8) analysiert, Neurosen auf; auch Institutionen können, aus der Dynamik ihres Programmcodes als institutioneller Habitus, Verstiegenheiten entwickeln. Es geht mir, wie ich hier mehrfach zum Ausdruck bringe, nicht um eine Verharmlosung der Bedeutung von Hygieneregimen und um unverantwortliche Entregulierungen. Doch die Fehlentwicklungen eines in bürokratisierter Weise auf paternalistischen Verbraucherschutz und technokratisches Qualitätsmanagement abstellenden Ordnungsrechts hat die Kritische Theorie[66],

64 Dazu auch Schulz-Nieswandt, 2019g.

65 Vgl. zum Problem eines intersubjektiven Kritizismus auch Schulz-Nieswandt, 2020b.

66 Vgl. Schulz-Nieswandt, 2019c.

die trotz einiger Ansätze[67] in der Pflegeforschung unterentwickelt ist,[68] aufzugreifen.

2. Die gesellschaftliche Herausforderung des Alterns

Um welches Thema als gesellschaftlicher, nunmehr wissenschaftlich zu erörternder Herausforderung geht es also? Ausgangspunkt der Überlegungen hier ist das Schwerpunktthema in dem Fachjournal ProAlter des Kuratoriums Deutsche Altershilfe e. V. (KDA) zum Problem der Hygienestandards im Pflegeheimsetting.[69] Meine dortigen kurzen Ausführungen werden nachfolgend systematisch ausgebreitet.

Was war der konkrete Anlass für das Positionspapier? Ich zitiere aus dem in Heft 3/2019 von ProAlter abgedruckten Dokument[70]: »Momentan sehen sich Träger damit konfrontiert, dass Behörden in den Bundesländern und den jeweiligen Regionen und Landkreisen zu unterschiedlichen Bewertungen und Entscheidungen gleicher Sachverhalte kommen. Dies wird zum Beispiel im Bereich der Hygieneanforderungen in stationären Pflegeeinrichtungen bei der Vorhaltung und Reinigung von Arbeits- bzw. Schutzkleidung deutlich. Mit Blick auf die Anforderungen an Hygiene in stationären Einrichtungen in Baden-Württemberg existiert bislang keine Rechtsverordnung nach § 29 Satz 1 Nr. 4 WTPG. Juristisch korrekt fordern das ArbSchG und die TRBA 250 die Beurteilung nach konkreten Tätigkeiten, z.B. Wechseln von Windeln, Waschen von inkontinenten Personen (vgl. § 5 Abs. 2 ArbSchG; TRBA 250, Nr. 3.1.1), als Grundlage dafür, ob Arbeits- oder Schutzkleidung zu tragen ist. Die genannten Vorschriften offenbaren grundsätzlich eine risikovermeidende Haltung, weil allein schon die Möglichkeit einer Gefährdung zu vermeiden ist (vgl. z.B. § 9 Abs. 2 ArbSchG; TRBA 250, Nr. 3.2.1).«

Vor dem Hintergrund dieser Problemanzeige wird in dem Papier weiter argumentiert: »Die schwierige Ausbalancierung ordnungs- und leistungsrechtlicher sowie fachlicher Anforderungen in den stationären Pflegeheimen unter dem Primat, Bedingungen guten Lebens in den Einrichtungen zu erhalten und zu schaffen, ist eine tägliche Herausforderung, die im Ergebnis in der Gefahr steht, sozialpolitische Vorstellungen von einer modernen, sozialraumorientierten Pflege und Altenhilfe in der Praxis zu konterkarieren. Die Hygieneanforderungen in Einrichtungen der stationären Pflege stehen pars pro toto für eine kulturell und konzeptionell

67 Vgl. Friesacher, 2008.

68 Vgl. Remmers, 2011.

69 Vgl. KDA (Schulz-Nieswandt u.a.), 2019a.

70 Das Positionspapier wurde vom Netzwerk Alter und Pflege im Caritasverband der Diözese Rottenburg-Stuttgart zur Hygiene in stationären Einrichtungen vorgestellt, diskutiert und befürwortet. Netzwerkmitglieder sind alle im Arbeitsfeld Alter und Pflege tätigen korporativen und fördernden Mitglieder des Diözesancaritasverbands (DiCV).

sowie anthropologisch und fachlich problematische Übertragung von klinischen Standards auf die Langzeitpflege.«

Die Menschen mit Pflegebedarf würden grundsätzlich als »hochkontaminöse Risikofaktoren« eingeschätzt werden. So würde »der auf Pflege angewiesene Mensch zum potentiellen Keimträger. Diese Bewertung hat Einfluss auf Selbst- und Fremdbild des Bewohners und auf die Interaktion mit ihm.«

Daher wird im Papier geschlussfolgert: »Die Befassung mit dem Thema Hygiene in stationären Einrichtungen der Langzeitpflege steht exemplarisch für die grundlegende Frage, in welche Richtung sich die stationäre Pflege zukünftig entwickeln soll und sich angesichts der Erfüllungspflicht teils widersprüchlicher Anforderungen verschiedener Rechtskreise durch die Träger überhaupt entwickeln kann. Dabei gilt es, den auf die Krankenhauslogik ausgerichteten Maßstäben an Hygiene in Einrichtungen der Langzeitpflege entgegenzutreten.«

Die situativ undifferenzierte aufsichtsbehördliche Anordnung von Schutz- und Sicherheitsbekleidungen ist nur ein Aufhängungsbeispiel.[71] Viele weitere Beispiele der Hygienestandardregulierungen sind leicht anzuführen.

Ich spitze zu: Das sind Praktiken der sozialen Konstruktion »totaler Institutionen« (Goffman, 1973; Foucault, 1977) der pathologisierenden Medikalisierung[72] und klinischen Hospitalisierung[73] (im Wirkkontext *medikaler Räume*)[74] infolge der Praxis der Strukturanalogie

Klinik (A) = Pflegeheim (B)
↓
Bewohner (B*) = Patienten (A*).

Oder als Kausalkette (das Symbol → signiert [phänomenologisch] eine Konstituierung im Sinne der sozialen Konstruktion durch Definitionsakte) angesichts der Pathogenität der Bewohner:

$(A^* \rightarrow A) \rightarrow (B^* \rightarrow B)$.

In begriffsstrategischer Anlehnung an Überlegungen zur *Umcodierung* von Friesacher (2018) werden einerseits therapeutisch aussichtslose Patienten (wie im Fall der

71 Gemeint ist – quasi die Kultursemiotik der Mode von Barthes (1985) hermeneutisch übertragend – der Status des Themas der Berufsbekleidung als verdichtete Ausdrucksform eines komplexen Prozess-Funktion-Zusammenhangs, dessen Grammatik einer Tiefensemantik zu dechiffrieren ist. Die Kleidungsfrage ist demnach eine Signatur einer sinnhaften Totalität des Geschehens.

72 Zur Medikalisierung vgl. auch Eckart & Jütte, 2014.

73 Vgl. Hess, 2000.

74 Vgl. Eschenbruch, Hänel & Unterkircher, 2010.

Demenz im Akutkrankenhaus[75]) zu Pflegefällen umcodiert, um die Exklusion aus dem Hospital zu bahnen; andererseits werden Heimbewohner durch die klinischen Hygienestandards hospitalisiert. Wenn bei Bode und Vogd (2016) von »Mutationen des Krankenhauses« die Rede ist, so stellt sich hier die Frage, welche Mutationen des Pflegeheims wirksam sind. Damit dominiert – im Sinne eines in der Regel: binären[76] Programmcodes – das Medizinparadigma als *Alpha-Kampfkultur*[77] das Pflegeparadigma, wobei Pflege »eigentlich« (also [pflegeontologisch[78]] wesensmäßig) als soziale Interaktionsarbeit, von Dialogizität[79] geprägt, zu verstehen ist. In der personalen Strukturschichtung von Geist, Seele und Körper[80] ist der Mensch in seiner Leiblichkeit (medizinzynisch: dazu weiter unten) nicht auf den Status des latenten Keimherdes zu fokussieren. Das Heim als Wohnort wird (unter Verdacht stellend) zum permanenten Quarantäneraum. Die Heimbewohner werden zu latenten Feinden des Personals und zum Faktor der Gefährdung der Logik der Einrichtung.

Es gehört zum Komplex des Medizinzynismus, im Körper des anderen den Feind zu erkennen. Es ist einerseits ein Feind im Körper des anderen, den es zu bekämpfen gilt. Es ist andererseits aber auch ein Feind, der die Umwelt des kranken anderen bedroht, insbesondere im Lichte moderner Bakteriologie und Virologie, aber auch symbolisch als Mechanismus der Übertragung und Gegenübertagung. Denn die bedrohliche Krankheit ist das kausale Korrelat der Endlichkeit, also des Todes und des Nichts als Nichtung von allem. Und hier kristallisiert sich die Angst heraus, die die magische[81] Tradition der Medizin und der Arznei[82] aktualisiert und in Rituale[83] der ausgrenzenden Sorge des stationären Settings transformiert. Der kranke andere muss (so die Religion des Heils[84] des Wassers[85]) vom Bösen gereinigt werden, aber eben auch das Personal der Einrichtung im Modus des Schutzes durch Desinfektion.

---

75 Vgl. Horneber, Püllen & Hübner, 2019 ; Löhr, Meißnest & Volmar, 2019; James u.a. 2019. Ferner DIP & Malteser Deutschland GmbH, 2017.

76 Vgl. Grasekamp, 2017.

77 Vgl. Schulz-Nieswandt, 2010b.

78 Vgl. Uzarewicz & Uzarewicz, 2005; Uzarewicz, 2016; Uzarewicz, 2011.

79 Buber, 2006.

80 Gemeint sind die »Strukturschichtungspsychologien« von William Stern (1950), Philipp Lersch (1941, 1970), August Vetter (1966), Albert Wellek (1966) u.a. wie z.B. Erich Rothacker (1966). Eine Fülle älterer, zu Unrecht meist vergessener Literatur anthropologisch fundierter Psychologie habe ich in den vergangenen Monografien verarbeitet, will sie hier aber nicht weiter anführen.

81 Zur Magie vgl. Petzoldt, 2016; Otto, 2011.

82 Vgl. Stille, 1994, 2012, 2015; Eschenbruch u.a., 2009.

83 Vgl. Dücker, 2007.

84 Psychoanalytisch vgl. Kielholz, 1934.

85 Vgl. Willms, 2017, 2019.

Wenn man den Körper für eine Grundkategorie des Sozialen[86] hält, dann betone ich hier nun weniger die Perspektive der Selbstbezogenheit in ihrer expressiven Inszenierung, sondern den »Gebrauch des Körpers« (Giorgio Agamben) durch die magischen Rituale der Medizin. Biopolitik ist die Zurichtung des Lebens als die kulturelle Durchdringung des biologischen Körpers,[87] eine Macht, die das stationäre Setting als »Kolonie«[88] institutionalisiert, in der dem Keimträger kasernierend, disziplinierend begegnet wird.

Die Quarantänekultur prägt die hospitalisierende Akutklinikatmosphäre im (nach dem Da-Draußen abgeschotteten) Innenraum der Wohnanstalt und wird legitimiert mit der sorgenden Schutzfunktion für die Bewohnerschaft, ist aber tatsächlich einerseits die Spiegelfunktion des Schutzes des Innenraumpersonals vor der Bewohnerschaft, die ja im viel zitierten normativen »Mittelpunkt« des Versorgungsgeschehens positioniert sei, andererseits die Spiegelfunktion des Schutzes des Da-Draußen vor der Bewohnerschaft des Innenraums der Sonderwohnanstalten als ein Da-Drüben. »Die da« werden in Beziehung gesetzt zum Wir bzw. Uns im Hier-Drüben.[89] Die Ordnung des Hier-Drüben und des Da-Drüben kennt die Schließung des liminalen Raums des Übergangs.[90] So wie der vulnerable alte Mensch in der Geschehensordnung der Krankenhausentlassung in die Netzwerklosigkeit der No-care-Zonen isolierter privater Häuslichkeit verschoben wird, so ordnet die Quarantänekultur das Verbleiben in dem geschlossenen Innenraum der Sonderwohnanstalten an.

Insofern kommt hier ein doppelter Funktionszusammenhang[91] zur Wirkung. Einerseits hat die Hospitalisierung des Wohnens im stationären Pflegesetting eine Instrumentalfunktion: Hygienesicherstellung. Andererseits geht es um symbolische Praktiken zur Herstellung einer Codierung der Heimbewohnerschaft als Keimträgerschaft, die eben die soziokulturelle Konstruktion eines Rückfalls in die Ordnungstradition einer »totalen Institution«[92] generiert.

Die vorliegende Analyse von mir handelt von diesen Hygieneordnungen in der stationären Langzeitpflege. Die Forschungsfragestellung ist: Erodiert klinischer Regulierungswahn die Lebenswelt eines normalisierten Wohnens im Alter?

Nachfolgend werden einige eher unübliche Sichtweisen auf diese Thematik eingenommen. Ganz ohne Verständnis für kulturwissenschaftliche und tiefenpsycho-

86 Vgl. Hubrich, 2013.
87 Vgl. Muhle, 2013; Sarasin, 2019.
88 Pawlak, 2013.
89 Drews & Martin, 2017.
90 Dazu auch Augart, Kunze & Stumpf, 2020; Walther u.a., 2020.
91 Analog zu Verne, 1999.
92 Goffman, 1973.

logische[93] Perspektiven[94] geht es dabei nicht, wenn das Problem und die hier vorgelegte spezifische Problementfaltung verstehbar sein sollen.

Regulierungswahn? Der Begriff des Wahns ist höchstproblematisch, da er selbst ja pathologisiert.[95] Und dies mit dem dialektischen Vorwurf, es ginge um eine Pathologisierung des normalen Wohnens im Heim. Der Wahn ist in seiner Verstiegenheit relativ leicht symptomatisch zu erfassen.[96]

Der Begriff des (endogenen, weil von den vergesellschafteten Subjekten als soziale Konstruktion selbst generierten) Wahns verweist methodologisch bereits auf eine psychodynamische und zugleich methodisch kontrollierte, distanzierte[97] ethnografische[98] Sicht der Dinge (z.B. des Krankenhauses[99]): Welche sozialen (ritualisierten[100]) Praktiken (und impliziten Alltagstheorien[101]) regulieren die Ängste? Was für ein Film (und nach welchem Drehbuch) läuft hier – wenn das Heim als »fremde Welt«[102] methodisch kontrolliert angegangen wird[103] – eigentlich ab?[104]

Wie umgehen mit der in Pflegesettings praktizierten Kultur der Abwehr und Ausgrenzung als *Doing Exclusion*? Zur Diskussion stehen[105] Haltungen und Praktiken[106] von Aggression, von Liminalität, Ritualisierung und Routinen. Zugleich handelt die Analyse von rechtsnormativen Konflikten:

{Hygieneordnungen versus Normalisierung des Wohnens}.

Normalisierung des Wohnens meint: ohne Ausgrenzung[107] in Sonderwelten, die die personale Autonomie gefährden. Und dies ist zu denken angesichts der Ankerfunktion des Wohnens[108] für personalisierende Daseinsgestaltung und Existenzführung des Menschen.

93 Hier etwas anderes meinend als etwa Bergler, 2009.
94 Vgl. Waldenfels, 2019.
95 Vgl. Spitzer, 1989; Unterthumer & Kadi, 2011.
96 Theoretisch ist es über lange Zeit ein sehr dynamisches Entwicklungsfeld, was abgelesen werden kann (vgl. auch Schott & Tölle, 2006; Jäger, 2016; Tölle, 2008) an der Entwicklung des diesbezüglichen Denkens von Emil Kraepelin, in Rezeptionszusammenhängen mit Jasper, Freud, Kretschmer u.a. stehend. Haltungsorientiert ist die Formulierung des Tatbestandes der »Verrückung« des Standpunktes gegenüber der Umwelt.
97 Vgl. Hirschauer & Amann, 1997.
98 Vgl. Harrison, 2018.
99 Vgl. Geest & Finkler, 2004.
100 Vgl. Weidmann, 2001.
101 Vgl. Mewes, 2019.
102 Koch-Straube, 2002.
103 Ein Klassiker ist hierbei das Werk von Jaber F. Gubrium.
104 Vgl. dazu auch Christov, 2016.
105 Vgl. Gross, 2001.
106 Dazu auch Käppeli, 2001.
107 Vgl. Harbusch, 2018.
108 Vgl. Confurius, 2017; Hahn, 2017.

Exkurs: Was ist Normalität und wie normal ist das Normale?

Ich habe bislang mehrfach ohne weitere Explikation von Normalisierung[109] als konstitutive Dimension des Paradigmas der Inklusion gesprochen. Mit der Normalität[110] des Normalisierungsanspruchs sind jedoch durchaus nicht nur Ambivalenzen verbunden, sondern einige grundsätzliche Probleme, die erkannt und reflektiert werden müssen.[111] Da das Inklusionsdenken und die Idee von Community Care im Sektor der Arbeit mit Menschen mit Behinderungen[112] (aber auch in der Psychiatrie[113]) im Vergleich zur sog. Altenhilfe schon viel länger und nachhaltig tiefer verankert ist, will ich mit dem Problem beginnen, dass auch hier[114] oftmals der Fokus auf die Eingliederung in den ersten Arbeitsmarkt gelegt wird. Das ist einerseits selbstverständlich, weil diese normale Partizipation von Bedeutung ist. Andererseits wird man sich fragen müssen, auf welche unnormale Normalität hier eigentlich integrativ hingearbeitet wird. Arno Gruen sprach vom »Wahnsinn der Normalität«[115], Erich Fromm von der »Pathologie der Normalität«[116], Peter Radt von dem »Absurde[n] der Normalität« und meint »die absurde Welt des ganz normalen Kapitalismus«[117].

Wenn Andersheit normalisiert werden soll, dann kann dies nicht meinen, dass das andere (von) der Andersheit kopiert wird, sondern dass die Andersheit vom anderen nicht als anormal[118] im Sinne eines apotropäischen (Bilder generierenden[119]) Wahrnehmungssyndroms des Gefährlichen, Alten, Hässlichen, Bösen, Ekeligen klassifiziert wird. Es geht demnach eher um Anerkennung von Differenzen als um die apologetische Anpassung[120] an das vorgängige Normale.

Zurück aus dem Exkurs nun die entscheidende Frage nochmals anders formuliert: Welche Care-Kultur[121] ist – auf der Grundlage einer anthropologisch begründbaren Rechtsphilosophie der Personalität – im wohlfahrtsstaatlichen Regime des Rechtsstaates als regulativer Gewährleistungsstaat als ein »gutes Leben«[122] zu entfalten?

---

109 Vgl. Thimm, 2008.
110 Vgl. Rolf, 1999; Strößner, 2014; Rosenberg & Vallentin, 2012; Schildmann, 2013.
111 Vgl. Seelmeyer, 2007.
112 Vgl. Lob-Hüdepohl & Eurich, 2020.
113 Vgl. Wolters, Beyer & Lohff, 2012.
114 Vgl. Bösl, 2015.
115 Gruen, 2017.
116 Fromm, 2005.
117 Radt, 2018. Mit Blick auf Maleria-Bekämpfung: Meier zu Biesen, 2013.
118 Vgl. Krause, 2007; Finzen, 2018.
119 Vgl. Grebe, 2016.
120 Vgl. Kessl & Plößer, 2010.
121 Vgl. Binder u.a., 2019; Thelen, 2014.
122 Nussbaum, 1998.

3. Ambivalenzen der Fragestellung und ihrer zentralen Hypothese

Ein heikles Thema liegt vor. Sollte etwa angesichts der Gefährdungen die Hygiene[123] verantwortungslos infrage gestellt werden? Nein. Definitiv: Nein! Aber es muss, dennoch, die Frage gestellt werden, ob sich die Hygienepraktiken im Gleichgewicht nicht anderen Zielen der Wohnlebensqualität in Einrichtungen befinden. Hygiene ist kein Selbstzweck, vor allem dann nicht, wenn erkannt wird, dass dieses Thema (als Daseinsanliegen) eine regulative Bürokratisierung nach sich zieht, die (in der Dynamik der kumulativ-zirkulären Eskalation) dem Phänomen struktureller Unersättlichkeit entspricht.

Der Autor steht angesichts seiner (zumindest in engeren fachlichen Kreisen bekannten) wissenschaftlichen und zugleich engagierten Position jenseits des Verdachts, einem neoliberalen Theologem der Entregulierung das Wort zu reden. Aber die Verteidigung der Idee der wohlfahrtsstaatlichen Regulierung moderner Gesellschaften (auf abstrakter Ebene der Idee) entbindet nicht von der Verantwortung, als kritisch Wissenschaft zu den konkreten Praktiken der rechtlichen und institutionellen Regime Position zu beziehen und sich diese Sachlage anzuschauen. Und wenn dies reflektiert geschieht, generieren sich viele Nachfragen.

So – in diesem Sinne – ist die vorliegende Analyse zu verstehen. Die primitive neoliberale Anti-Sozialstaats-Kritik[124] hat Sichtweisen auf den »Tatort Sozialstaat« im Sinne der (z.B. rentenneurotischen[125]) *Moral-hazard*-Debatte bzw. Missbrauchsdebatte (mit der Täterrollenzuschreibung auf die Nutzer) aufgeworfen. Hier ist nun im Sinne einer daseinsthematischen Psychologie und einer Phänomenologie der Erlebnisgeschehensordnung[126] danach zu fragen, wie die sog. Nutzer den Wohl-

123 Vgl. Croce, 2017; Sitzmann, 2007.

124 Dieses Thema beschäftigte mich bereits als junger wissenschaftlicher Mitarbeiter in Bochum und Regensburg Ende der 1980er-, Anfang der 1990er-Jahre in meinen ersten Fachaufsätzen.

125 Vgl. Kirchberger, 1982.

126 Das transaktionale – also Person und Umwelt in Wechselwirkung stehend verstehende – Denken hat die ökogerontologische Forschung fundiert. Diese ist für die Lebensqualität in Altenpflegeheimen sehr bedeutsam. Die aus der Gestaltpsychologie und aus Strömungen der Humanistischen Psychologie (Carl Rogers, Charlotte Bühler, Abraham Maslow) stammende Idee der Aktualgenese verweist uns auf die außerordentliche Bedeutsamkeit der anregenden (sozialrechtlich: aktivierenden) Umwelten des Wohnens und der dort jeweils anknüpfenden Sorgestrukturen für das weitere Wachsen und Werdens des alten Menschen. Dieser alte Mensch wiederum muss sich allerdings auch öffnen für diese seine Entwicklung aktualisierenden Angebotsstrukturen seiner sozialen Mitwelt und technisch-dinglichen Umwelt. Breit diskutiert wird die Generativität (im Sinne des auch ethnologisch arbeitenden Entwicklungspsychologen und Psychoanalytikers Erik H. Erikson) als tief verankerte Bedürftigkeit auch der Menschen in der Hochaltrigkeit, bedeutsam zu sein, gefragt zu sein und eine Rolle zu spielen. Sinnstiftende Rollenangebote sind dergestalt als soziale Infrastruktur zu verstehen, die helfen sollen, den sozialen Tod als Folge des gesellschaftlich erzwungenen Disengagements zu vermeiden. Andere Themen lassen sich anschließen: Probleme sozialer Einsam-

fahrtsstaat und seine Einrichtungen erleben, an ihrer Leiblichkeit erfahren. Es geht um eine Hermeneutik der »Atmosphäre«.[127] Hier ist der vulnerable Mensch nicht Täter, sondern Opfer einer Ordnungspraxis, die es ja (pietistisch, puritanisch und sonst wie) »gut meint« mit dem Menschen, aber ihre Arbeit nicht wirklich achtsam reflektiert. Die Wohlfahrtskultur des Sozialstaates als Bürokratie[128] nimmt, wenn man Verwaltung »verstehen« will,[129] in manchen Lebensbereichen Konturen einer autoreferenziellen Logik an. Die Logik der risikoaversen Sicherheitsneurose der professionellen Akteure im Rahmen des jeweiligen Programmcodes ihrer Institutionen (Jugendämter, Gesundheitsämter, Sozialämter oder Krankenhäuser, Pflegeheime, Schulen[130]) – eben aus Angst heraus – unterläuft die ursprüngliche anthropologisch fundierte, rechtsphilosophische Teleologie, dem Menschen in seinen personalistisch gedachten Grundrechten zu dienen.

Das Thema ist ambivalent und extrem schwierig. Heikel. Es gibt einfachere Problemstellungen. Aber ohne »Mut zum Sein«, wie es Paul Tillich[131] ausdrückte, gelingt, so Peter Wust, das »Wagnis des Lebens«[132] nicht, auch nicht in der Sorgearbeit der Politik. (Das ist kein Aufbruch zur Casino-Mentalität. Das überlassen wir den Kapitalisten, die jedoch – in anderer Sprache formuliert – in ihrem maskulären Dominanzverhalten zu kastrieren wären.) Auch ist dies keine Argumentation in Richtung eines Qualitätsdumpings. Aber neurotische Angst[133] führt uns in einen Käfig. Das treibt uns mitunter in die Tiefen[134] einer notwendigen »Metaphysik der Sozialpolitik«[135]; aber am Ende des Tages sind die Fragen des gelingenden Daseinsalltags der konkreten Menschen zu beantworten.

---

keit, der Suizidalität im Alter, der Bewältigung »kritischer Lebensereignisse«, narzisstischer Kränkungen bzw. von Kastrationsängsten des Selbst in Verlusterfahrungssituationen u.v.a.m. In der Bewältigung von Pflegebedürftigkeitsaufgaben durch Angehörige spielen neurotisch verstiegene Schuldgefühle oder auch neurotisch verstiegene Kontrollkompetenzbedürfnisse im Generationengefüge mit Blick auf eine achtsame Selbstregulierung eine Rolle. Für Fragen der Qualität der lebensweltlichen Sorgekulturen und der an der (erinnerten) Erfahrung der kritischen Ereignisse orientierten Lebensqualität ist es wichtig, die psychodynamischen Mechanismen zu verstehen, die in den Kontexten sozialer Beziehungen zur Wirkung kommen.

127 Böhme, 2013a; Schmitz, 2014; Binder u.a., 2010.

128 Im Spiegel der älteren Staatsverwaltungslehre: Baum, 1988.

129 Vgl. Seibel, 2017.

130 Dazu auch Hofmann, 2016; Suter, 2017.

131 Tillich, 2015.

132 Wust, 1946.

133 Vgl. Schäfer & Thompson, 2018; Fischer & Krohne, 2017.

134 Marcel, 1957: 296: »Wahre Tiefe gibt es nur dort, wo tatsächlich eine Kommunion verwirklicht werden kann.«

135 Schulz-Nieswandt, 2018a.

Der Verfasser ist oftmals als qualitativer Sozialforscher in der Sozialpolitik und der Gemeinwirtschaftslehre[136] – transdisziplinär im Feld – unterwegs.[137] Dabei geht es um den Alltag der Versorgungsgeschehensprozesse und ihre Ordnung im Sinne eines Systems generativer Regeln. Doch muss man zur »dichten Beschreibung«[138] des Alltags oftmals doch viel tiefer bohren, um die latenten Sinnstrukturen zu dechiffrieren.

4. Erkenntnisleitende Interessen

»Hygiene in der Pflege« umfasst – gedankenlos? – *unisono* Krankenhäuser, Rehabilitationskliniken und stationäre und ambulante Langzeitpflege.[139] Die Ängste sitzen tief: Mit einem Bein stünde man dauernd bereits im Gefängnis, so oftmals eine Selbsteinschätzung. Horrorfall ist eine Epidemie[140] in der Bewohnerschaft. Muss in einer Einrichtung der stationären Langzeitpflege als normalem Ort des Wohnens besondere Arbeits- und Schutzkleidung getragen werden? Müssen die Bewohner an der Signatur der Hygienebekleidung[141] des Personals der Situationsdefinition in der Fremd- wie Selbstbildkonstruktion, sie lebten permanent in einer Einrichtung, die dem Krankenhaus funktional äquivalent ist, ausgesetzt werden? Sollten sie selbst und ihre Umgebung unter dem Primat der Keimträgerschaft im Sinne der Infektionskrankheiten[142] diagnostiziert werden? Was bewirkt – daseins-

136 Gemeinwirtschaftlichkeit im Sinne einer an der Dominanz des Sachzielprinzips orientierten Bedarfsdeckungswirtschaft schließt Gewinnerwirtschaftung nicht aus, im Gegenteil: Gewinne müssen zur Reinvestitionsfähigkeit erwirtschaftet werden, damit sich die Sozialunternehmen in öffentlicher, freigemeinwirtschaftlicher (steuerfreigemeinnütziger), genossenschaftlicher oder auch privater Hand weiterentwickeln und auch neue, innovative Pfade nachhaltig betreten können. Auch private Unternehmen können aufgrund einer Selbstbindung durch ethische Unternehmensphilosophie (Corporate Social Responsibility, Corporate Citizenship) gemeinwirtschaftliche Aufgaben erfüllen. Die Gewinnerzielung ist hierbei aber nur ein funktionales Nebenziel. Das Renditestreben darf nicht (Dominanz des Formalziels) die Logik des Wirtschaftens in meist spezifischen Rechtsformen der Shareholder-Value-Wirtschaft beherrschen. Solche Märkte werden trotz Qualitätsregulierung die gesellschafts-, sozial-, gesundheits- und pflegepolitischen Ziele nicht optimal erfüllen (allokatives, distributives, versorgungsethisches, räumliches Marktversagen).

137 Schulz-Nieswandt, 2016c.

138 Geertz, 1987.

139 Vgl. Steuer, Ertelt & Stahlhacke, 2005.

140 Vgl. auch Klafki, 2017.

141 Vgl. Kegler, Minta & Naehrig, 2018.

142 Angekündigt ist: Herwald, 2019.

thematisch[143] gesehen – dies an personaler Erlebnisgeschehensordnung[144] der Bewohner, über deren Ängste wir doch relativ viel wissen?

Wer hat den Mut, die Problematik auszusprechen, wonach die Freiheit der Person das Risiko des Scheiterns[145] zur Kehrseite hat? Da der menschliche Organismus – gemäß der theoretischen Bioontologie des Transaktionalismus[146] – immer in Wechselwirkung mit seiner Umwelt steht (vgl. Anhang 3), stellt sich die Frage, wie im Lichte der Vulnerabilität des alten Menschen die Umwelt bereinigt werden soll, ohne dabei und dadurch (ursächlich im Sinne negativer Externalitäten[147]) der alltäglichen Lebensqualität des Menschen zu schaden.

Die **Hauptthese** der vorliegenden Studie lautet also: Eine **unter**regulierte Umwelt tötet den alten Menschen im Sinne der biologischen Kontaminationsmechanismen; eine **über**regulierte Umwelt tötet den alten Menschen im Sinne des sozialen Todes[148]: Er wird in seiner Selbstentfaltung kastriert.

Diese konkreten Anfragen stehen eher exemplarisch für die Komplexfrage, wohin die Kultur der Heime sich entwickeln kann bzw. soll. Soll eine dauerhafte implizite Quarantänekultur das Wohnen im Heim signieren, dem dortigen Wohnen also ihren konstitutiven Stempel aufdrücken?

Von dem exemplarischen Charakter der Forschungsfragestellung war soeben die Rede. Exemplarisch für was? Woraufhin wird argumentativ geschlossen? Epistemologische Exemplarität meint: Die klinische Kleidungsordnung im Pflegeheim ist tief eingeschrieben[149] in die organisationale Kultur der Institution und in den

143 Vgl. Schneider, 2019.

144 Vgl. Thomae, 1996.

145 Vgl. John & Langhof, 2014; Junge & Lechner, 2004.

146 Vgl. Mildenberger, 2007. Vgl. auch Uexküll, 1928.

147 Gemeint sind die Wirkungen von Handlungen zum Zwecke der eigenen Besserstellung auf Kosten Dritter. Externalität meint eine direkte Interdependenz der Nutzenfunktionen verschiedener Gesellschaftsmitglieder, die als verkettet (*Social-connectedness*-Theorem) zu verstehen sind. Das Handeln eines Individuums verändert demnach nicht nur die eigene Situation, sondern zugleich die Situation Dritter (*Spill-over*-Effekt). Das Phänomen wirft die normativen Fragen auf, wie das Problem zu bewerten und wie mit dieser Interdependenz umzugehen ist.

148 Vgl. Hasenfratz, 1982.

149 Und dies ist interpretierbar aus einer Theorie der Totalität des generischen Alltagsgeschehens heraus als ein Aufhänger zur Generierung einer kulturellen Tiefengrammatik sozialer Codierung von Lebensverhältnissen, die sich (ontogenetisch im Sinne der Entwicklungspsychologie der strukturalen Psychoanalyse: Schulz-Nieswandt, 2019c) verankert hat im Erlebnisgeschehens-*Endon* (als innerer Grundgestimmtheit generativer Art) der Menschen.

Habitus[150] der Professionen.[151] »Kleider machen Leute«, so lautet, an Gottfried Keller erinnernd, die Einsicht auch in diesem Fall.[152]

Die Symbolik der Kleidung zu analysieren, hat eine längere Forschungstradition. In der Soziologie ist an die Abhandlung von René König[153] zu erinnern. Hier wäre das Thema sicherlich insbesondere kultursemiotisch[154] aufzugreifen. Von Interesse ist aber eben auch der psychoanalytische Blick.[155] Entscheidend ist nun, einen solchen Blick auf die kulturelle Ordnung der Berufsbekleidung[156] zu übertragen. Hierbei muss auf die Sichtweise von Erving Goffman zurückgegriffen werden, für den die Uniformfunktionalität der Berufsbekleidung ein integriertes Element des Anstaltswesens »totaler Institutionen« darstellt: Dort, wo die Uniformsordnung der Klinik herrscht, kann kein normales Wohnen wirklich werden. Das Thema im Lichte der apotropäischen Ordnungspolitikpraktiken ist auch exemplarisch für das Archaische im modernen Denken, wenn man andere Beispiele heranzieht.

Exkurs: Der Medusa-Charakter der Menstruation

Uralt[157] sind die Probleme des Umgangs der Kultur[158] (der Männer[159]) mit dem Phänomen der Menstruation der Frau. War die Menstruation schon in der Antike ein Zeichen weiblicher Minderwertigkeit, so ist sie auch heute noch in komplexer, tief greifender und vielseitiger[160] Weise ein Tabuthema, in vielen Kulturen Gegenstand von Ritualisierungen.[161] Scheinbar ist das weibliche Menstruationsblut bis heute geprägt von Ängsten, so angesichts der scheinbaren Giftigkeit.[162] Die Menstrua-

150 Vgl. Flaiz, 2018; Eylmann, 2015, Arnold, 2008.

151 Es geht also um kritische Nachfragen zur aktuellen Situation und zum Weg in die Zukunft aus der Sicht einer psychoanalytischen Ethnomethodologie. Dabei ist der Ausgangspunkt der Betrachtungen a) die *anthropologische* Einsicht, dass es das Subjekt immer nur im Modus der Vergesellschaftung gibt, und b) die *psychologische* Einsicht, dass sich im Modus dieser Vergesellschaftung die Kultur der Gesellschaft tief in das Subjekt einschreibt, also eine prägende Signatur hinterlässt, sodass c) daraus der *soziologisch* verstehbare Mechanismus wirksam wird, dass die Subjekte (im Schnittbereich zwischen Primärsozialisation und sekundärer beruflicher Sozialisation auf hybridem Weg zur Professionalität) sich in typischen Mustern *(patterns of behavior)* als Ausdruck ihres habituellen Sozialcharakters (Haltung) verhalten.

152 Vgl. Lehn, 2012.

153 Vgl. König, 2014.

154 Vgl. Giannone, 2005; klassisch: Barthes, 1985; Bovenschen, 1997.

155 Vgl. Flügel, 1929.

156 Vgl. Jahn & Nolten, 2018.

157 Vgl. Philip, 2005.

158 Vgl. Newton, 2026.

159 Vgl. Linton, 2019.

160 Vgl. Hogage, 1998.

161 Vgl. Ausserer, 2003.

162 Vgl. Hering & Maierhof, 2002.

tion ist daher Gegenstand von Aberglauben und von apotropäischen Hygieneregimen[163] und Medikalisierungen[164]. Man darf eine solche kritische Sicht allerdings auch nicht überspitzt zur Vereinfachung treiben. Die Zusammenhänge sind oftmals verwickelter und nicht so eindeutig.[165]

Aus dem Exkurs wieder heraus und nochmals anders ausformuliert: Das Forschungsthema ist im Rahmen einer kultursemiotischen Hermeneutik[166] zu verstehen, nämlich im Rahmen einer verschachtelten Mehrebenenanalyse, wobei die kulturellen Grammatiken und sozialen Praktiken (insofern liegt eine ethnomethodologische Sichtung vor) auf der Grundlage einer psychodynamischen[167] Verankerung in den habituellen Grundgestimmtheiten der Subjekte (insofern eine psychoanalytische Sichtung)[168] zu verstehen und selbst wiederum in die Programmcodes eingebettet sind, nach denen die Institutionen (hier die stationären Einrichtungen) funktionieren[169], also in ihrer Handlungslogik, denn auch Institutionen »denken«[170] und können entsprechend verstanden werden. Dabei spielen auch Ablagerungen in die Schichten des Unbewussten eine bedeutsame Rolle. Davon sind sodann auch die intraindividuellen Regime der Affektregulierung[171] betroffen. Und damit sind wir wieder bei der Angst, dem Ekel und der Ausgrenzung als soziale Tötung angelangt.

5. Sterben und Tod als Daseinsthemen

Bedeutet Philosophieren, sterben zu können, wie Taureck[172] es formuliert? Für wen ist der Tod[173] eigentlich ein Thema? Für die Sterbenden oder eher für die Lebenden als Hinterbliebene?[174] Warum das (numinose[175]) Staunen über das Selbstverständliche[176]?

163 Vgl. Zinn-Thomas, 1997.
164 Vgl. Breme, 2006.
165 Vgl. z.B. Parin u.a. (1985: 583ff.) zu den Dogon in Westafrika.
166 Zuletzt auch Schulz-Nieswandt, 2019d. Dazu auch König, 2019.
167 Vgl. Mentzos, 2017.
168 Zur Epistemologie dieser poststrukturalen Analytik: Schulz-Nieswandt, 2019c.
169 Vgl. Schulz-Nieswandt, 2016b.
170 Douglas, 1991.
171 Vgl. Meyer-Sickendiek, 2005.
172 Vgl. Taureck, 2004.
173 Vgl. Gehring, 2013; Wittwer, Schäfer & Frewer, 2010.
174 Vgl. Fuchs-Heinritz & Feldmann, 1995. Zur Kulturgeschichte des Trauerns: Sörries, 2016; Bednarz, 2003. Ferner Choron, 1967.
175 So ist »der Tod im Dasein des Menschen von jeher die unheimliche Erscheinung«: James, 1960: 140.
176 Vgl. Jankélévitch, 2005. Vgl. auch Krafft-Krivanec, 2003.

Das Thema als ein Daseinsthema ist ubiquitär[177] und uralt, faszinierend allein die altägyptische Hochkultur, die sich am Tod und seiner Thematisierung konstituiert.[178] Heidegger[179] hat im 20. Jahrhundert fundamental das »Sein zum Tode« reflektiert.[180] Der Tod ist das Mysterium des Menschen selbst.[181] Oftmals wird der Tod verdrängt[182] oder nicht akzeptiert;[183] ethnologisch gesehen steht er in enger Verbindung mit Angst und Ekel bzw. Unreinheit, Sünde, Verbrechen und Sakralität[184] und ist im Modus der Suizidalität[185] höchstkontrovers.[186] Das Thema ist in kaum überschaubarer Facettenvielfalt aufgreifbar, abrufbar, behandelbar.[187] Insbesondere die Religionsgeschichte dreht sich um die Endlichkeit und sodann um den Tod. Der Tod wird in einer existenzialen theologischen Anthropologie anschlussfähig für philosophische Diskurse analysiert.[188]

Der Mensch hängt am Leben, immer schon, aber gerade auch in der heutigen Moderne, zumal es angesichts der (trotz steigender Lebenserwartung) nach wie vor begrenzten Lebensspanne um die Angst vor dem Versäumnis und um die Akkumulation von Lebenserfahrung geht.[189] Vor diesem Hintergrund wird man die These von Philippe Ariès[190,191] einordnen können, wonach der Tod heute angsteinflößend sei, denn er erscheine nicht mehr allgegenwärtig und selbstverständlich.

Alle Richtungen einer Haltung zum Tod treibt etwas in jedoch vielfältiger Weise: die Angst und die Flucht vor dem Tod, das (heldenhafte [dazu gehören auch die heldenhaften »Höllen-Fahrten«[192]] oder anderswie differenziert motivierte[193]) Streben nach dem Tod, die gelassene oder bilanzierende Akzeptanz, die Verzweiflung angesichts der Endlichkeit. Das philosophisch reflektierte Thema ist längst zum Fundamentalthema der Soziologie[194] und Psychologie geworden und ist in vielerlei Hinsicht hochgradig moralisiert und verrechtlicht. Es ist numinos:[195] Es

177 Vgl. Barley, 1998.
178 Vgl. Assmann, 2000b.
179 Vgl. Heidegger, 2001.
180 Vgl. Sternberger, 1981: 69ff.; Agamben, 2008.
181 Landsberg, 2009.
182 Elias, 2002; Dahl, 2016; Kremp, 2001; Feldmann, 2010.
183 Vgl. Canetti, 2015.
184 Hertz, 2007.
185 Vgl. auch Jamison, 1999; Ringel, 1999.
186 Macho, 2017.
187 Bei Sartre (1975) steigert sich die Ablehnung zum Daseinsekel oder Weltekel.
188 Lotz, 1976.
189 Gronemeyer, 2014.
190 Vgl. Ariès, 1980.
191 Kritisch reflektierend dazu: Körtner, 1996: 15ff.
192 Herzog, 2006.
193 Durkheim, 1983; Erlemeier, 2011.
194 Fuchs, 1973.
195 Schüz, 2016.

schreckt ab und fasziniert zugleich. Es bleibt geheimnisvoll.[196] Es ist eines der großen Motive der (nicht nur sakralen) Kunstgeschichte.[197] Das Thema ist hegemonial: Harrison[198] spricht von der »Herrschaft des Todes«. Im *Homo-sacer*-Projekt von Giorgio Agamben[199] – die breite und tiefe Kontroverse[200] um dieses Projekt herum wird hier ausgeklammert – ist es zum Ausgangspunkt einer ontologischen Theorie des Politischen geworden: Die Abgabe der Freiheit zugunsten des Schutzes des »nackten Lebens« konstituiert Politik als herrschaftliche Ordnungsbildung.[201]

Max Scheler hat auf die Frage, ob es Ewigkeit gebe, geantwortet: Ja, aber nur für kurze Zeit. Martin Heidegger ging von dem existenzphilosophischen Fundamentalsatz aus, das Sein sei ein Sein zum Tode. Da hatte er Recht, ebenso wie Hannah Arendt, die sagte, Heidegger hätte keinen schlechten Charakter gehabt; er hätte überhaupt keinen Charakter besessen. Nun, das ist ontologisch unmöglich, doch wir wissen, was sie meinte. Aus der Auseinandersetzung mit der Endlichkeit resultierte kulturgeschichtlich der Ahnenkult. Hier interessiert er nicht als Abwehrzauber gegenüber den bösen Geistern, sodass man die Toten unter dem Fußboden des Hauses vergrub, damit man sie unter Kontrolle hatte. Es geht um den Ahnenkult als positives Gedenken. Denn solange man sich an die Toten positiv erinnert, sind sie nicht endgültig tot. Wer heute früh stirbt, für den gilt: Er geht vor der Zeit! Doch es ist immer zu früh, weil immer das Leben ein unvollendetes Lebenswerk (mit Blick auf die Liebe, die Kinder, das Gemeinwohl) ist. Allerdings gilt auch: Schlimmer geht immer, denke ich an die UNICEF-Berichte zur Lage der Kinder in der Welt. Tröstet Philosophie? Ja, wenn es einem relativ gut geht. Der Mensch kann sich aus einer Paradoxie nie befreien: Wir sind im All unbedeutend, aber als kognitive Subjekte das Zentrum des Alls. Da wir ein Bewusstsein von uns selbst als eines Selbst haben, denken wir immer die Welt von uns aus als Nabel.

Gott hat gegeben und nimmt wieder! Ist das Trost? Dann ist Gott entweder ein Massenmörder paranoiden Typs oder ein Property-Rights-Extremist: Bios ist sein Eigentum! Tod ist: Platz machen für unsere Kinder, aber bitte erst, wenn diese groß sind. Dann sind sie reif für die dritte Abnabelung, nach der Geburt und dem Auszug aus dem elterlichen Haus, auf die sie ihre eigenen Kinder sodann wiederum formend vorbereiten müssen. Paradox, aber ontologisch wahr: Der Tod ist nichtend, ermöglicht aber das Leben. Tröstet diese Weisheit? Jein. Das Nicht-Wissen gehört zur Wahrheit.

Wenn die eigentliche Endlichkeit nicht akzeptiert werden kann, so kann daraus eine Aggression erwachsen, die im alten Mitmenschen den Sündenbock findet.

196 Goodman, 1991.
197 U. a. Jansen, 2013.
198 Harrison, 2003.
199 Vgl. Agamben, 2002.
200 U. a. Miethke, 2017.
201 Wie Blumenberg (2014) hat auch Agamben (2003) offensichtlich Gehlen rezipiert.

Ihn (als imaginativen Spiegel) anzusehen, wird als Übertragung der eigenen Zukunftsvision ihm angelastet. Und die Gegenübertragung ist Wut und Hass, Ekel, der entweder zur Flucht oder zur Tötung motivieren. Das Spiegelstadium des Kindes ist der Beginn der eigenen Identität des jeweiligen Menschen. Der Anblick des dahinsiechenden Alten ist der Spiegel der eigenen Zukunft als Ende des kindlichen Spiegelbildes: Ich werde (bald) nicht mehr sein. Der andere, das bin ich, der ich aber nicht sein will. Deshalb wird der Spiegel zerschlagen. Ich könnte mich umdrehen und wegblicken: Flucht. Aber den anderen Menschen auszugrenzen (den Spiegel wegzuschließen oder eben zu zerschlagen), sind die aktiven Reaktionsstile der gekränkten, von einer Kastrationsangst der eigenen Nichtung verängstigten Menschen jüngeren Alters gegenüber den alten Menschen, die eben dem Tode geweiht sind.

Vor diesem allgemeinen Hintergrund der Reflexion der Bedeutung des Todes wird es möglich, die Endlichkeit als Bedrohung zu verstehen. Und was den Menschen bedroht, wird (aktiv) von ihm abgelehnt, bekämpft oder (passiv) schlicht verneint. Wird damit nicht auch das ekelige Alter verneint?

Die Angst vor dem Tod setzt in einer kausalen Sequenzlogik die Angst vor Verletzung, Krankheit und Verwesung, Fäulnis, Schmutz voraus. Die Furcht vor der Kontamination projektiert die Ablehnung auf das Da-Draußen, auf soziale Gruppen anderer Art, so auch auf den *homo patiens*. Insofern kann als Abwehr-Schutz-Verhalten auch der Ekel ein Korrelat der ablehnenden Haltung gegenüber der Gefahr sein. In der Tiefe mag grammatisch ein magisches Denken wirksam sein: So etwa dann, wenn die Kleidung des anderen als Keimträger interpretiert wird. In diesem Lichte werden die Katharsis[202]-Funktionen von Reinigungsritualen plausibel.

Im Altertum wird das »Blut als Machtträger«[203] verstanden: »Für den antiken Menschen ist Blut ein geheimnisvoller Machtträger, oft wird es mit der Lebenskraft identifiziert.« Wie leicht fällt sodann der Umkehrschluss: Ist das Blut unrein, ist es Träger des Bösen?!

Das Hässliche[204] wird sehr schnell assoziiert mit dem Bösen; die soziale Ausgrenzung oder gar die Eliminierung des anderen ist sodann eine Konsequenz der sozialen Konstruktion. Eco[205] hat eine Geschichte der Hässlichkeit geschrieben. Es ist sozialgrammatisch und tiefenpsychologisch konsequent, dass er[206] in der Binärik der Weltkonstruktionen[207] zugleich eine Geschichte der Schönheit vorgelegt hat.

202 Vgl. Leuzinger, 2013; Vöhler & Seidensticker, 2007.
203 Wilms, 1987: 35.
204 Vgl. Rosenkranz, 1990.
205 Vgl. Eco, 2007.
206 Vgl. Eco, 2006.
207 Bis hinein in die Praktiken der Macht herabsetzender Sprache: Paul, 2018.

III. *Hygeia* und ihre Ordnung

Hygieia oder *Hygeia* ist in der griechischen Mythologie[1] die göttliche Personalisierung der Gesundheit, eine der Töchter des Asklepios[2,3]. In der Hygiene – als einem öffentlichen Gut – ist ein Paradigma der Gesundheitspolitik verkörpert:[4] Gesundheit wird – eine zentrale Kategorie in der Politischen Philosophie und in der Volkswirtschaftslehre – zu einer öffentlichen Aufgabe, indem die Mechanismen der Entstehung und Ausbreitung von Krankheiten thematisiert und die Bekämpfung der Entstehungs-, Übertragungs- und Ausbreitungspfade im Rahmen eines Ordnungswesens betrieben werden. Dieser Blick ordnet das Thema sozialepidemiologisch[5] in eine längere Geschichte[6] der Daseinsvorsorge[7] und der Infrastrukturpolitik[8] ein.[9]

Obwohl die Hygiene in privaten Lebenswelten als öffentlich relevant eingeschätzt wird, bleibt der heilige Raum des Privaten weitgehend einer direkten öffentlichen Kontrolle entzogen, weil die Privatsphäre[10] weitgehend (in Bezug auf

1 Wer sich in dieses Thema ertragreich vertiefen möchte, sollte neben dem »Neuen Pauly« vor allem auch Roschers berühmtes und immer noch nicht eingeholtes »Ausführliches Lexikon der griechischen und römischen Mythologie« benutzen. Zu verweisen ist auch auf die »Theologische Realenzyklopädie« (TRE) sowie auf »Religion in Geschichte und Gegenwart« (RGG, 4. Aufl.). In vorausgegangenen Studien habe ich dieses Potenzial zu heben versucht. Zur Orientierung im weiten Feld der Ethnologie: Petermann, 2004.

2 Vgl. Sobel, 1990. Vgl. auch Thraemer, 1886; Steger, 2016. Vgl. kurz Peterich, 1958: 29. Bedeutsam im Kulturzusammenspiel ist die Gleichsetzung Imhoteps mit dem griechischen Heilgott Asklepios (deutsch: Äskulap), dessen Heilkult Ähnlichkeiten mit dem Imhoteps aufweist: Bonnet, 2005: 322ff.; Grapow, 1954. Vgl. auch Kerényi, 1948. Zur Medizin (Heilkunst und Heilkult) in der Antike vgl. auch Krug, 1985.

3 Vgl. Steuding, 1890; Graf, 1998.

4 Vgl. Flügel, 2012; Witzler, 1995; Vögele & Woelk, 2000; Ruckstuhl & Ryter, 2017; Hüntelmann, 2008.

5 Vgl. Mielck & Bloomsfield, 2001.

6 Dazu aus neuerer Zeit: Barlösius, 2019; Philipp, 2019; Willenberg, 2019.

7 Vgl. Schulz-Nieswandt, 2017a; Kersten, Neu & Vogel, 2019.

8 Vgl. Richter, 2018; Foundational Economy Collective, 2019.

9 Vgl. Jellinghaus, 2006.

10 Vgl. Geuss, 2013.

das Kindswohl[11] hat der Staat eine Wächterfunktion) Tabuzone[12] in der staatlich verfassten Gesellschaft ist. Schulen, Krankenhäuser oder Pflegeheime z.B. werden dagegen als öffentliche Räume definiert und unterliegen einer regulationsintensiven Hygieneordnungspolitik. Hier kommen in ausgeprägter Dichte[13] sozialer Interdependenzen der Menschen verschiedene vulnerable Gruppen stigmatisierend zusammen: Kinder, Kranke, Behinderte, Alte. Ein fürsorglicher Schutzgedanke mit Blick auf die Risiken spielt hier eine konstitutive Rolle. Im Hintergrund dominiert die Sorge vor den Externalitäten, also vor den direkten Zusammenhängen der Wohlergehenssituationen einzelner Individuen im Sinne von inter-individuellen *Spill-over*-Effekten.[14] Ansteckung ist hierbei der Fluchtpunkt des Ordnens[15] der Verhältnisse und der Dinge.[16] In der Quarantäne findet diese Sorge ihre (panoptikumartige) Raumordnungspraktik[17]. Die (religionsphänomenologisch[18] in reziprozitätstheoretischer Weise[19] zu interpretierende) »Goldene Regel«[20] wird hierbei aus Angst heraus präventiv (der andere wird als Feind antizipiert) gewendet:

11 Vgl. Baader, Eßer & Schöer, 2014.

12 Vgl. Kraft, 2004; zum Tabu in der Moderne: Przyrembel, 2011.

13 Vgl. Roskamm, 2011.

14 Vgl. Swaan, 1993; Ewald, 1993. Dazu auch Nachwort von Effi Böhlke zu Bourgeois, 2020.

15 Vgl. Mallon, 2018.

16 Vgl. Artner, 2017.

17 Foucault, 2005.

18 Vgl. Leeuw, 1977; Widengren, 1969.

19 Vgl. Schulz-Nieswandt, 2014, 2018c. Ökonomische oder soziale Austauschprozesse sind keine »*Free-lunch*«-Veranstaltungen. Es müssten kostenträchtig (asymmetrische) Informationen bzw. Informationsverteilungen gesammelt, (nicht vollständig spezifizierbare) Verträge geschlossen, Risikomanagement aufgebaut, Vertrauen aufgebaut, kommuniziert werden usw. Diese Transaktionskosten können so hoch sein, das erst gar kein »Geschäft« entsteht. Damit sind die Kosten der Entstehung und Verwirklichung von sozialen (wirtschaftlichen) Austauschprozessen (Transaktionen) mit oder ohne Verträge und Vertragsrisikomanagementregime bzw. mit oder ohne explizite oder implizite Verträge und Vertragsrisikomanagementregime gemeint. Von Bedeutung sind relevante soziale Externalitäten, unvollständig spezifizierte Verträge, asymmetrische Informationsverteilungen, Grenzen der Mechanismen von Erfahrungsgütern mit Wiederholungskäuferlogik, Probleme meritorischer Güter, Myopieprobleme, Probleme von Vertrauens- bzw. Glaubensgütern. Eigentlich setzt die paretianische Wohlfahrtsökonomie (vgl. Externalität, Wohlfahrtsökonomik, Pareto-Rawls-Lösungen, Sittengesetz nach Kant) demnach Einstimmigkeit voraus: j = 1 .... m (als Teilgruppe der Allokationsverlierer der Gesellschaft i = 1 .... J .... n) = 0. Zu hohe Transaktionskosten können es aber schwierig machen, Entscheidungsfindungsprozesse bis zur Einstimmigkeit zu treiben. Daher besteht das Optimierungsproblem darin, die Konsensfindungskosten und die Präferenzfrustrationskosten (der letztendlich in der Entscheidung nicht berücksichtigten/übergangenen Interessen) gemeinsam zu minimieren. Das Ergebnis bleibt – aus der Sicht einer Komparatistik institutioneller Designs betrachtet – immer (relativ) unvollkommen.

20 »Tue nichts, von dem Du nicht möchtest, dass man es Dir antut«: Dihle, 1962, ist eine frühe Vorläuferfigur von Kants »Sittengesetz« (mit Bezug auf Art. 2 GG: Erbel, 1971) und eine ethische Strukturanalogie zum wohlfahrtsökonomischen Pareto-Rawls-Kriterium.

Man grenzt den Mitmenschen in Sonderräume aus, um sich zu schützen: Töte, bevor du getötet wirst!? Das Leben ist – so bekanntlich die Lebensweisheit – ein Geben und Nehmen, dies in vielerlei Hinsicht. Dieses System des gegenseitigen, wechselseitigen, nicht nur dyadischen, sondern komplexen Austausches folgt der Regel der Reziprozität von (bedingter, begrenzt unbedingter) Gabe und (freiwilliger oder obligatorischer) Gegengabe. Es handelt sich um Netzwerkbildung, bestimmten Haltungen und Motiven, bestimmten Situationen, Kontexten und Anlässen folgend, unterschiedliche Ressourcen einbringend, zeitnah oder auch zeitversetzt arbeitend. Eine materielle, aber auch symbolische Sorgekultur, vielfach sinnhaft mehr als ein kalkulatorisches ökonomisches Risikomanagement. Reziprozität ist eine zentrale Kategorie des Wesensverständnisses der Kultur des Sozialen und basiert auf der Anthropologie der Gabe im Verständnis der Personalität des Menschen. Sie ist netzwerktheoretisch von morphologisch konstitutiver Bedeutung für die Logik der Caring Communitys. Reziprozität kann in Netzwerken der *strong ties* und *weak ties* unterschiedliche Formen annehmen (relative Unbedingtheit der Gabe: Geben > Nehmen; Äquivalenzlogik des Tausches: Geben ≈ Nehmen; *Moral-hazard-* bzw. Trittbrettfahrer-Modus: Nehmen ohne Geben). Die »Währung« von Geben und Nehmen kann homomorph (z.B. Zeit gegen Zeit) oder heteromorph (z.B. Zeit gegen Geld oder Zeit gegen Dankbarkeit) sein. Probleme lang gestreckter Intertemporalität von Gabeakt und Gegengabe liegen in dem Bedarf von Vertrauensvorschuss bzw. in den Transaktionskosten des Risikomanagements.

Exkurs: Die Leprakolonie auf Spinalonga (Kreta)

Im 21. Jahr meines sommerlichen Aufenthaltes in Ostkreta kam mir der Gedanke, die kretische Leprainsel Spinalonga als Beispiel für die soziale Ausgrenzungskultur der Angst-Ekel-Kultur der Menschen anzuführen. 1903 auf eine Entscheidung des Freistaates Kreta zurückgehend und erst 1954 wieder aufgelöst, wurden alle Leprakranken der Insel eingesammelt und auf die Insel verpflanzt: »Die venezianische Festung wurde eine Stätte der Verzweiflung und menschlichen Leids, ein weltabgeschiedener Ort der Einschließung und der gesellschaftlichen Ausgrenzung.«[21]

Zurück aus dem Exkurs. Die Bedeutung einer Hygienepolitik für die Entwicklung sozialer Wohlfahrt steht einerseits außer Frage. Andererseits[22] ist Hygienepolitik Teil einer die (habituelle[23]) Mentalität der Menschen[24] disponierenden Diszi-

21 Ananiadis, 2012: 44.

22 Vgl. Göckenjan (1985: 16): Im medizinischen Diskurs um Gesundheit »geht es zweifellos um soziale Kontrolle«. Es sind Diskursordnungen und soziale Praktiken der »sanitäre[n] Menschwerdung« (104).

23 Vgl. Brown u.a., 2008.

24 Psychohistorisch: Janus, 2009; ferner Dinzelbacher, 2012.

plinargesellschaft[25] dann, wenn die Lebenswelten der Menschen medikalisierend[26] kolonisiert[27] werden.[28]

Nehmen wir nochmals einen Zugang über die Theorie des sog. impliziten Wissens bei Michael Polanyi.[29] Anzumerken wäre zunächst, dass Polanyi weniger von Wissen als vielmehr quasi ethnomethodologisch von Arten und Weisen des Handelns durch mentale Modelle[30] spricht. Daher dürfte die Frage nach der Professionalität der Professionen im Umgang mit Stresssituationen nicht allein in der Betonung von Wissen, Evidenz, Standards, Rationalisierung etc. liegen. Der Habitusbegriff bei Pierre Bourdieu lässt angesichts der fast schon ubiquitären Prägung poststrukturaler französischer Soziologie durch Jacques Lacan die Relevanz von Tiefenstrukturen intraindividueller Arbeitsapparate erahnen.

Von daher ist es nicht ganz unproblematisierbar, anzunehmen, die Professionalisierung der Pflege sei nur eine Frage der Verwissenschaftlichung und der hermeneutischen Kompetenzen. Ja, das auch. Aber bezieht sich dies auf die alltagsontologische Struktur der Wirkungsweise von *tacit knowing?* Von daher gedacht, stellt sich die Frage, wieso der gewählte Zugang für die Frage, warum die Praxis von Freiheitsentziehenden Maßnahmen (FEM) immer noch Anwendung findet, hinreichend geeignet ist? Die »wahren Gründe« lassen sich jenseits einer Wissenstheorie des Handelns meines Erachtens mit Blick auf die Praktiken struktureller Gewalt nicht ohne psychoanalytische Kultursemiotik rekonstruieren: Welche unbewältigte Angst treibt zur Bändigung des ganz anderen? FEM werden zum apotropäischen Dämonenabwehrzauber.

Polanyi argumentierte ja, Menschen hätten mehr als nur explizites Wissen im Sinne von Handlungspraktiken, die genutzt werden, ohne das WIE der Wirkzusammenhänge zu kennen. FEM sind aber im kritischen Diskurs ein normativ-rechtlich problematisches Verhalten, nicht basierend auf einem Mangel an Wissen, sondern entweder ein Verhalten entgegen bekanntem, expliziten Wissen oder eben *tacit knowing*. Der Mangel ist also kein Mangel an Wissen, sondern es sind falsche *patterns of behavior,* die im »Strickmuster« der Akteure verankert sind.

Die Grenzen der Rationalisierung müssen wohl beachtet werden. Die Abgründigkeit in einer tiefenpsychologischen Interpretation der habitualisierten Dispositionen der Affektregulierung lässt sich dann erahnen. Ist es wirklich die Orientierung am Prinzip der Fürsorge? Oder ist es die Verknüpfung von Fürsorge als

25 Zum Seuchendispositiv: Käser & Schappach, 2014.
26 Vgl. Illich, 2007; Dellwing & Harbusch, 2013.
27 Vgl. die Fallstudie von Bauche, 2017. Vgl. ferner Schulz-Nieswandt, 2019e.
28 Vgl. Hudemann-Simon, 2000.
29 Vgl. Polanyi, 1985.
30 Dazu auch ähnlich: Mewes, 2019.

Sorge und dem heimlichen (unbewussten) Wunsch nach Entsorgung? Fixierung[31] oder die verordnete Bettlägerigkeit[32] erlösende Befreiungsakte.

Ist dies alles dann am Ende des Tages doch nur eine Stress- und somit Ressourcenfrage?[33] Wahrscheinlich nicht: »Auf die Haltung kommt es an!«, so schrieb einst der Autor vom Kleinen Prinzen. Aber die Haltung wird vom inneren Endon als der Grundgestimmtheit des Menschen im Verhältnis zu seiner Umwelt (und eben auch der sozialen Mitwelt) bestimmt.

Zurück zum Status der Heime. So stellt sich die Frage: Sind Pflegeheime öffentliche Räume? Sind es nicht vielmehr vor allem Orte des normalen Wohnens? Die Gesellschaft wird sich der Frage stellen müssen, wie sie mit den hohen Hygienestandards im Kontext stationärer Altenpflegeeinrichtungen umgehen will. Heime sind Orte des Wohnens (keine Orte klinischer Reinheitskultur[34]) und stehen seit Langem vor der Entwicklungsaufgabe der »Normalisierung des Alltagslebens«. Sie sind auch architektonisch fassbare (lebensweltliche[35]) – aber wohl kaum heterotope[36] – Orte des Sterbens?[37]

Reinheit[38] ist von Macht und Moral besetzt; soziale Praktiken, Institutionen werden von Wahrheitsdiskursen durchsetzt.[39] Sie entstammen vielfach religiösen Zusammenhängen und reichen über Reinheitsrituale bis in die Praktiken der Rechts[40] hinein,[41] weil das Heilige[42] beide Sphären verbindet. Reinigungsrituale begleiten den Eintritt in die Stätten des Heiligen (Gotteshäuser[43]), aber auch die Umgangsweise mit Schuld.[44] Verhaltensbezogene Sühne gehört hier ebenso hin wie die Körperreinigung.[45] Mit der Buße[46] kam auch die Seelenreinigung hinzu. So soll das Herz rein sein.[47] Der Geist kann vom Bösen beherrscht werden.

31 Vgl. Hoppach, 2015; Henke, 2006; Thomsen, 2019.
32 Vgl. Zegelin, 2013.
33 Vgl. Kersting, 2019; Adam, 2017.
34 Vgl. Douglas, 1985 (die klassische kulturanthropologische Studie zu Verunreinigung und Tabupraktiken); Burschel, 2014; Malinar & Vöhler, 2009. Zu Tabubrüchen transgressiver Kunst: Oettl, 2019.
35 Vgl. Schnell, Schneider & Kolbe, 2014.
36 Vgl. Benkel, 2016.
37 Vgl. Jankowiak, 2019.
38 Vgl. Braun, 1996, 2004.
39 Vgl. Groebner, 2019; Pfaller, 2008.
40 Vgl. Schilling, 1957; Wesel, 1984.
41 Vgl. Schild, 1995.
42 Vgl. Otto, 1997.
43 Vgl. Möbius, 2008; Wick, 2007.
44 Vgl. Ricoeur, 2002.
45 Vgl. Vigarello, 1992.
46 Vgl. Hahn, 1982.
47 Vgl. Schumacher, 1996.

Nochmals können in diesem Lichte Taufe und Kommunion ritualtheoretisch[48] angemessen verstanden werden.

Es geht also darum, in durchaus provozierender Weise wichtige Fragen aufzugreifen. Hygienehaltungen gehören zur Sorgearbeit im Alltag des Menschen. Aber Hygiene ist nur eine Dimension einer Lebensführung mit hoher Lebensqualität.[49] Denkt man nur an die (kulturgeschichtlich die menschliche Existenz begleitende) Problematik des sauberen Wassers[50] und die weltweiten Konflikte um dieses elementare Gut sowie ihre Bedeutung für die Kindersterblichkeit[51], so wird jedes An- und kritische Nachfragen zu Hygienestandards in gesellschaftlichen Einrichtungen des sozialen Rechtsstaates als Gewährleistungsstaates[52] achtsam[53] zur eigenen Positionierung sein müssen.

Die Gesellschaft benötigt – ihre eigene Affektpolitik[54] reflektierend – dennoch einen Diskurs zu dieser Herausforderung. Sorge und ihr tiefer liegender Affekthaushalt (Angst[55] und Ekel[56]) dürfen nicht (in einem charakterneurotischen Sinne) in »verstiegener«[57] (Binswanger, 2010) Weise den Menschen beherrschen. Sonst verkrampft sich der Mensch in einer die eigenen Entwicklungen blockierender Weise;[58] er kommt dann nicht zur Entfaltung der möglichen Lebensqualität.

Pflegeheime sind Wohnorte, beseelt von den Bedürfnissen, Wünschen und Träumen der Menschen. Wir sollten sie nicht zu Orten der Klinikkultur hospitalisieren.[59] Es geht also um eine Art der *Mysophobie.*

---

48 Vgl. Belliger & Krieger, 2013.

49 Vgl. Canguilhem, 2004; Schübel, 2016; Hilber, 2012; Franke, 2012.

50 Vgl. Schulz-Nieswandt 2011; Selbman, 1995; Wolf, 2004; Hardy, 2005.

51 Vgl. UNICEF, 2018.

52 Vgl. Waechter, 2008; Schmitt, 2015.

53 Vgl. Schulz-Nieswandt, 2010c.

54 Vgl. Massumi, 2010.

55 Vgl. Faller & Lang, 1996.

56 Vgl. Kolnai, 2007; Menninghaus, 2002; Heimerdinger, 2015; Penning, 1984; Kick, 2003; Kuhnle, 1996. Zum Ekel in der Pflege: Jettenberger, 2017; Krey, 2015; Ringel, 2017; Pernlochner-Kügler, 2004. Zur psychohistorischen Kulturgeschichte des Geruchs vgl. auch Corbin, 2005; LeGuérer, 1999; Raab, 1998. Aspektenreich ist die Aufsatzsammlung von Enzensberger (1997) im »Kursbuch«.

57 Binswanger, 2010.

58 Zur Professionalisierungsdebatte gehört daher (neben Wissen und Kompetenzen) ein Verständnis von der Herausbildung eines Welt- und Selbstentwurfes: Wulftange, 2015.

59 Vgl. Dalferth, 2000.

IV. Kulturgeschichte und Tiefenpsychologie der Hygiene

Die antizipierbare Kritik an meiner Kritik an der Hygienepolitik im Heimsektor ist verständlich: Die Angst[1] im Zeitalter (von Koch[2] und/versus Pettenkofer[3]) der Bakteriologie[4] und Virologie sitzt tief: immer schon, aber gerade auch in der Moderne (als Epoche der Angst[5] und Nervosität[6]). Pest[7], Spanische Grippe[8], AIDS[9], multiresistente Keime, Ebola – alles Variationen einer tief sitzenden Urangst.[10] Und diese Sorge und die ihr zugrunde liegende Angst (auch der Ekel) sind berechtigt. Die Sorge[11] – in der Fundamentalontologie von Martin Heidegger[12] eine existenziale Signatur der menschlichen Daseinsführung zum Tode hin, gehört (evolutionspsychologisch gesehen) zu den Selbstbehauptungs- und Überlebensstrategien des Menschen.[13] Einerseits. Andererseits wird man die Zielkonflikte thematisieren müssen: Können hier sehr hohe, an der Welt des Krankenhauses[14] orientierte Regulierungen[15] das Ziel des normalisierten[16], an Selbstbestimmung und Teilhabe orientierten Lebens und somit letztendlich die Lebensqualität[17] gefährden?

1 Schulz-Nieswandt, 2018a.
2 Gradmann, 2010; Hänseler, 2009.
3 Jahn, 1994; Weyer-von Schoultz, 2005; Locher, 2018.
4 Sarasin u.a., 2006; Brise, 2003.
5 Auden, 1947.
6 Dazu auch Schulz-Nieswandt, 2017d. Vgl. insbesondere Radkau, 1998.
7 Bergdolt, 2018; Herlihy, 2007.
8 Witte, 2010; Spinney, 2018.
9 Reichert, 2018; Tümmers, 2017.
10 Caduff, 2017.
11 Dazu auch Holme, 2018.
12 Heidegger, 2001.
13 Vgl. auch Henkel u.a., 2016.
14 Görgen & Halling, 2014; Mohan, 2018; Molzberger, 2020.
15 Bose, 2017.
16 Problematisierend: Seelmeyer, 2007.
17 Schulz-Nieswandt, 2017a.

6. Kollektive Ängste und kollektives Gedächtnis

Mit Blick auf die großen tödlichen Epidemien in der Sozial- und Kulturgeschichte[18] – der Schwarze Tod im Mittelalter, aber auch die Spanische Grippe im Ausgang des Ersten Weltkrieges (und seiner Wiederkehr als Schweinepest vor einigen Jahren) – zeichnet sich ein von archetypisch tief sitzenden, kollektiven Ängsten gekennzeichnetes kollektives Gedächtnis[19] ab.[20]

Exkurs: »Andromeda – Tödlicher Staub aus dem Weltall« und »Kampf der Welten«

Der Science-Fiction-Film »Andromeda« von 1971, auf dem gleichnamigen Roman von Michael Chrichton basierend, berichtet vom Kampf gegen einzellige Organismen kristalliner Struktur, die tödlich wirken.[21] Bevor eine Atombombe über die Region geworfen wird, gelingt die Entschlüsselung und eine dramatische Problemlösung. Es war einerseits ein Kampf der Wissenschaft und der Quarantänemethoden gegen die Epidemie, die sich andererseits als Resultat einer gezielten außerirdischen Organismensuche zum Zwecke der Entwicklung biologischer Waffen entpuppte. So handelt es sich remythisierend um eine Variante davon, was Goethe im »Zauberlehrling« formuliert:

> *»Die ich rief, die Geister,/Werd ich nun nicht los«* –

auch eine Form der »Dialektik der Aufklärung«[22].

Eine Umkehrerzählung ist der Science-Fiction-Film »Kampf der Welten«: Dieser Film »war einer der ersten großen Alien-Invasionsfilme. Die George-Pal-Produktion aus dem Jahr 1953 basiert auf dem Roman Der Krieg der Welten von H. G. Wells.«[23] Das Ende des Films verdeutlicht den Umkehreffekt zu Andromeda: »Als bereits alle Hoffnung aufgegeben ist und die Vernichtung der Menschheit nur noch eine Frage von Stunden zu sein scheint, stürzt ein marsianisches Kampfschiff nach dem anderen ab und die Invasion stoppt abrupt. Es stellt sich heraus, dass die Marsianer aufgrund ihres schwachen Immunsystems den Viren und Bakterien, die auf dem Mars nicht vorhanden sind, zum Opfer gefallen sind. Nicht der Mensch, der sich bis dahin gegenüber der Natur überlegen gefühlt hat, sondern die kleinsten Lebensformen des Planeten retten die Menschheit vor der

---

18 Winkle, 1997; Jacobsen, 2012; Burnet, 2016; Thießen, 2014; Vasold, 2008; Gerste, 2019; Moser, 2018; Müller, 2013; Jütte, 2013; McNeill, 1987.

19 Vgl. Halbwachs, 1985. Vgl. auch Pethesy, 2013.

20 Heute auch massenmedial vermittelt: Radeiski, 2011.

21 Vgl. den gleichnamigen Wikipedia-Eintrag (Tag des Zugriffs: 12. Juni 2019).

22 Schulz-Nieswandt, 2019c.

23 Vgl. https://de.wikipedia.org/wiki/Kampf_der_Welten (Tag des Zugriffs: 12. Juni 2019).

völligen Auslöschung.«[24] Umkehreffekt meint: Einmal sind die Viren die Feinde, einmal die Retter der Menschheit.

In die Science-Fiction-Genre-Diskussion[25] – wie überhaupt in die Theorien des letztgenannten Films[26] – will ich nicht weiter einsteigen; eine tiefe, existenzialpsychologische Charakterisierung der Bedeutung des Films in der Moderne gibt Groll[27]. Mir ging es nur kurz um zwei Narrationen, die sich mit der Welt der tödlichen Infektionen und der kollektiven Bedrohung, Angst und Panik auseinandersetzen. Im ersten Fall siegt (gegen das Militär) der Szientismus, der zugleich die Ursache des Dramas war; im zweiten Fall waren Wissenschaft und Militär machtlos und die rettende Bedeutung der niederen Organismen auf der vom Menschen dominierten Erde wird zur Pointe[28] der Narration.

Zurück aus dem Exkurs, der keine reinen Fiktionalitäten explizierte, weil die Fiktion Teil der faktualen Welt der Imagination und der Bewältigung der menschlichen Existenz ist, in die soziale Wirklichkeit.[29] Die ersten Jahre der Ungewissheit über die Ausbreitung von AIDS erzählen eine uralte Problematik in jüngster Zeit.[30] Dies wirft durchaus ein neues Licht auf die kritische Zurückweisung einer »Psychologie der Massen«[31].[32]

7. Psychodynamik der Hygieneangst

Vielleicht ist auch die extreme Hygieneneigung ein affektpsychologischer Ausdruck[33] des Ekels,[34] der oftmals mit dem Alter und zudem noch mit der Pflege des Alters (mitunter apokalyptisch[35]), überhaupt mit dem *homo patiens*[36], verbunden ist.[37] Es handelt sich um eine sog. apotropäische Haltung[38]: Abgeschreckt werden

---

24 Vgl. https://de.wikipedia.org/wiki/Kampf_der_Welten (Tag des Zugriffs: 12. Juni 2019).
25 Vgl. Koebner, 2007.
26 Z. B. Lohmeier, 2012.
27 Vgl. Groll, 1953: 5f.
28 Vgl. Müller, 2003.
29 Vgl. Konrad, 2014.
30 Vgl. Pulver, 1999.
31 Le Bon, 1982; Moscovici, 1986.
32 Zu der Perspektive einer kollektiven (transindividuellen) Psychologie vgl. auch das Werk von Halbwachs (2001a, 2001b).
33 Fonagy u.a., 2017.
34 Vgl. auch, thematisch etwas anders, aber exemplarisch: Hering & Maierhof, 2002; Hohage, 1998.
35 Vgl. Etzemüller, 2007.
36 Vgl. Schipperges, 1999. Vgl. auch Seidler, 1966; Seidler & Leven, 2003; Messner, 2017; Stollberg, 2003; Frankl, 2018.
37 Vgl. Seidler, 2019.
38 Vgl. Schlesier, 1990; Schulz-Nieswandt, 2010a, 2012a.

die bösen Geister[39], die den Menschen in Besitz nehmen wollen.[40] Die Taufe und ihre Vorgeschichte[41] sind auch mit Blick auf diese Dämonenthematik[42] zu verstehen.[43]

Sollte die kognitive Konstruktion der »giftigen Alten«[44] oder der schwierigen Patienten[45] eine Variation der apotropäischen Reaktion auf den »bösen Blick«[46] sein? Die anthropologische Forschung über die Wahrnehmung[47] verdeutlicht die normierte interpretative Rezeption des Gesichts.[48] Das »Auge«[49] – analog zur Nase als Organ des Geruchs – ist eben kein reines biologisches Organ: Das Auge ist kulturell codiert und sozial normiert.[50]

Auch am »bösen Blick« machen sich apotropäische Daseinstechniken bzw. Reaktionsstile eines Schutz- und Abwehrzaubers[51] fest.[52] Es geht um Zauber[53] und Magie[54], wie es sie im indogermanischen Sprachraum reichhaltig und vor allem im Modus vielfältiger Tätigkeiten gab.[55]

So generiert auch die Moderne ihre je eigene Magie.[56] Als könnte Pflege – wie auch Behinderung[57] oder Demenz[58] – anstecken. Fehlt nur noch das funktionale

---

39 Vgl. Böcher, 2013.

40 Vgl. Reuter, 2003.

41 Vgl. Reitzenstein, 1967.

42 Vgl. Wernhart, 2004: 80ff. Zu den Dämonen im griechischen Glauben des Altertums vgl. auch Nilsson, 1950a: 191ff., 1950b: 1999ff. Bei Bergounioux & Götz, 1960: 121ff., gewinnt man den Eindruck, die Magie interessiert, nicht primär als soziales Phänomen, das es zu verstehen gilt, sondern die Magie werde genutzt, um den kulturgeschichtlichen Abstand zum Christentum zu markieren. Distanzierter dagegen: Wunn, 2005. Ferner Lange, Lichtenberger & Römheld, 2003.

43 Vgl. ferner Goodman, 1991.

44 Davenport, 2009.

45 Kowarowsky, 2019.

46 Hauschild, 1982. Vgl. dazu die klassischen Studien von Seligmann, 1914; 1980; 1985.

47 Vgl. Schlette, Fuchs & Kirchner, 2017.

48 Vgl. Belting, 2014.

49 Koenig, 1975.

50 Vgl. Bender & Schnurnberger, 2018.

51 Vgl. auch Ernst, 2013.

52 Zur Phänomenologie der apotropäischen Riten vgl. Heiler, 1979: 177ff., sodann auch seine Unterscheidung der eliminatorischen Riten der Übertragung, Wegfegen etc. (181ff.) sowie der Reinigungsriten (195ff.).

53 Vgl. Daxelmüller 1993.

54 Vgl. Pfeiffer, 2010.

55 Vgl. Essler, 2017.

56 Vgl. Kippenberg & Luchesi, 1978.

57 Cicourel, 1970, 293. Vgl. auch Lutz u.a., 2003.

58 Vgl. Schnabel, 2018.

Äquivalent zum magischen Animismus der apotropäischen Amulette[59], eventuell integriert in Maskentänzen[60].

Die Kategorie des Animismus[61] aus dem Zeitalter der kolonialen Ethnologie nutzen wir hier trotz der bekannten wissenssoziologischen und wissenschaftstheoretischen Kontroverse und ungeachtet der ethnologischen Kontroversen (etwa um die Theorie des Urmonotheismus). Wenn sich die Angst an der expressiven Aura[62] des furchterregenden anderen – also an der Rezeption der »beseelten Dinge«[63], die ich[64] als Rückkehr des Animismus in der Formung zum *homo digitalis* diskutiert habe – festmacht, dann ist dies unbewusst ein animistischer Wahrnehmungs- und Verhaltenszusammenhang. Warum sollte, ist man in der Aura-Theorie von Walter Benjamin[65] geschult,[66] Animismus nicht ein Strukturelement in dem hier behandelten Praxiszusammenhang sein?

Ekel ist in der DNA des Menschen genetisch angelegt. Ekelpraktiken sorgen für Selbstschutzwirkungen in der Daseinsbewältigung. Wovor sich Menschen ekeln, ist allerdings kulturell definiert und sozial überformt und wird im Aufwachsen vermittelt: »Die Art, wie der Handelnde seine Umwelt wahrnimmt, wurzelt in einer kulturell definierten Welt.«[67] Dazu muss auch der »innere Horizont«, so Cicourel,[68] verstanden werden. Hier wird deutlich, dass Soziologie (der sozialen Ausgrenzung) ohne Psychologie[69] der inneren, intraindividuellen »Arbeitsapparate«[70] nicht möglich ist.

Insofern mag – durchaus in gendersensibler Kenntnis der Wissenschaftsmythologie dieser Neurosendiagnostik[71] – der Hysteriebegriff[72] vielleicht doch passend sein, weil es um übersteigerte, unbewusste – hier kollektive – Selbst-Inszenierungen[73] geht.

59 Vgl. Bonnet, 2005: 26ff., Hansmann & Kriss-Rettenbeck, 1999.
60 Zu Masken allgemein: Filitz, 2018. Vgl. aber auch mit Blick auf die Moderne: Lichau, 2000. Zur »Metaphysik des Tanzes« vgl. auch Vietta, 1938.
61 Vgl. Albers & Franke, 2015.
62 Vgl. Eggert, 2014.
63 Dörrenbächer & Plüm, 2016.
64 Vgl. Schulz-Nieswandt, 2019c.
65 Vgl. Benjamin, 2007.
66 Vgl. Stoessel, 1983; Berger, 2019.
67 Nicht das Subjekt hat Wahrnehmung; die Wahrnehmung hat das Subjekt: Wiesing, 2015.
68 Cicourel, 1970: 316.
69 Vgl. Schulz-Nieswandt, 2018b.
70 Tellenbach sprach von einer »Endokosmogenität«: Tellenbach, 2011.
71 Vgl. Schaps, 1982.
72 Vgl. Mentzos, 2015. Vgl. auch Nolte, 2003.
73 Vgl. Fischer-Lichte, 2016; Zimmermann u.a., 2001.

Die Wahrnehmung des Asylsuchenden aus der Perspektive der Angst vor dem anderen (als das Fremde[74]) heraus[75] ist als Archetypus der Dämonisierung dem Geschehen der Angst aus dem Hygienedispositiv heraus strukturell gleichzustellen.[76]

Auf der ersten Seite von »Masse und Macht«[77] beginnt Canetti mit dem Satz: »Nichts fürchtet der Mensch mehr als die Berührung durch Unbekanntes. Man will *sehen*, was nach einem greift, man will es erkennen oder zumindest einreihen können. Überall weicht der Mensch der Berührung durch Fremdes aus. Nachts oder im Dunkeln[78] überhaupt kann der Schrecken über eine unerwartete Berührung sich ins Panische steigern. Nicht einmal die Kleider gewähren einem Sicherheit genug: Wie leicht sind sie zu zerreißen, wie leicht ist es, bis zum nackten, glatten, wehrlosen Fleisch des Angegriffenen durchzudringen.« Der Mensch wohnt daher in Häusern, durch Scheiben und Türen das Innen von dem Da-Draußen getrennt. »Abstände zu schaffen« (16), ist der Sinn des Geschehens.[79]

Exkurs: Von der Dämonenfurcht und Magie zur Theologie des menschlichen Gartens

Das Alte Testament ist reich an Thematisierungen von Dämonenfurcht[80] und Magie[81]. Eine breite Forschungsliteratur hat dies thematisiert. Ohne das Schrifttum hier ausrollen zu wollen, ist auf die Vielfalt der Rollenbilder des Gottes des Alten Testaments im Rahmen der Bundestheologie zu verweisen:[82] Er ist Schöpfer, Richter, Erzieher, Lehrer[83], Gärtner[84], Heiler, ein gerechter[85], aber auch zorniger[86], bestrafender Gott; er ist ein Gott der Liebe, aber keiner ›lieber Gott‹. Er wurzelt – als polyvalenter Gärtner – in der Metarolle als Vater und als Herrscher über sein Volk, als Hirte seiner Herde, altorientalischer politischer Theologie des Sakralkönigtums[87] folgend,[88] im nachexilischen Kontext die Königsprädikation selbst ver-

---

74 Vgl. Fögen, 1991; Heinrichs, 2018.
75 Vgl. Castro Varela & Mecheril, 2016; Bauman, 2016; Kast, 2017; Oeser, 2017.
76 Vgl. Nothnagel, 1989.
77 Canetti, 1980: 13.
78 Vgl. auch Bronfen, 2008; Friese, 2011.
79 Dazu auch Müller, 1996: 213ff.
80 Vgl. Frey-Anthes, 2007. Psychoanalytisch: Pfister, 1940.
81 Vgl. Lang, 2002. Instruktiv sind durchaus die tiefenpsychologischen Exegesen bei Drewermann, 1991.
82 Vgl. Kaiser, 1993-2003; Herrmann, 2004.
83 Vgl. Finsterbusch, 2007.
84 Zur Philosophie des Gartens vgl. Schulz-Nieswandt 2018a, 2019d.
85 Vgl. Otto, 2002; Moenikes,2011.
86 Vgl. Miggelbrink, 2015. Vgl. auch Pola, 2007.
87 Vgl. Oswald, 2009; Jungbluth, 2011; Hunziger-Rodewald, 2001.
88 Vgl. Assmann, 2000a.

körpernd, denn das Sakralkönigtum wurde zuvor eher im Sinne der Rechtskonstruktion der Adoption verstanden.[89]

Der Mensch wird mitunter, ebenso breit in der bibelexegetischen Forschung diskutiert, als »Knecht« verstanden, teilweise auf das gesamte auserwählte Volk Israels bezogen.[90] Die Bilder verweisen uns heute auf eine hermeneutische Existenzanalyse der damaligen, agrarwissenschaftlichen Klassengesellschaft patriarchalischer Kultur und nehmen dabei auf die Einflüsse altorientalischer Mythologie Bezug. Krankheit und Heilung, Unheil und Magie bezeichneten auch damals das bipolare Spannungsfeld des Lebens als Drama.[91] Der »eine« (personalisierte) Gott[92] war eine identitätsstiftende Innovation mit Blick auf die Hoffnung der Menschen angesichts der Lebensnöte. So formuliert Goldbrunner[93]: »Heiligkeit und Gesundheit sind verbunden durch das Kreuz des Herrn.«[94] Es eröffnete sich ein dialogischer Raum der Kommunikation, anknüpfend an das »*Do-ut-des*«-Prinzip der Reziprozität im Gebet[95], im Klagelied[96] oder im Opferkult[97], von dem die Religionsphänomenologie[98] eindrücklich handelte. Von daher wird die altorientalische Verwurzelung des Christentums als vorderasiatische Erlösungsreligion[99] deutlich, auch im »Vaterunser«: .... und erlöse uns von den Bösen. Dazu gehört, wenn man – in einer alltagssoziologischen (so auch in Bezug auf das Brot[100]) und nicht[101] eschatologischen Auslegung – nicht nur auf die Sündhaftigkeit des Mensch als Übel fokussiert, sondern auch auf das kollektive Leiden an den Krankheiten und Seuchen, Missernten, Kriegen etc. In dieser Hoffnung auf ein gutes Leben[102] wurzelt ja der Glaube. Strittig ist in der Auslegung des Römerbriefes, wie alles kerygmatisch,

89 Vgl. Gerstenberger, 2001.

90 Vgl. Koch, 2002.

91 U. a. in meiner umfassenden Abhandlung »Medizinkultur im Wandel?« (Schulz-Nieswandt, 2010b) habe ich darüber geschrieben, vor allem im Zusammenhang mit der Herausarbeitung der zwei Urtypen der Sozialpolitik, der vertikalen, *proskynetischen* Herrschaft und der horizontalen, *ekklesiastischen* Genossenschaft (Schulz-Nieswandt, 2003, 2018c).

92 Die Monotheismus-Genese-Debatte in der Bibelforschung ist komplex und kontrovers. Zur Orientierung können die Bände der Reihe »Biblische Enzyklopädie« im Verlag Kohlhammer, Stuttgart, dienen. Vgl. auch Mell, 2011.

93 Goldbrunner, 1949a: 59.

94 Vgl. auch Goldbrunner, 1954, 1949b.

95 Vgl. Poplutz u. a, 2019; Heiler, 1921.

96 Vgl. Holzem u.a., 2001; Emmendörffer, 1998.

97 Typologisch vgl. in Negel, 2005; ferner Janowski & Welker, 2000.

98 Vgl. Widengreen, 1969; Leeuw, 1977; Dahm, 2006.

99 Vgl. Kippenberg, 1991; Kloft, 2019.

100 Dazu auch Weiß, 2012. Dazu gabe- und genossenschaftstheoretisch: Schulz-Nieswandt, 2014, 2018c.

101 Wie bei Philonenko, 2002.

102 Vgl. Nussbaum, 1998; Ernst, 2016.

soteriologisch und eschatologisch zu lesen sei: Im Sinne eines religiösen Sozialismus[103] lese ich den Römerbrief so, dass die erfüllte Zeit die historische Jetzt-Zeit als messianisch aufgeladene Geschichte ist.[104]

Die altorientalischen Wurzeln des Gottesverständnisses setzen sich im Neuen Testament fort. Auch das Ur- und Frühchristentum sind – klassisch bei Rudolf Bultmann[105] – vor dem Hintergrund einer sozial-, kultur- und mentalitätsgeschichtlichen[106] und historisch-psychologischen sowie sozialstruktursoziologischen Forschung zur Antike und Spätantike (vor allem des urbanen Raumes: die Forschungsliteratur ist Legende) im Rahmen einer existenzanalytischen Hermeneutik zu verstehen. Neue Forschungen vor dem Hintergrund des »social and cultural turn« in der Bibelexegese[107] haben diese Analyseperspektivität vertieft. Im Kontext der christologischen Forschung[108] wird heute in der Übertragung von Hoheitstiteln unter anderem die pharaonische Tradition deutlich.[109] Im Hintergrund wird man den römischen Kaiserkult sehen müssen: Augustus[110] verstand sich (seit 42 v. Chr.) als *Divi filius*. *Christus* bezeichnet den »Gesalbten«, *Kyrios* bezeichnet den »Herrn« als Gottesanrede.[111]

Soweit der Exkurs.

Die moderne Hygieneangst ist dieser eher archaischen (*miasma*artigen) Logik nachgebildet.[112] Denn schon Christus (nicht der historische, sondern der mythologisierte Jesus[113]) trieb – in den Narrationen der Wunder[114] – die Dämonen aus. Ethnologische Studien – dazu gehören auch Klassiker wie Evans-Pritchard[115] oder Favret-Saafa[116] – haben die sozialen Praktiken herausgearbeitet, die als Zusammenhang von »Todeszauber und Mikroben« zu verstehen sind.[117] Dem Medizinzynismus-Theorem von Peter Sloterdijk[118] folgend[119], bekämpft die mo-

103 Vgl. Tillich, 1975.
104 Vgl. Schulz-Nieswandt, 2017a, 2017b, 2017c, 2018a, 2018c.
105 Vgl. Hammann, 2016; Landmesser, 2017. Vgl. Bultmann, 1962, 1975. Vgl. ferner Konrad, 2014, sowie Luther, Röder & Schmidt, 2015.
106 Vgl. Burke, 2004; Rüth, 2005; Schöttler, 2015; Wehler, 1980.
107 Vgl. Stegemann & DeMaris, 2015.
108 Vgl. Danz, 2013.
109 Vgl. Kügler, 1997.
110 Vgl. Herklotz, 2007; Zanker, 1997.
111 Vgl. Hengel, 2006: 74ff.; Müller, 2003: 75ff.; Müller, 1996.
112 Zum Geruch: Corbin, 2005; LeGuérer, 1999; Raab, 1998.
113 Zur Kontroverse: Merz & Theißen, 2011; Rau, 2013; Wengst, 2013.
114 Vgl. Signori, 2007.
115 Vgl. Evans-Pritchard, 1988.
116 Vgl. Favret-Saafa, 1979.
117 Vgl. Herbert, 2011.
118 Vgl. Sloterdijk, 1983.
119 Foucault (1988) hat einen solchen Zugang gebahnt.

derne somatische Medizin den Feind[120] im Körper des Menschen oder auch (als Neurologie) im Geist und (als Psychiatrie) in der Seele. In der Pathogenese wird der Mensch sich selbst zum Feind bzw. der Mensch in der Rolle des Mitmenschen[121], wenn der Gesunde auf den Kranken trifft: Der Gesunde hat Angst vor dem Kranken und der Kranke hat Angst vor der Angst des Gesunden vor dem Kranken: Es kommt – so der bereits weiter oben benannte Canetti-Effekt[122] – zur eskalierenden Reziprozität der Erwartungen[123] aufgrund der Situationsdefinition und der Risikokonstruktionen[124].

Der Bezug auf Canetti ist durchaus zu problematisieren, legen wir ihn doch in psychoanalytisch motivierter Weise aus, obwohl er[125] selbst bekanntlich explizit eine deutliche Ablehnungshaltung gegenüber Freud aufwies.[126] Ich meine, Canetti kann hier im Sinne einer Archäologie der psychischen Mechanismen ausgelegt werden. Mit Rudolf Bilz[127] gesprochen, verweisen uns die Grundstrukturen paläoanthropologisch auf uralte Ursprünge. André Leroi-Gourhan[128] betont die evolutionär sehr frühen Ursprünge der Codes der Abschreckung, der Unterwerfung und Hierarchiebildung, der Sympathie – man wird ergänzen müssen: auch der Flucht u.a. m. Hier kann zugleich an Gregory Bateson[129] angeknüpft werden, der die schismogenetischen Mechanismen im Kontext der Kulturberührung dargelegt hat.[130] Mit Paul Parin u.a. kann man die sozialpolitisch relevante gesellschaftstheoretische Folgerung auf den Begriff bringen: Und man sucht nach sozialen Einrichtungen, »die dem Menschen weniger Zwang auferlegen und seiner Natur angemessener sind als die unseren.«[131] Bei Canetti wird implizit ein Elementarproblem menschlichen Zusammenlebens angesprochen: Menschen leben in sozialen Figurationen und lösen externe Effekte aus. Ich möchte nochmals wiederholen: Externalität meint eine direkte Interdependenz der Nutzenfunktionen verschiedener Gesellschaftsmitglieder, die als verkettet (*Social-connectedness*-Theorem) angesehen werden. Das Handeln eines Individuums verändert demnach nicht nur dessen eigene Situation, sondern zugleich die Situation Dritter (*Spill-over*-Effekt). Das Phänomen wirft die normativen Fragen auf, wie das Problem zu verwerten

120 Zur Metaphorik in der Medizin klassisch: Sontag, 2003.
121 Vgl. Löwith, 2016; Galli, 2017.
122 Vgl. Canetti, 1980.
123 Vgl. in Stegbauer, 2011.
124 Zur sozialen Konstruktion von Wirklichkeit: Berger & Luckmann, 1980.
125 Vgl. Barnouw, 1996: 179ff.
126 Vgl. dazu auch in Hoffer, 2008.
127 Vgl. Bilz, 1973, 1974.
128 Vgl. Leroi-Gourhan, 1995: 430.
129 Vgl. Lutterer, 2009.
130 Vgl. Bateson, 1996: 99ff.
131 Parin, 1991: 549.

und wie mit dieser Interdependenz umzugehen ist. Das in der Sozialwohlfahrtsökonomie verbreitete Pareto-Prinzip besagt, eine Wohlfahrtsveränderung sei dahingehend durch Aufteilung zusätzlicher Ressourcen (etwa resultierend aus dem Sozialproduktwachstum) zu verwirklichen, dass sich zumindest eine Person (oder eine soziale Gruppe) verbessert, ohne *dass dadurch* eine andere Person (oder soziale Gruppe) verschlechtert wird, was äquivalent zum Sittengesetz von Kant ist. Die Wohlfahrtsfunktionen der Personen/sozialen Gruppen sind also interdependent. Externe Effekte sind direkte Interdependenzen der Nutzenfunktionen. Diese können positiv (Altruismus) oder negativ sein (Generierung sozialer Kosten bei Dritten). Negative Externalitäten drücken sich dann in dieser Wohlfahrtsinterdependenz dergestalt aus, dass sich gerade eine Person/soziale Gruppe *dadurch* ursächlich (kausal) in der Wohlfahrtsposition verbessert, dass andere Personen/soziale Gruppen schlechter gestellt werden. Die Angst vor negativen Externalitäten generiert demnach Abwehrmechanismen. Tötung (als Logik des *homo necans*) oder Flucht? Das kann hier die binär definierte Frage sein. Aber es kann auch – dies hat Michel Foucault ins einem Werk rekonstruiert – zu »zivilisierten« Reaktionsmustern als Daseinstechniken kommen: räumliche Isolierung als Ausgrenzungspraktik der panoptischen Quarantäne in Verbindung mit asymmetrischem Dominanzverhalten. Macht ist in der klassischen Soziologie definiert als die Fähigkeit, die Rolle anderer Menschen zu definieren. Herrschaft wäre die Wahrscheinlichkeit, dafür auch noch Huldigung zu erheischen. Die Kommunikation auf »Augenhöhe«[132] als Kultur der Anerkennungspraktiken im Alltag von institutionellen Orten erodiert schnell, wenn die Angst die Verhaltensmuster dominiert.

Straub[133] diskutiert die »Macht negativer Affekte« gegenüber den Fremden. Was, wenn der alte Mensch zum »Adjekten« (wie dies Julia Kristeva[134] formulierte) wird und er Widerwillen, Abscheu und Ekel generiert?

Exkurs: Analyse der apotropäischen Neurose zwischen Fundamentalontologie, anthropologischer Psychiatrie und Kritischer Theorie

Auch in der neueren Soziologie werden Affekte (Emotionen[135]) als fundamentalkonstitutiv für die Grammatik des sozialen Miteinanders – als »Grundlagen sozialer Ordnung«[136] – diskutiert.[137] Opitz[138] diskutiert Affekte explizit mit Blick auf Resonanzen epidemischer Angst.

132 Instruktiv dazu: Skoruppa, 2019.
133 Straub, 2019.
134 Kristeva, 1982.
135 Vgl. Hahn, 2010.
136 Scheve, 2009.
137 Vgl. Senge & Schützeichel, 2012; Kappelhoff u.a., 2020.
138 Vgl. Opitz, 2014.

Der Mensch konstruiert[139] seine soziale Welt mittels seiner inneren emotionalen Ordnung. Emotionen sind in diesem Sinne transzendental. Treffend analysierte Escudero[140] mit Blick auf Heideggers Phänomenologie der Stimmungen die Angst in einer »welterschließenden Funktion«. Sartre betrachtete verschiedene »Haltungen gegenüber Anderen«[141]: Liebe, Sprache, Masochismus; Gleichgültigkeit, Begierde, Hass, Sadismus; er behandelte das »Mitsein« und das Wir.[142]

Aber seine affektuellen Grundgestimmtheiten sind Einschreibungen seiner Sozialisationserfahrungen und verweisen uns psychoanalytisch auf die Kultur, in die der Mensch geworfen ist. Dahms[143] spricht von »Verschränkungen«. Denn generieren affektuelle Ordnungen im Innenraum des Subjekts Muster sozialer Interaktionen (etwa im Feld der Pflege), so verweisen – wir alle spielen eben Theater[144] – die Bedeutungen des sozialen Geschehens der sozialen Interaktionen als soziale Praktiken auf die gesellschaftlichen Skripte, die hier als Drehbücher das Geschehens choreographieren und zur Performativität sozialer Inszenierungen führen.[145]

Demnach kann eine solche Soziologie auf die Einarbeitung der Modelle intrapsychischer Arbeitsapparate nicht verzichten. Darauf verweist auch Reindell[146], wenn er Affekte als »Spiegel internalisierter Objektbeziehungen« analysiert. Vor allem ist auch eine genealogische Psychoarchäologie notwendig, denn die psychischen Mechanismen sind trotz aller historischer Formungen archaische Dispositionen, die zivilisatorisch reguliert werden. Grundsätzlich muss der Mensch Ordnung in seine als chaotisch empfundene – ihn verunsichernde und ihm Angst[147] machende – Umwelt einzeichnen. Das erinnert an Hans Blumenbergs »Absolutismus der Wirklichkeit«, wo er in seiner »Beschreibung des Menschen« – ähnlich wie in »Das Offene. Der Mensch und das Tier« bei Giorgio Agamben (hier auch unter dem Einfluss von Jakob von Uexküll) –eine Anthropologie entwickelte, die stark von Gehlen geprägt war. Im Lichte dieser Bedürftigkeit nach der Schaffung »klarer Verhältnisse«[148] werden Affekte hier aber nicht verstanden als spontane Vorübergehensphänomene, sondern als dauerhafte[149] endokosmogenetische Strukturen der Grundgestimmtheit der menschlichen Person. Das *missung link* zwischen Tiefenpsychologie und Soziologie ist der Bourdieu'sche Habitus. Dessen Kern wurde analog als Endon in der auf die Vorarbeiten des Wengener Kreises (Binswanger, Min-

139 Vgl. Arnold, 2019.
140 Vgl. Escudero, 2010.
141 Vgl. Sartre, 2005: 633ff.
142 Vgl. weiter Sartre, 2005: 753ff.
143 Dahms, 2019.
144 Instruktiv auch: Conrad, 2004.
145 Vgl. Hoops, 2013.
146 Vgl. Reindell, 1985.
147 Vgl. Kriz, 2011.
148 Moyer, 2013.
149 Vgl. Meyer-Sickendiek & Reents, 2013.

kowski, von Gebsattel, Straus) aufbauenden Tradition der daseinsanthropologisch-phänomenologischen Psychiatrie (bei Tellenbach, Zutt und Blankenburg) bezeichnet.[150] Für diese Perspektive war eine Rezeption von Heideggers fundamentalontologischer Existenzanalyse von »Sein und Zeit« prägend, zum Teil auch Husserl und Jaspers. Auf das neuere Werk von Thomas Fuchs[151] (der auch über Binswanger, Straus und Blankenburg publiziert hat, während Bernhard Waldenfels[152] über Minkowski publizierte) ist besonders hinzuweisen.[153] Ich belasse es bei diesen Verweisen.[154] In vielen vorgängigen Studien habe ich diese Zusammenhänge intensi-

150 Auch auf die Arbeiten von Alice Holzey-Kunz und Gion Condrau oder Hans Kunz ist zu verweisen.

151 U. a. Fuchs, 2012.

152 Vgl. Waldenfels, 2019.

153 Vgl. ferner Gleixner, 2018.

154 Vgl. aber auch Heinz, 2018: 256ff. Ein fehlendes Gleichgewicht in der inneren Psychodynamik des intraindividuellen Arbeitsapparates führt uns nun zur Neurosenlehre der (verschiedenen) psychoanalytischen Theorie(traditionsströmungen). Das fundamentalontologische Denken der Existenzphilosophie von Martin Heidegger ist von Teilen der Psychiatriegeschichte tief greifend rezipiert worden. Neben Medard Boss verweise ich vor allem auf die für die Charakterneurosenlehre der »Verstiegenheiten« bedeutsame Schule des Wengener Kreises (Ludwig Binswanger, Erwin Straus, Eugène Minkowski, Viktor Emil von Gebsattel). Später dann erwiesen sich auch die Studien von Hubertus Tellenbach, Jürg Zutt, Wolfgang Blankenburg u.a. als bedeutungsvoll. Heute ist unbedingt Thomas Fuchs anzuführen. Es ist die Lehre von der Grundgestimmtheit bei Heidegger, die eine Phänomenologie der Stimmungen als Formen (Modi) der Weltverhältnisöffnung der menschlichen Person ermöglichte. Insbesondere für das Verständnis der Zeitpathologie des depressiven Menschen im Umkreis der Melancholieforschung ist diese daseinsanthropologisch fundierte Psychiatrie und Psychotherapie bedeutsam geworden. Das Endon meint die innere Grundgestimmtheit, aus der heraus eine welteröffnende Haltung resultiert. Die Verhaltensmuster der Menschen aus ihrem *Endon* zu verstehen, ist dann besonders fruchtbar, wenn dieses Endon als inkorporierte Ablagerung des Sozialisationsgeschehens am, im und mit dem Menschen und seinem psychodynamischen Wachstum und Werden rekonstruiert wird. Der Mechanismus des Endons ist als *Endokosmogenität* definiert worden. Der Begriff bringt drei Dimensionen zur Synthese: Endo(n), Kosmo(s) und Genität. Der Mensch generiert sein Weltverhältnis demnach endogen aus seinem inneren geistig-seelischen Kosmos. Die Psyche folgt demnach also einer inneren Ordnung. Bei Lacan ist es die Funktionslogik einer generativen Sprache. Die psychische Ordnung schafft aus ihrer inneren Ordnungsdynamik heraus Sprechakte, die soziale Wirklichkeit generiert. Damit stellt die endokosmogenetische Interpretation des intraindividuellen Arbeitsapparates auf den kreativen Innenraum ab, in den sich das gesellschaftliche Außengeschehen, um begrifflich an Gilles Deleuze anzuknüpfen, *einfaltet*. Mitunter kann auf die anthropologische Idee des *homo ludens* (im Sinne von Johan Huizinga) abgestellt werden. Damit ist der spielende Mensch ins Geschehen eingeführt. Die Idee der Faltung stellt das Subjekt in – scheinbar paradox klingend – die *dezentralisierte Mitte* der sozialen Wirklichkeit. Wir müssen die Psyche verstehen, wenn wir soziales Zusammenleben in seiner kulturellen Grammatik verstehen wollen. Wir müssen aber auch die Prozesse der sozialen Einschreibung der Kultur in die Psyche der Menschen verstehen. Der Mensch als Figur, in den

ver aufgegriffen. In meinem für den vorliegenden Themenkreis wichtigen Aufsatz in der ZfGG[155] von 2012 habe ich darauf verwiesen, wie Heidegger von der anthropologisch fundierten Psychiatrie (eben nicht nur bei Medard Boss[156]) rezipiert worden ist.[157] Dass Heidegger die Existenz des Daseins als Geschehen (Existenzführung) bezeichnet, ist hierbei entscheidend, denn Heidegger hat seine Ontologie streng abgegrenzt von der Anthropologie. Aber man kann ja (in der Tradition der Hermeneutik von Schleiermacher und Dilthey) einen Autor durchaus besser verstehen, als er sich selbst verstand: Ist die Fundamentalontologie als Lehre von der allgemeinen Struktur des Seins vor jeder Empirie und daher jenseits von Zeit (Geschichte) und Raum (Kultur), so bedeutet dies nicht, dass die Struktur des Seins nicht letztendlich – trotz oder auch gerade wegen der ontologisch-ontischen Differenz – konkretisiert werden muss in der Analyse sozialer Wirklichkeit. Das Sein als Verständnishorizont (später von Hans-Georg Gadamer in seiner Hermeneutik von »Wahrheit und Methode« fortgedacht) des jeweiligen – also personalen – Daseins als die jeweils eigene (jemeinige[158]) Geschichte soll erzählbar werden, damit das Dasein im Modus des Individuums seine Existenz sich als sein faktisch lebendes Sein offenbaren kann. Die Existenz charakterisierend im »Sein zum Tode«, das über die Sorge sinnstiftend[159] im Lebensvollzug wirkt, ist die Angst[160] im Kontext von Entscheidungsnotwendigkeit und Endlichkeit und die Sorge im »Mitsein«[161] (weshalb durchaus Platz ist oder wäre für die Liebe in der Existenzanalyse von Heidegger)[162]. Der Mensch stellt sich (entwerfend) diesen Herausforderungen in

---

sozialen Figurationen der Interdependenzen als Individuum, ist der Knotenpunkt seiner sozialen Beziehungen im Schnittbereich seiner sozialen Kreise. Norbert Elias nennt es in seiner historischen Soziologie »Verkettungen« Psychoanalyse, auch als Kulturtheorie des Tuns und des Ergehens, von Imagination und Begehren, von Objektbesetzung und Tat, von Schuld und Abwehrmechanismen, behandelt den personalen Innenraum als die Faltung des Außen der sozialen Beziehungen in den Innenraum des intrapersonalen Binnenkosmos hinein. Bekanntlich wird dabei der soziale Mikrokosmos insbesondere der Familie in den epochalen und zeitgeschichtlichen Kontext der gesamtgesellschaftlichen Gestaltzusammenhänge eingestellt. Die epochal geprägte Zeitgeschichte schreibt sich in das Innere der menschlichen Persönlichkeit ein, aus der heraus sodann die *patterns of behavior* generiert werden. Ich erinnere an die Studien von Adorno zur »autoritären Persönlichkeit« (vgl. auch Benicke, 2016) im Kontext von Kapitalismus und Faschismus. Damit sind wir anschlussfähig an die Soziologie von Pierre Bourdieu.

155 Vgl. Schulz-Nieswandt, 2012a.

156 Vgl. Boss, 2017.

157 Vgl. Kouba, 2014, 2012.

158 Vgl. Weiß, 2001.

159 Hier nimmt Viktor E. Frankl das Thema »Der Wille zum Sinn« vor dem Hintergrund des Problems »Der leidende Mensch« auf.

160 Vgl. Tietjen, 2019.

161 Vgl. Koltan, 2012; Kaul, 2011.

162 Vgl. Tömml, 2013.

einer jemeinigen Grundgestimmtheit.[163] Und diese Stimmungslage kann – wenn ich nun die Existenzführung des Daseins der Person psychodynamisch fortdenke – im Gleichgewicht und gelingend sein (Modus der Eigentlichkeit) oder in neurotischer Verstiegenheit (Binswanger) das Dasein verfehlen (Modus der Uneigentlichkeit). Dabei spielt vor allem die Zeitpathologie des depressiven Menschen – im Kontext einer allgemeinen Daseinsanalyse der Melancholie – eine grundlegende Rolle, um das Drama des Gestörtseins im Zusammenspiel der drei Ekstasen der Vergangenheit, der Gegenwart und der Zukunft im endlichen Leben phänomenologisch zu erschließen. Diese Differenz von ontologischer und empirischer Wahrheit ist später auch von Otto Friedrich Bollnow fruchtbar diskutiert worden. Die Struktur des Seins und somit die Möglichkeit sinnhafter Daseinswahrheit mögen in den Formen der sozialen Wirklichkeit verborgen sein, sind aber zu entbergen, wenn die sozialen verbalen wie nonverbalen Praktiken erschlossen werden sollen im Dreieck von Befindlichkeit, Verstehen und Reden, womit wir nahe an einer hermeneutischen Ethnomethodologie gelingender oder verfehlter Grammatik zwischenmenschlicher Beziehungen sind. Die Entfremdungsproblematik[164] scheint in dieser Differenz von Eigentlichkeit und Uneigentlichkeit auf. Hier sei angemerkt, wie nahe diese Auslegung von Heidegger an der Logik Kritischer Theorie ist, denn Heideggers »Man«[165] ist der Kultur der Sinnangebote verfallen – wodurch es umso unverständlicher wird, wie Adorno über den »Jargon der Eigentlichkeit« als Kritik deutscher Ideologie reflektiert hat.[166] Bei Heidegger mündet die ontologisch-ontische Differenz als Streit über eigentliche und uneigentliche Wahrheit im Streit. Und das Erschrecken des Menschen generiert sich, wenn der Sinnverlust der Seinsverlassenheit (in der dem Menschen ein wahres Wohnen verwehrt und stattdessen Heimatlosigkeit [Georg Lukács sprach von »transzendentaler Obdachlosigkeit«] geboten wird) begriffen wird.

Für unseren Zusammenhang werden wir aber auch hier zwischen eigentlicher und uneigentlicher Erschrockenheit unterscheiden müssen. Die apotropäische Hygieneangst mit ihrem Ausdrucksverhalten der kulturellen Praktiken der sozialen Exklusion gehört zum Verhaltensspektrum uneigentlicher Daseinsführung im verfehlten sozialen »Mitsein«. Die Scheu mag zum Fluchtverhalten führen, die verstiegene Angst im uneigentlichen Erschrecken kann den *homo necans* aus der dämonischen Tiefe menschlicher Abgründigkeit locken. Indem die Fürsorge für den Mitmenschen misslingt, verfehlt der Mensch seine Selbstsorge. Die befähigende (vor-

163 Vgl. Ferreira, 2002; Cheung, 2020; Han, 1996.

164 Vgl. Jaeggi, 2005.

165 Parthe, 2011.

166 Instruktiv die Übersicht in https://de.wikipedia.org/wiki/Jargon_der_Eigentlichkeit (Tag des Zugriffs: 23. Februar 2020).

springende) Fürsorge misslingt, wenn sie als permanent einspringende Sorge die Aktualgenese verfehlt, aber sie geht ebenso und noch mehr fehl, wenn sie aus der Neurose der apotropäischen Hygieneangst zur Negativität des anderen neigt.

Heidegger denkt mit der Kategorie der Geworfenheit und der Faktizität den Menschen durchaus epochal bestimmt, womit sich Anschlussfähigkeiten für die Dispositivanalyse von Michel Foucault ergeben – etwa dort, wo Heidegger das Welt- und Selbstverständnis angesichts der ubiquitären Angst der altgriechischen Philosophie im Modus des Staunens rekonstruiert, während die Moderne im Modus des Zweifels kulminiert. Staunen und Zweifel sind unterschiedliche Formen der Daseinstechniken im Sinne von Reaktionsmustern angesichts von Entwicklungsaufgaben in der Sorgearbeit. Uneigentliches Dasein ist unwahr, nicht im Sinne einer Korrespondenztheorie der Erfahrungswissenschaften, sondern im Sinne der Noch-Verborgenheit (auf das Noch-Nicht-Sein als ein Noch-Werden in der dynamischen Prozessontologie bei Ernst Bloch[167] anspielend) der Personalisierung als Telos[168] der Weltgeschichte. Wahrheit ist die Lichtung des Seins selbst.

Wenn Heidegger später im »Brief über den Humanismus«[169] Wahrheit an das Heilige[170] knüpft, so verstehe ich hier unter dem Heiligen das Naturrecht der Würde als das Wesen des Menschen, das zur Wirklichkeit kommen soll. Und mit Heidegger wiederum gesprochen: Das Wesen des Menschen liegt in der Existenz seines Daseins, also im Treffen der Entscheidungen, die (wenn auch nicht in der absoluten Freiheit wie bei Sartre, bei dem die Existenz dem Sein vorgängig ist) das Selbst erst zum Selbst macht, aber auch das Schuldigwerden am anderen im »Mitsein«.

Zurück aus dem Exkurs.

Die uralten, paläoanthropologischen Wurzeln ethologischer Sichtweisen will ich nicht unvermittelt zu weit treiben. Aus der Philosophischen Anthropologie heraus wissen wir um die exzentrische Positionalität[171] in Verbindung mit der entwicklungspsychologischen Kenntnis der Plastizität[172] des Menschen. Er ist eben kulturbedürftig und kulturfähig, erziehungsbedürftig und erziehungsfähig, wie es in der

167 Vgl. Perschel, 2019.
168 Vgl. Schulz-Nieswandt, 2020b, 2018c.
169 Vgl. Heidegger, 1946.
170 Vgl. auch Helting, 1999. Wenn man sich mit Hölderlin auseinandersetzt, dürften die Beiträge von Romano Guardini von herausragender Bedeutung sein.
171 Vgl. Fischer, 2016.
172 Vgl. Schwarte, 2015.

Erziehungsphilosophie[173] und in der pädagogischen Anthropologie[174] lautet. Damit kann (könnte) sich der Mensch selbst aus der Position einer Metareflexion heraus verändern und seine animistischen[175] Urängste kontrollieren. Die Ursprungsgeschichte der Psychoanalyse, die zum Rückgewinn der Selbsterfahrung führen soll, ist der Zauberbaum[176], erlebt am Vorabend der Französischen Revolution. Die habitualisierten Pfadabhängigkeiten sind allerdings Gravitationskräfte der Statik. Doch gibt es (im Kontext der habituellen Unternehmensethik[177] der »Orte« der sozialen Praktiken) Spielräume der »Habitussensibilität«[178]. In dem Spruch der Historischen Anthropologie, wonach die einzige Konstante der menschlichen Natur ihre Veränderlichkeit sei, deutet sich die Hoffnung auf humangerechten Fortschritt an. Doch ganz ohne elementare Strukturen der menschlichen Person kommt unsere Analyse doch nicht aus. Tief verankert sind in uns archaische psychische Mechanismen im Kreislauf von Wirkwelt und Merkwelt unserer transaktionalen Stellung im Kosmos.

Der Mitmensch wird zum Typus eines Fressfeindes, angesichts dessen die tiefe Urangst[179] aktualisiert wird. Fluchtverhalten ist eine der Grundreaktionsmuster, ausgrenzende Isolation[180] oder gar Tötung sind dies ebenso: Beide verhaltenswissenschaftlich[181] erforschten Formen sind sozialgrammatische (aber in ihrer Dichotomie eben bipolare) Richtungen des psychodynamischen Abwehrmechanismus[182] im Menschen, die Dynamik von Offenheit und Verschlossenheit bzw. von Nähe und Distanz affektuell verarbeitend.

Das Thema der Tötung aus affektuellen Grundgestimmtheiten von Angst und Hass[183] heraus ist nicht abwegig, wenn man sich die Übergriffe auf Obdachlose anschaut.[184]

Auf der Basis der Lehre von den Formen der Angst von Riemann[185] ist dem Riemann-Thomann-Modell[186] die Bedeutung der beiden Selbstaufstellungsmerkmale Nähe und Distanz zu entnehmen. Ich generiere hier die folgenden Hypothe-

173 Vgl. Weiß & Zirfas, 2020; Schäfer, 2017.
174 Vgl. Wulf & Zirfas, 2014l
175 Ethnologisch; Manilowski, 1973; entwicklungspsychologisch: Piaget, 1958.
176 Vgl. Sloterdijk, 1987.
177 Vgl. Hemel, Fritzsch & Manemann, 2012.
178 Sander, 2014.
179 Der Begriff ist zu finden bei Sigmund Freud, bei Otto Rank und bei Karen Horney.
180 Vgl. u.a. Raphael & Uerlings, 2008; Engfer, Patrut & Uerlings, 2013; Gestrich & Raphael, 2008.
181 Vgl. Eibl-Eibesfelt, 1993, 1997, und die Forschungen von Konrad Lorenz (u.a. 1980). Als Vorläufer einer transaktionalen Verhaltensforschung können u.a. Buytendijk (1970) und Uexküll (1956), Letzterer von Adolf Portmann eingeleitet, gelten. Vgl. auch Portmann, 1956.
182 Vgl. König, 2007.
183 Vgl. Kernberg, 2016, 2019.
184 Vgl. Teidelbaum, 2013; vgl. auch die Studie von Schweer u.a., 2008.
185 Vgl. Riemann, 2013.
186 Vgl. Fleisch, 2020.

sen: Die Distanz-Fokussierung der Persönlichkeit führt zum Fluchtverhalten. Die Nähe-Fokussierung führt – da ein situatives Sich-Entziehen schlecht möglich ist – zum Ausgrenzungsverhalten.

Auf das Potenzial des Urvertrauen[187] hat vor allem Erik H. Erikson[188] verwiesen.[189] Tiefenpsychologisch und kultursemiotisch hat Kristeva[190] wohl Recht, wenn sie darlegen kann, dass die Angst vor dem Fremden bzw. Andersartigen eine Angst vor dem eigenen Selbst ist. Vor allem in epochalen Zeiten der Unsicherheit und Verzweiflung, wie im Fall der Hexenverfolgung[191], wird die eigene Angst auf das sozial konstruierte ganz andere (Alterität[192]) übertragen.[193]

Das Konzept der Ablehnung (Abjection[194]) ist von Kristeva vor allem in ihrer Abhandlung »Powers of Horror«[195] entfaltet worden. Gerade in der Reaktion auf den Leichnam generiert die Ablehnung die Differenz des eigenen Selbst zum anderen. Getrennt wird somit der eigene Körper von dem, was das Eigene des Selbst bedroht, also vom Tod.

Das nachfolgende Schaubild 3 kann dabei helfen, die kritische Sichtweise auf das Problem einer offenen Kultur der Kommune kulturgrammatisch im Rahmen einer strukturalen Psychodynamik als Haltungsproblem zu verstehen.

Was sehen wir in Schaubild 3? Es gibt – einer binären Codierung der Struktur des Feldes folgend – einen Innenraum der Reinheitskultur der Normalen einerseits und einen Außenraum der anormalen Unreinheit andererseits. Die Gemeindeordnung des Innenraumes ist relativ harmonisch geprägt durch ein gelingendes Miteinander in der optimalen, gleichgewichtigen Anordnung von Nähe und Distanz, von Geben und Nehmen etc. Es ist aber eine geschlossene Gesellschaft relativ ho-

---

187 »Vertrauen ist gut, Kontrolle ist besser«!? Vertrauen reduziert Kosten. Doch Vertrauen muss erst aufgebaut werden. Es ist oftmals fraglich, bricht leicht zusammen und lässt sich oftschwer wieder kitten. Vertrauen gilt als Mechanismus zur Reduktion von Unsicherheit als Eigenschaft komplexer Situationen. Sie ist gegenüber transaktionskostenintensiven Formen des Risikomangements relativ vorzugswürdig, ist aber ebenfalls voraussetzungsvoll: Vertrauen muss als Vertrauenskapital aufgebaut werden, was – analog zur Gabe – einen transzendentalen Vertrauensvorschuss benötigt. Sozialtheoretisch liegt die Henne-Ei-Paradoxie vor: Sozialkapital gibt es als Wohlfahrtsertrag nur aus Netzwerken heraus, deren Genese aber auf Vertrauenskapital basiert, welches erst auf der Grundlage einer Vorschussgabe durch gelebte Netzwerkbildung möglich ist. Somit hängt alles von der Haltung (Sozialcharakter) der Person ab.

188 In »Kindheit und Gesellschaft« von 1957: vgl. Erikson, 1992.

189 Vgl. auch Claessens, 1979.

190 Vgl. Kristeva, 1990.

191 Vgl. Becker u.a., 1977; Honegger, 1978; Behringer, 2016.

192 Vgl. Gloy, 2019; Taussig, 2018.

193 Vgl.Quensel, 2017.

194 Vgl. Biebert & Schetsche, 2016.

195 Kristeva, 1982.

mogener Insider. Nun wird dieser Innenraum konfrontiert mit einer Migrationsdynamik des Da-Draußen.

Der *homo patiens* – das monströse ganz andere als das Fremde, dessen Alterität als Assoziation des Bösen und des Hässlichen imaginiert wird – ist ein Outsider, der den Status des Insiders erwerben möchte. Besteht eine Offenheitskultur der Kultur des Innenraums gegenüber dem Dämonischen des Außenraumes? Eventuell besteht noch ein Reiz gegenüber dem Fremden dort, wo die Numinosität Abenteuer verspricht. Doch schon kippt das Wahrnehmungsmuster: Das reizvolle Abenteuer hat eben gefahrvolle Risiken als Kehrwert. Angst dominiert die Situationsdeutung und wird geformt vom Ekel, wenn das Fremde korreliert wird mit der epidemischen Hässlichkeit, wodurch das Syndrom der apotropäischen Hygieneangst emergiert.

Schaubild 3: Angst und Ekel: Affekte der Ausgrenzung mittels binärer Codierung

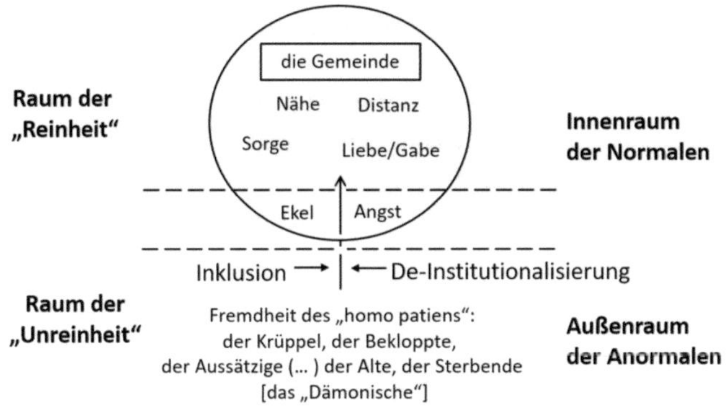

Das Drama spielt sich im Übergangsraum ab. Der liminale Raum, der hier im Rückgriff auf die Ritualforschung der Ethnologie bzw. Sozialanthropologie theoretisch und analysekonzeptionell nutzbar gemacht wird, wird, affektpsychologisch definiert, von dem Ekel und der Angst, die nicht nur sporadischer Natur sind, sondern kollektiv geteilte Grundstimmungen der Gemeindemitglieder zum Ausdruck bringen, zum Problemfeld. Der *homo necans* in seiner zivilisierten Eischale ist zur radikalen Inklusion nicht bereit. Angesichts der normativ wirksamen Diskurse zur Inklusion in der Welt der Diversität neigt er zähneknirschend zur Integration im Sinne der Containerbildung von Innenräumen der Anormalen als Außenräume in der Institutionentradition der Anstalten »totaler Institutionen« im Innenraum der Normalen. Die Differenz dieser ausgrenzenden Integration zur authentischen Inklusion ist die Verweigerung der Sozialraumorientierung, die an die Idee der

Optimierung der Deinstitutionalisierung und Enthospitalisierung gebunden ist. Der *homo donans* der geschlossenen Gemeindeordnung begrenzt seine Gabebereitschaft als Moralökonomik der liebenden Weltoffenheit auf ein archaisches Ethos der homogenen Gruppe; dies ist also parochialer Altruismus des Gruppenethos, keine personale Ethik der universalen goldenen Regel, die sich zum Sittengesetz von Kant steigert. Das kognitiv-moralische Entwicklungsniveau der Gemeindemitglieder ist ontogenetisch im phylogenetischen Lichte der Kulturgeschichte auf einem relativ einfachen Niveau angesiedelt. Der *homo abyssus* ringt im inneren Arbeitsapparat des Individuums mit seinem Gegenbild des *homo donans* und neigt zur Dominanz, damit die kulturelle Grammatik des sozialen Dramas im liminalen Raum mit eindeutiger Signatur prägend. Der Ekel nimmt in der Regel nicht die Form von Hass an und mag sich in seiner Aggressivität nur bedingt bis hin zum Tötungswunsch des *homo necans* steigern. Das Integrationsmodell des »Lagers«[196] – folge ich den Studien von Giorgio Agamben zu dessen *Homo-sacer*-Projekt – ist hierbei ein hybrides Gebilde auf dem Weg zu einer negativen, weil nicht endenden Heterotopie.

Vor diesem so skizzierten kulturgrammatischen und psychodynamischen Diagnostikhintergrund ist ein kritischer Skeptizismus als Ausgangshaltung wohl angebracht. Eine von einem kritischen Skeptizismus geprägte, stakeholderorientierte Fragekatalogperspektive würde vor dem Hintergrund einer solchen radikalen Ausgangsdiagnostik wie folgt aussehen.

→ Adressiert an die Politik: Muss sich die Politik (Bund oder Länder) radikaler bemühen, Strukturen gegen organisierte Anbieterinteressen zur Veränderung zu treiben? Wie viel ordnungspolitische Offenheit (Stichwort: kommunale Steuerung statt wilder Marktwirtschaft) besteht wirklich? Wollen und können das die Kommunen?

→ Adressiert an die Wirtschaft: Wollen die Anbieter der Langzeitpflege wirklich ihre Strukturen verändern? Oder ist es die Frage, wie diese notwendigen Transformationen umgesetzt werden können, wenn man will? Oder kommt die Gegenfrage: Welche Anbieter sind denn gemeint? Doch nicht wir, die freie Wohlfahrtspflege? Nur die transnationalen Kapital-Anleger-Unternehmen?

→ Adressiert an die Sozialversicherungen: Muss die Sozialversicherung nicht politischer werden? Wie sieht sie sich als Partner in der kommunalen Daseinsvorsorge?

196 Es geht hier nicht um das Extrem des Konzentrationslagers (Schweighart, 2009), auch nicht um die Praktik der Nutzung von Stacheldraht (Razac, 2003).

→ Adressiert an die Betroffenen (Professionen und unmittelbar Betroffene der Pflegearrangements): Brauchen wir mehr politische Partizipation der Professionen und auch speziell der Jugend mit Blick auf die eigene Zukunft? Wie machen wir aus der Pflege ein gesellschaftspolitisches Thema (mit dem Motto: »Raus aus dem Familialismus und Privatismus!«)?

Als Abschlussüberlegung sei, denn dieses Reaktionsmuster kommt sicherlich, die Frage formuliert: Ist es unseriös, nach Mut und Phantasie zu fragen? Erschlägt das nüchterne Realismusargument zynischer Arroganz[197] den naiven Idealismus, konkrete Utopien in die Politik einzubringen?

197 Als ich im Rahmen einer Berliner Pflegepolitikkonferenz meine Sicht der Dinge vortrug, kam aus dem Publikum der Kommentar eines Sozialunternehmers: »Jetzt will Schulz-Nieswandt also Investitionen lenken.« Als ich im Rahmen eines Arbeitstreffens provokativ meinen Slogan »etwas mehr Munizipalsozialismus würde der Wirklichkeit guttun« formulierte, kam sofort eine Art von DDR-Trauma auf. Intellektuell relativ einfache Differenzierungen zwischen der ethischen Tradition des freiheitlichen Sozialismus einerseits und stalinistischem Staatssozialismus andererseits fallen wohl dann schwer, wenn es an die ökonomischen Domänen der Marktanbieter geht.

V. Zur Logik des regulativen Wohlfahrtsstaates

Das Problem der Möglichkeit einer kollektiven Hygieneneurose ist auch eingebunden in typologisch fassbare Strukturen der Wohlfahrtspolitik des Staates. Blickt man in neuere Übersichtsliteratur zur Wohlfahrtsstaatforschung,[1] so wird man nichts (oder zumindest kaum etwas) finden zu einer kritischen Psychoanalyse des Wohlfahrtsstaates als Vaterfigur mit mütterlichen Sorgeeigenschaften.[2]

8. Der Ursprung der Hygienepolitik im Aufstieg des Wohlfahrtsstaates

Der sich in der frühen Neuzeit herausbildende eudämonistische »Wohlfahrtsstaat« – so gerade auch im Modus einer »medicinischen Policey«[3] – hatte seinen Kern insbesondere in einer frühen Form öffentlicher Gesundheitspolitik, die sich später als Sozialhygiene bzw. Sozialmedizin[4] (sozialreformerisch[5] abzugrenzen von der späteren Eugenik bzw. Rassenhygiene[6]) weiter ausformte.[7] Fortschrittlich und zugleich gebunden als »Kind ihrer Zeit« im Rahmen der Idee eines »sozialen Königtums« war die Sozialverwaltungslehre von Lorenz von Stein[8], welcher für die vermögenslose, arbeitende Klasse ein Recht auf Bildung und ein Recht auf Gesundheit argumentativ einbrachte und entsprechende Sozialreformideen ausformulierte.

---

1 Vgl. Obinger & Schmidt, 2019. Maus (2018) diskutiert allerdings das Verfassungsgericht als Über-Ich.

2 Womit mit Bezug auf das tiefenpsychologische Werk von Jung die Dynamik von *Anima* und *Animus* zur Wirkung kommt. Das Thema ist komplex und einzuordnen in eine Tradition des Denkens von Komplementaritäten in dualen Geschlechterordnungen. Ich verweise auf die durchgängige Thematisierung im Gesamtwerk von Jung (1995).

3 Schulz-Nieswandt, 1992.

4 U. a. Borowy & Hardy, 2008.

5 Exemplarisch Rudolf Virchow: Balkhausen, 2007; Goschler, 2009; Vasold, 2015; Sander, 2015; Andree, 2008.

6 Vgl. auch Thissen, 1969.

7 Vgl. Wolf, 2004.

8 Vgl. Schulz-Nieswandt, 1989.

Exkurs: »Überwachen und Strafen«

Kürzlich wurde Michel Foucaults Abhandlung »Überwachen und Strafen«[9] 40 Jahre alt[10]. Es ging konkret um »Die Geburt des Gefängnisses«. Aber es ging paradigmatisch um mehr, auch wenn die Nachlass-Texte[11], die sich um die Strafe und die »Strafgesellschaft« drehten, berücksichtigt werden. Es geht um Praktiken der Disziplinierung als – semiotisch gesehen – Signatur der modernen Gesellschaft, als Reaktionsmuster auf Regelverstöße der Moderne und ihres Kapitalismus. Goffmans »Asyle«[12] als Abhandlung über »totale Institutionen« kann auf dieser Entwicklungslinie einer Theorie der Kontrolle durch *eingrenzende Ausgrenzung* thematisiert werden.

Zurück aus dem Exkurs.

Wir gehen weiter auf dem Weg der semiotischen Hermeneutik der Schattenseite des Wohlfahrtsstaates, der auch in seiner modernen Capability-Orientierung Restbestände seiner partiellen[13] Ursprünge im Autoritarismus des eudämonistischen Staates des frühneuzeitlichen Absolutismus nicht verbergen kann. Die Bewältigung bevölkerungsbezogener Risiken wurde zum Regulierungsgegenstand des Staates. Wohlfahrtspolitik war somit von Anbeginn an gekoppelt an eine Politik der sozialen Kontrolle und der sozialen Disziplinierung.[14] In den 1980er-Jahren wurde dieser Themenkreis (Sozialpolitik als soziale Kontrolle und soziale Disziplinierung) – mit unterschiedlichen, aber durchaus verwandten Theoriebezügen – breit diskutiert. Es geht also um den Themenkreis Erziehung zum *homo hygienicus* und ordnungsrechtliche Marktregulierung.

---

9 Foucault, 1977.

10 Vgl. Rölli & Nigro, 2017.

11 Vgl. Foucault, 2015, 2017.

12 Vgl. Goffman, 1973.

13 Nicht nur angesichts internationaler (Zentrum-, Semiperiherie- und Peripheriebildungen des sich emergierenden Weltsystems [Wallerstein, 2018] prägender) Pfaddifferenzen ist von einer komplexen Genealogie des Wohlfahrtsstaates in Europa auszugehen. Die Staatsbildungsprozesse spielen ebenso eine Rolle wie die Kirchengeschichte und die konfessionsdemografischen Strukturentwicklungen (Rokkan, 2000); die Rolle der Städte ist ebenso relevant wie die der damit verbundenen Sozialstrukturentwicklungen, die Armuts(politik)traditionen sind es ebenso wie die Rolle der Klöster etc. Ideengeschichtliche Bahnungen sind mitunter konstitutive Korrelate dieser strukturgeschichtlichen Pfadentwicklungen. Vgl. Geiss (2006). Geiss ist von großem Interesse, weil er mit seinem Eurasien-Theorem deutlich gemacht hat, dass wir europäische Universalgeschichte nicht ohne den vorderasiatisch-orientalischen Kontext schreiben können. Geiss ist auch deshalb von Interesse, weil er eine theoretisch fundierte Vorstellung von Geschichtswissenschaft hat: Daten und Ereignisse einerseits, aber auch Blick auf die großen Zusammenhänge langer Dauer.

14 Vgl. Labisch, 1992.

Es war demnach auch die Geburtsstunde einer edukativen[15] Dimension staatlicher Sozialpolitik. Gesundheitskompetenzdebatten, frühe Hilfen[16] im SGB VIII, »Fordern und Fördern« im SGB II[17] etc. zeugen von der Aktualität.

Eine Bilanz des SGB XI – augenblickliche Systemreformdebatten prägen die Hintergrundfolie der Diskurslandschaft – zeigt, dass die Pflegepolitik über die Dynamik der Pflegestärkungsgesetze (PSG) leistungsrechtliche Verbesserungen gebracht hat. Im Bereich der Vertragsrechtspolitik stockt die Entwicklung zu einer neuen Governance der regionalen Steuerung von bedarfsgerechten Versorgungslandschaften im Rahmen kommunaler Sozialraumbildung. Hochentwickelt ist jedoch – hier nun von zentralem Interesse – das deutsche Ordnungsrecht in der Regulierung der Einrichtungen und Dienste in den Quasi-Märkten der Langzeitpflege. Hier werden seit Jahren Probleme der Bürokratisierung und der Überregulierung diskutiert.

9. Verborgene Machtspiele: Hygieneordnung und Hospitalisierung des normalen Wohnens

Es wird hier um Analysen jenseits von neoliberaler Deregulierung und ordnungsrechtlicher Überregulierung gehen. Es wird (gerade auch angesichts der m.E. unstrittig beobachtbaren Formen des Markt- und des Unternehmensversagens[18]) nicht einer neoliberalen Deregulierung das Wort geredet. Der Rechtsstaat ist im Sinne der Daseinsvorsorge[19] bleibend verantwortlich als sozialer Gewährleistungsstaat. Das ist im bundesdeutschen Grundgesetz, auch in Sinne der grundrechtlich fundierten Unionsbürgerschaft des EU-Rechts in EUV/AEUV verankert.

Ich betone diese Sicht, weil ich erst gar nicht der Frage ausgesetzt werden möchte, ob ich Sozialstaatskritik betreiben will. Zuletzt mit Blick auf die aktuellen, großen Pflegepolitikreformen habe ich mich in verschiedenen Schriften für weniger Markt und mehr bedarfsorientierte sozialräumliche Steuerung ausgesprochen und auf die Gefahr hingewiesen, dass die Langzeitpflege in das »Spinnennetz kapitalistischer Transformation« gerät. In remythisierender, metaphorischer Weise habe ich im Sinne der transgressiven Kraft dionysischer Epiphanie[20] auf der Grundlage eines »Wertekonservatismus« (moralökonomische Notwendigkeit redistributiver Sozialpolitik zur Ermöglichung der gleichen Chancen aller Menschen zu ih-

15 Vgl. Briesen, 2010.
16 Vgl. Brisch, Sperl & Kruppa, 2019.
17 Ethnografisch: Grimmer, 2018.
18 Vgl. Schulz-Nieswandt, 2020a.
19 Vgl. Schulz-Nieswandt, 2019b.
20 Vgl. Alisanka, 2008.

rer freien Entfaltung als Person-Werdung) dennoch einen radikalen Wandel[21] der Kultur des Wohlfahrtsstaates in seiner Logik des Versorgungsgeschehens eingefordert. Nach wie vor beherrschen uns oftmals iatrogene Medikalisierungen, Hospitalisierungen und interaktiv soziale Praktiken der Institutionalisierung hilfebedürftiger Menschen in der Rolle des *homo patiens*. Gemeindezentrierte Sorgestrukturen müssen sich um die vielen Formen des normalen Wohnens herum entfalten.

Die international vergleichende Primary-Health-and-Nursing-Care-Forschung zeigt die Fallzahldynamik der Hospitalisierungen und die fehlenden Filter einer Primärversorgung,[22] die im Quartier angesiedelte, lebensweltnahe, multiprofessionell arbeitende Gesundheitszentren benötigt. Die Bedeutung nicht medizinischer Heilberufe in der Primärversorgung muss gesteigert werden. Hier sind nicht nur Delegationen im Rollen- und Kompetenzgefüge, sondern durchaus auch Substitutionen notwendig. Solche gemeindezentrierten, ganzheitlichen Gebilde medizinisch-pflegerisch-sozialer Zentren, eingebettet in die Lebenswelten lokaler, sorgender Gemeinschaften ermöglichen selbstständiges Wohnen außerhalb klassischer Anstalten, in denen Patienten oder pflegebedürftige alte Menschen in räumlich verdichteter Weise leben. Wenn einerseits demenz-sensible Krankenhausstationen unter Einbindung von Angehörigen wie normales Wohnen ausgestattet werden und somit die hospitalisierende Klinikkultur transformieren, dann sollte es andererseits und umgekehrt auch möglich sein, die Wohndichte stationärer Versorgung zu transformieren in vernetzte Wohnnormalität, die das Leben des *homo patiens* »mit uns und unter uns« fördert. Wir benötigen eine andere Kultur des Umgangs mit den Risiken im hohen Alter. Wenn die Ökonomik der Skaleneffekte der Wohnanstalten die Wohnformenlandschaft weiterhin prägt, dann wird die duale Fragmentierung zwischen der privaten Häuslichkeit für die normalen, weil noch nicht hilfebedürftigen Menschen einerseits und den Anstalten der unnormalen, weil hilfebedürftigen Menschen andererseits nicht überwunden.

Extrem ausgeprägte Hygieneordnungsregime und regulierende Praktiken des Staates und seiner Prüfinstitutionen – wie z.B. des MDK[23] – kennzeichnen also auch die Lebenswelt der stationären Langzeitpflege. Auch die Entfaltung neuer, innovativer Formen von Wohnsettings mit pflegerischen Leistungsdimensionen tut sich schwer mit der Tradition des staatlichen Regulierungswesens bzw. umgekehrt. Das tiefer liegende Problem ist das der Abgrenzung von privatem Raum und öffentlichem Raum. Orte der Pflege sind primär Wohn- und Lebensräume und nicht temporäre Behandlungsräume wie die Akutkrankenhäuser. Wie soll sich ein (uns vom Völkerrecht herunter bis zur Ebene der Sozialgesetzbücher normativ-recht-

21 Dazu reflektierend: Redecker, 2018.

22 Vgl. Raslan, 2019.

23 Vgl. Borutta & Ketzer, 2009.

lich bindendes) Normalisierungsparadigma[24] in den Wohnsettings der Langzeitpflege[25] verwirklichen lassen, wenn es hier zu einer kontraproduktiven Regulierungskultur kommt?

10. Einsamkeit im Heim und die soziale Geometrie des Gärtnerns

Einsamkeit[26] ist ein (kann ein) Thema im ganzen Lebenszyklus des Menschen (sein). Allein-Sein muss nicht Einsam-Sein bedeuten. Auch innerhalb der Familie können Kinder einsam sein, auch ein Elternteil. Immer dann, wenn der einzelne Mensch, in Gemeinschaft lebend, nicht vom Mitmenschen erreicht wird oder sich abkapselnd verschließt und seine soziale Mitwelt dessen inneres Leiden nicht erfährt, ist er einsam.

Das UN-Völkerrecht zu den Grundrechten der Kinder (auch das Europäische Grundrechtsdenken) sieht die Familie als geprägt von einer Atmosphäre der Liebe, des Vertrauens und der Empathie vor. Einsamkeit kann entstehen, wenn das Kind diese Atmosphäre vermissen muss. Im Grunde ist es eine Verletzung des in der Würde der Person (Art. 1 GG) naturrechtlich (UN: *dignity is inherent*) verankerte Kindeswohl. Johann Galtung sprach in seiner Theorie der »strukturellen Gewalt« von Vernachlässigung. Das Problem stellt sich nicht anders im Alter.

Einsamkeit kann in allen Lebenslagen, in allen Altersphasen auftreten. Einsamkeit von Jugendlichen im Lichte der Suizidversuche; Einsamkeit im Studium; Einsamkeit im fortgeschrittenen, mittleren Erwachsenenalter im Kontext z.B. von Verlusterfahrungen und anderen kritischen Lebensereignissen.[27] Auch unbewältigte Belastungen in der Arbeitswelt spielen hier eine Rolle.

Ins Zentrum der Diagnostik und der Interventionen rückt das Phänomen der depressiven Grundgestimmtheit.[28] Doch wird man nicht nur am Subjekt ansetzen können: Menschen stehen immer in Wechselwirkung mit ihrer sozialen Umwelt und sind in ihrer diesbezüglichen Einbettungsbedürftigkeit zu verstehen. Damit wird das Thema der Teilhabechancen evident.

Aktuell[29] nehmen viele Akteure zur Einsamkeit im Alter[30] Stellung. Ich selbst habe erneut das Problemfeld der Einsamkeit als Daseinsthema im höheren Alter im Rahmen unserer Evaluation des Projekts Gemeindeschwester^Plus^ in den Modell-

24 Vgl. Bösl, 2015; Degener & Miquel, 2019.
25 Vgl. Brandenburg & Schulz-Nieswandt, 2015.
26 Vgl. auch IDW, 2019.
27 Filipp & Aymanns, 2018.
28 Vgl. dazu auch Puhlmann, 2019 (mit einem Vorwort von Thomas Fuchs).
29 Vgl. dazu KDA (Schulz-Nieswandt u.a.), 2019b.
30 Vgl. Luhmann & Bücker, 2019.

kommunen des Landes Rheinland-Pfalz prägnant wiederfinden können.[31] Zuletzt hat das Deutsche Zentrum für Altersfragen mit Daten aus dem Alterssurvey zum Thema beigetragen.[32]

Einsamkeit ist auch im Heim möglich.[33] Wahrscheinlich hat Einsamkeit in diesem Wohnsetting auch eine höhere Prävalenz als insgesamt im Alter.

Das KDA findet den Zugang zum Thema über die Sozialraumorientierung: Einsamkeit ist eine Frage der Sozialraumbildung. Gerade in der Hochaltrigkeit ist Netzwerklosigkeit der zentrale Risikofaktor im Hinblick auf die Vulnerabilität dieser Menschen.

Doch ein anderer Aspekt im Zugang zu diesem existenziellen Komplex sei offen angesprochen: Auch der Mensch in seiner individuellen Personalität ist gefordert: Hochaltrigkeit ist immer auch eine jemeinige Entwicklungsaufgabe, der sich der Mensch stellen muss und die er bewältigen muss. Dazu braucht er sicherlich »Hilfe zur Selbsthilfe«. Doch ist er – in Wechselwirkung mit seiner Umwelt stehend – auch selbst gefordert: Er selbst muss weltoffen, veränderungsbereit und räumlich mobil sein.

Mobilität meint hier durchaus auch z.B. Umzugsbereitschaft, meint aber auch innere – geistige und seelische – *Offenheit zur Öffnung* hin zu neuen Wegen. Auch im hohen Alter ist ein weiteres Werden und Wachstum der Person möglich. Viele gerontologische Studien von Andreas Kruse haben davon gehandelt. Gewiss: Diese Fähigkeit des Menschen ist nicht jenseits sozialer Ungleichheit zu verstehen. Deshalb ja auch das Postulat der Notwendigkeit der »Hilfe zur Selbsthilfe« als gesellschaftliche Mitverantwortung, weil sich der Mensch eben nicht »am eigenen Schopfe aus dem Sumpf ziehen kann«. Doch die Hilfe muss auch angenommen werden. Wenn die Umwelt für die Weiterentwicklung des Menschen anregend ist, so muss sich der Mensch diesem Möglichkeitsraum auch öffnen. Das ist seine Mitverantwortung. Einerseits. Andererseits: Oftmals konturiert die abgründige Dunkelheit des Erlebnisgeschehens das hohe Alter; die depressive Grundgestimmtheit lässt den Menschen zur Suizidalität neigen. Die Sozialraumbildung muss den Menschen auch innerlich erreichen. Die sozialpolitische Herausforderung verweist auf die Grenzen rein soziologischer Betrachtung: Mit dem Menschen in seiner Subjektivität ist »zu rechnen«; er ist (in seinen endogenen Blockaden) abzuholen und mitzunehmen auf die Reise zur Überwindung der Einsamkeit, die ihn daran hindert, am Projekt des gelingenden Lebens als Daseinsaufgabe teilzunehmen.

Der Garten ist eine Metapher[34] für die Ordnung des menschlichen Lebens zwischen Natur und Kultur, zwischen »Wildheit« und »Zivilisierung«. Eine solche po-

---

31 Vgl. Schulz-Nieswandt, 2019a.

32 Vgl. BMFSFJ, 2019: 19ff. Ferner Bundesregierung 2019a, 2019b.

33 Vgl. Christov, 2016.

34 Zur mythischen, metaphorischen und narrativen Strategie jenseits der begrifflichen Analytik vgl. auch Blumenberg, 1996.

litische Theorie der Ordnungsbildung verweist uns auf das Phänomen der Herrschaft, denn die menschliche Kultur ist – ontologisch gesehen – immer zugleich eine Ordnung des *zoon politikon*. Die Formen der Sozialgebilde, die der *homo politicus* als *homo institutionalis* eingeht, sind jedoch verschieden. Weiter oben wurde mit Blick auf die genealogischen Verwurzelungen im altorientalischen Kontext des vorchristlichen Altertums (*Eurasien*-Theorem von Geis[35]) deutlich, wie eine formale Soziologie[36] als Soziologie der Formen sozialer Gebilde konstitutive Vektoren identifiziert, deren Kombinatorik eine soziale Geometrie der Gebilde ermöglicht.

Ich habe eine solche strukturale Lehre binär fundiert über Herrschaft und Genossenschaft.[37] Hierarchische Machtstrukturen konstituieren Asymmetrien, die in hegemonialer Dominanz ausmünden können. Damit sind wir konkret an unserem Themenkreis angelangt: dann nämlich, wenn wir klinische Kulturen der Medizin als (Hygieneregime der) Regulierung von Wohnformen, in denen pflegerische Interaktionsarbeit eingebettet ist, verstehen lernen.

Religionsgeschichtlich habe ich im Opferkult[38] den Ursprung einer sozialpolitisch relevanten, genossenschaftsartigen Horizontalisierung[39] der (alttestamentlich: der bundes[vertrags]theologisch verstehbaren) Vertikalachse[40] der Beziehung zwischen Gott und dem Volk thematisiert. In der vollständigen Abkopplung von der Vertikalachse wird eine gottlose Metaphysik einer genossenschaftlichen[41] Daseinswirklichkeit des personalisierten Menschen (im Rahmen einer dynamischen Prozessontologie des Noch-Nicht als Auslegung des historischen Immanenzdenkens der messianisch aufgeladenen Jetzt-Zeit) denkbar, die hier aber nicht das Thema sein soll,[42] aber angedeutet werden muss.

Insofern stehe ich nach wie vor zu dem zentralen Gedanken dieses Ursprungs von herrschaftlicher (vertikaler) und genossenschaftlicher (horizontaler) Sozialpolitik im Opferkult.[43] Diese genealogischen Sichtweisen werden dann applizierbar auf unser konkretes Thema, wenn es mit der Frage verbunden wird, wie die Menschen mit ihrem »Urschock« der Erkenntnis ihrer Endlichkeit mit der Todesangst[44] umgehen. Flucht- und Aggressionsverhalten zeugen von den sozialen Praktiken, wenn der Mitmensch als Feind konstituiert wird, wenn also der Mitmensch zum Ausgangspunkt der imaginativen Wahrnehmung von Bedrohung wird und Schutz-

35 Vgl. Geis, 2006.
36 Vgl. Schulz-Nieswandt 2019e.
37 Vgl. Schulz-Nieswandt, 2003.
38 Vgl. Heinsohn, 1997.
39 Materialisiert in der Runde der Tischgemeinschaft: Hirschman, 1997. Vgl. auch Bolyki, 1998.
40 Herrschaft materialisiert sich u.a. im Thron (Eickhoff, 1993) und in der Krone (Staats, 1991).
41 Vgl. Schulz-Nieswandt, 2014; 2018c.
42 Vgl. dazu Schulz-Nieswandt, 2017a, 2017b, 2017c, 2018a.
43 Vgl. Schulz-Nieswandt, 2001.
44 Vgl. De Marchi, 1988.

mechanismen auslöst. Genau dieser Problemkomplex weist eine eigene Geometrie auf.

Im der Langzeitpflegesetting müsste das Personal eigentlich auf ein schnelles Sterben des alten Menschen, von der Bedrohung ausgeht, ungeduldig hoffen. Doch der hippokratische Eid[45] der medizinischen Ordnung als latente Sinnstruktur auch der sozialen Praktiken des Pflegeortes (Cure [des SGB V] in Care [des SGB XI] überführend im Sinne einer Fürsorge-Ethik, durchaus im hermeneutischen Sinne der Bedürftigkeit der Armutstradition des SGB XII) führt nicht zur aggressiven Tötung, sondern zum Hygienedispositiv, das eher eine Schutzpraktik vor dem »Keimträger« darstellt.

Das Personal weist eine doppelte Haltung auf, angeordnet zwischen Empathie und Sorge für den Mitmenschen (Fremdsorge) einerseits und Angst und Selbstsorge andererseits. Der *homo patiens* weist eine Komplementarität seiner ebenfalls doppelten Lage auf: Er ist einerseits der Sorge des Mitmenschen bedürftig und stellt andererseits eine Bedrohung eben dieser mitmenschlichen Fremdhilfe dar, aus der eben die *Abwehrmechanismen der selbstsorgenden Fremdsorge* resultieren. Dem Personal kommt somit durchaus ein Heldenstatus zu; ihm fällt im Namen des leidenden Mitmenschen die Rolle zu, sich der Gefahr zu stellen.

»Zivilisiert« werden eine primäre Präventionsordnung und eine sekundäre Praxis der Quarantäne gelebt. Das Pflegeheimsetting wird zum »Garten« – einer Ordnung hybrider Art zwischen der Wildnis der Bedrohung und der klinischen Kultur des Hygienedispositivs. Damit werden Strukturen der hierarchischen Hegemonie (der Medizin über die Pflege) und der asymmetrischen Dominanz des Sicherheitsdispositivs über die Normalisierungsidee generiert und repliziert. Hegemonie und Dominanz signifizieren eine fehlende Kohärenz und Balance in der Relation konkurrierender Leitbilder.

Inspiriert von einer Faltungslogik der Dichtung bei Handke (1969), gefiltert durch Foucaults Überlegungen zur Geometrie, die ich in meinen Analysen[46] zu hybriden Heterotopien (in der »Behindertenhilfe«) aufgegriffen habe, geht es mir um das Verständnis der Ordnung der Faltung[47] des Innenraumes (der Lebenswelt des Heims) des Außenraumes (des Heims als baulicher Wohnkomplex) im Innenraum des gesellschaftlichen Normalitätsraumes. Aufbauend auf Überlegungen von Buske[48] zum »forensischen Raum« wird die Logik des klinischen Blicks im Innenraum des Außenraumes als Fixierung des alten Menschen als Keimträger evident. Gärtnerei meint hier juridisch: einen Schaden vermeiden oder heilen; somatisch-

45 Vgl. Schubert, 2005; Flashar, 2016; Lichtenthaeler, 1984.

46 Vgl. Schulz-Nieswandt, 2016d.

47 Vgl. Deleuze, 2000.

48 Vgl. Buske, 1973.

medizinisch: den Körper schützen oder heilen; neuropsychiatrisch: Geist und Seele schützen oder heilen. Insgesamt geht es um die oben angedeutete Ordnung der Wildnis als Raum des Dämonischen; ein Umstand, der zu bändigen ist durch die Kultur der Hygieneregime.

Wenn diese Logik der Herrschaft des Medizinzynismus zutrifft, werden die fundamentalen Vektoren der Raumanalyse deutlich: Vertikalität und Horizontalität, Polarität von Innen und Außen, Symmetrie versus Asymmetrie, Mischkultur versus Reinheitskultur.

Das sind Bausteine der Grammatik (das Drehbuch[49]) des Films, der hier abläuft. Die Analyse ist nicht frei von normativer Diskursivität; aber die idealtypische Zuspitzung verdeutlicht, dass es sich nicht um eine einfache Normativität handelt. Es geht um Ambivalenzen und ihre Konturierung im Feld sozialer Praktiken auf der Grundlage sozialer Regeln, von Haltungen, kognitiven Konstruktionen und Verhaltensmustern.

Kohärenz- und Balancenachfragen[50] sind keine schwarz-weiß-codierte Ja/Nein-Fragen. Es geht nicht um einfache Wahrheiten. Es geht um Problematisierung.

49 Vgl. Gebhardt, 2016; Eick, 2006.

50 Ähnlich wie das Konstrukt der Resilienz gehört die Kohärenz zu einer wichtigen Ressource der *Lebenslage*. Das Kohärenzgefühl *(sense of coherence)* ist eine wichtige Bewältigungsressource in Bezug auf die Entwicklungsaufgaben im Lebenslauf und eine Determinante von Wohlbefinden und Lebensqualität. Das Gefühl der Kohärenz umfasst drei zentrale Dimensionen: Die Welt ist sinnhaft, sie ist verstehbar und sie ist handhabbar. Sind die Messwerte auf der Skala für das Kohärenzgefühl niedrig, so kristallisiert sich im personalen Erfahrungserlebnisgeschehen des Menschen in Interaktion mit seiner Umwelt ein Ohnmachtsgefühl von durchaus psychosomatischer Bedeutung heraus. Ob das Kohärenzgefühl im Rahmen des Capability-Ansatzes gefördert werden kann, ist insofern umstritten, als der Begründer der Salutogenese, Aaron Antonovsky (1923-1994), die Herausbildung des Kohärenzgefühls mit dem dritten Lebensjahrzehnt als abgeschlossen ansieht. Was oft in der Textrezeption von Antonovsky nicht angemessen gewürdigt wird, das ist der Befund, dass der salutogenetische Ansatz nicht nur auf dieses intrapersonale Konstrukt des Kohärenzgefühls abstellt, sondern auch auf die *Social-support*-Bedeutung sozialer Netzwerke. Damit integriert sich das Konzept in komplexere sozialepidemiologische Modelle von Stress und Stressbewältigung im Lichte lebenslauforientierter Lebenslagenforschung, auf die die Sozialpolitik abstellt.

VI. Schlussfolgerungen

Einige kurze Gedanken zu relevanten Schlussfolgerungen sollen skizziert werden.

11. Diskursbedürftigkeit

Was werden die Disziplinen der Jura und der Hygienewissenschaft bzw. Epidemiologie wohl zu diesen kritischen Anfragen sagen? Es sind zunächst ja nur An- und Nachfragen, die ihre Evidenz haben, denn das Spannungsfeld zwischen dem Normalisierungsparadigma einerseits und den Regulierungsregimen andererseits ist offensichtlich. Antworten zum WIE der Auflösung des Spannungsfeldes oder zur Minimierung der Spannungen habe ich nicht.

Was sagt die Hygieneforschung und Epidemiologie zur Findung eines Optimums in der Regulierungsdichte und -tiefe? Es liegt natürlich nahe, dass die rechtliche Sicht ihr spezifisches Deutungsangebot einbringt. Es wird sicherlich um das Haftungsrecht seitens der Leistungsanbieter und um den Persönlichkeitsschutz der Bewohner der Einrichtungen gehen. Aber das normative Paradigma der Normalisierung des Lebens von Menschen in der stationären Langzeitpflege ist ja selbst Teil des modernen Rechts, insbesondere aus der Rechtsphilosophie der Teilhabeidee[1] resultierend. Ausgangspunkt der Ideenentwicklung war ja die Kritik der »totalen Institutionen« als Anstaltswesen.

Es kann nicht sein (oder doch?), dass Heime der Akutklinik analogisiert werden.

Hospitäler – ausdifferenzierte Kulturgebilde in der langen Geschichte der Verwurzelung Europas im eurasischen Austauschraum – sind, auch wenn sich die »Verweildauer« in Pflegeheimen ebenfalls verkürzt hat, temporäre Aufenthaltsorte, keine Heimat, zu der sich Heime entwickeln müssen und können. Man schaue sich allein die psychologische und neuere ethnografische Forschung der problematischen Erlebnisgeschehensordnungen – auch angesichts des Verlustes der »möblierten Vergangenheit«[2] – an, die Menschen bei der Übersiedlung in das Heim

1 Vgl. Schulz-Nieswandt, 2016a, 2017a, 2017b, 2018b.
2 Wichmann, 2013.

verarbeiten müssen[3]. Qualitative Sozialforschungen haben ein hermeneutisch eindeutig erschließbares Material angehäuft: Menschen wollen im Heim – wenngleich unter Deinstitutionalisierungsdruck u.a. im Format der Öffnung (eines [metaphorisch gesprochen: Fensters[4]) hin zum Sozialraum[5] – ein Zuhause. Fatal ist es, wenn Heime immer noch als Sonderwohnform definiert werden.

Lassen wir uns auf ein Sprachspiel ein. Sonderform des Wohnens könnte auf etwas Besonderes verweisen. Mag ja sein, dass manche private Eliteschule (im Vereinigten Königreich oder in Frankreich) im Modus des Internats etwas Besonderes für die Subjektivierungsform der sodann numerisch kleinen Eliten in einer Welt der sozialen Distinktionen darstellt. Oder auch ein besonderer Urlaubsort mit seinen exklusiven Eigenschaften. Das Besondere hat nun aber eine doppelte normative Konnotation: Es kann, muss aber nicht positiv gemeint sein. Das Besondere ist eben zunächst eine rein formale Steigerungsform: Das Spektrum ist definiert zwischen dem besonders Schönen und dem besonders Schrecklichen. Doch gehen wir einen Schritt weiter. Das Besondere ist in seiner Besonderung als Besonderes das abgesonderte – ausgesonderte – ganz andere. Damit sind wir in Verbindung mit der Erfahrung, dass das Besondere normativ auch negativ gemeint sein kann, ganz nah an dem Stigma des Schrecklichen, dem mit aggressiver Angst oder mit distanziertem Ekel begegnet wird.

Angesichts netzwerkloser Hochaltrigkeit gehört das Heim – jedenfalls vorerst noch – zum normalen Spektrum des Wohnens im Alter. Und die dort anfallende Pflege ist in erster Linie eine soziale Interaktionsarbeit, keine allein körperzentrierte Sauberkeitspraxis.[6] Fluchtpunkt aller Betrachtungen ist: die Würde des Menschen[7], in seiner Personalität ganzheitlich erfasst und integriert in der Leiblichkeit die Sicht auf den Körper[8] zu gewährleisten; aber im Heim muss, dann auch entsprechend (formfindend), eine aktivierende Lebenswelt für Geist und Seele entfaltbar sein. An dieser »Aktualgenese«[9] des weiteren Werdens und Wachstums der

3 Vgl. Depner, 2015; Lotz, 2000.

4 Vgl. Selbmann, 2009.

5 Zur radikalen Kritik stationärer Systeme bei Klaus Dörner vgl. Geyer 2014: 307ff.

6 Vgl. Heinisch, 2009.

7 Vgl. Schulz-Nieswandt, 2017b.

8 Vgl. Sarasin, 2001.

9 Definiert als Generierung von Entwicklungsdynamiken der Person durch Interaktion der Person mit anregenden – eben aktualisierenden – Umwelten: Kruse, 2017. Gemeint ist also eine für die Entwicklung des Menschen anregende – aktivierende – Umwelt. Unter Aktualgenese wird die Rolle aktivierender Umwelten für das Wachstum und das Werden der menschlichen Person verstanden. Dieser Effekt ist in der Gestaltpsychologie und in verschiedenen Strömungen der Humanistischen Psychologie herausgearbeitet worden. Die Aktualgenese ist transaktional zu verstehen, da sich die Person umgekehrt auch den Angeboten einer aktivierenden Umwelt öffnen muss, die Angebote also annehmen und verarbeiten muss. Im leistungsrechtlichen Zusammenhang kommt im Begriff der aktivierenden Umwelt das Theorem

Person auch in der pflegebedürftigen Hochaltrigkeit bemisst sich die Qualität einer Heimkultur. Das macht eine breite Forschung zur Lebensqualität in Heimen überaus deutlich. Deshalb sind Menschen *Bewohner, nicht Patienten* in diesen Settings der Pflege.

Der fundamentale Hintergrund muss deutlich herausgestellt werden: Ich greife einige meiner neueren Publikationen[10] auf, die für meine Wende vom Kritizismus zu einer Metaphysik der Fundierung der Sozialpolitik sowie der Gemeinwirtschaftslehre als Teil der Gesellschaftsgestaltungspolitik von grundlegender Bedeutung ist. Wovon ist die Rede?

Die These lautet: Die Idee des sozialen Rechtsstaates wurzelt im Glauben an die letztendlich unbedingte Idee der Würde (verankert im Völkerrecht, im Europarecht, in der bundesdeutschen Verfassung und in den bundesdeutschen Sozialgesetzbüchern sowie in den normativen Setzungen der Regulationen der Eigengesetzlichkeit der Bundesländer) der menschlichen Personalität als heilige Ordnung, die wiederum selbst in der Transzendentalpragmatik herrschaftsfreier Diskurse der Menschen im Lichte der Idee reiner Vernunft nicht generierbar ist. Es handelt sich um ein Konstrukt gottloser Theologie einer Immanenzontologie der Liebe.

Ich argumentierte in der erwähnten Schrift in Auseinandersetzungen mit verschiedenen Theoriebeiträgen, so u.a. mit dem Durkheim-Theorem der *nicht kontraktuellen Voraussetzungen der Kontraktgesellschaften*. Die besagte Schrift war eher ein Essay und vertrat kaum die unhaltbare Haltung, ein letztes Wort zum Problem artikuliert zu haben. Aber ich stehe zu der These: Selbst der empirische Diskurs ist nicht (kann nicht) die allerletzte Ebene der Verankerung der transzendentalen Voraussetzungen des sozialen Rechtsstaates (sein), sondern es ist der Glaube an die Metaphysik des Tabucharakters der Idee der Würde.

Wenn man die moderne Gesellschaftsgestaltungslehre, ungeachtet der langen Genealogie bis zurück in die Achsenzeit der Religions- und Rechtsgeschichte der ersten Hochkulturen, heute verankert in den Werten der »Sattelzeit« der Französischen Revolution von 1789[11], also die Figuration von Freiheit, Gleichheit und Solidarität, betrachtet, so ist mit Blick auf die Kohärenz der Gestaltidee die innere hierarchische Architektur zu beachten: Solidarität[12] (also die Moralökonomik des redistributiven Wohlfahrtsstaates in seiner Partnerschaft mit der Gabebereitschaft der Zivilgesellschaft des *homo donans;* vgl. Anhang 7) ist die transzendentale

der Aktualgenese zur Geltung. Es ist bedeutsam in komplexen Theorien zur Lebensqualität in Settings der Langzeitpflege, die als dialogisch, als soziale Interaktionsarbeit zu definieren ist und die ganze Strukturschichtung des Menschen in Geist, Seele und Körper »abzuholen« hat.

10 Vgl. Schulz-Nieswandt, 2017a, 2017b, 2018a, 2018b, 2018c, 2019d, 2020b.

11 Dazu auch Bourgeois, 2020.

12 Vgl. Prainsack & Buyx, 2016.

Voraussetzung für die Egalität der Chancen als wiederum transzendentale Voraussetzung für das letztendlich finale Ziel der Freiheit der Entfaltung des Menschen im Lebenszyklus, also für die Personalisierung als Telos der Geschichte (onto- wie phylogenetisch gesehen).

Was stärker argumentiert werden muss, das ist die Einsicht, dass die sakralen Voraussetzungen der profanen Säkularität des sozialen Rechtsstaates nicht im Widerspruch zur Modernität einer liberalen Demokratie als politische Verfassung einer freien, offenen Gesellschaft stehen, sondern für ihr Wesen und ihre Funktion fundamental sind. Leiten sich die sozialrechtlichen Werte der Selbstbestimmung, der Selbstständigkeit und der inklusionsorientierten Teilhabe aus der modernen, naturrechtlich verstandenen Würde ab, so wird erkennbar, wie diese sekundäre Ebene der Rechtsphilosophie des Personalismus (Anthropologie der selbstbestimmten Teilhabe) auf der Tabu-Ordnung der primären Transzendentalebene der Sakralität der Würde basiert.

Freiheit braucht eben Ordnung – und diese muss begründet sein. Die sekundäre Diskursordnung benötigt transzendentallogisch eine primäre Ordnung, eine aprioristische Grundlage, wobei diese selbst ein disponibles Thema mit Blick auf die Arena und auf die Agenda-Setzungen des Sekundärdiskurses ist, der darüber formgebend räsonieren mag, in welcher konkreten empirischen Republik (im Spektrum der Varieties of democracy, welfare state and cultural embedded social market economy) wir konkret leben wollen. Das Formprinzip der Personalität generiert selbst die Formfindung des Wesens des personalen Selbst-Seins im gelingenden, weil liebenden (solidarischen) Miteinander freier, weil sittlich reifer Menschen als Gesellschaftsmitglieder.

Das mag, geografisch gesehen, ein eurozentrisches Denkprodukt sein. Genealogisch ist es eher eine universelle Idee, da die Menschenrechtsidee im vorchristlichen Altertum wurzelt und den Raum von Asien bis in die Ägäis achsenzeitlich[13] umfasste. Jesus war ja kein Christ, sondern charismatischer Wanderprediger einer intrajüdischen Sekte, auf den sich später das sich formierende, sodann sich zur autoritären Anstaltskirche des »Liebespatriarchalismus« mutierende Christentum mythenbildend bezog. Das Christentum war Kind des kulturellen Verflechtungsraumes vorderasiatischer Erlösungsreligionen. Die Wurzel von Judentum, Christentum und Islam war die Thora, selbst wiederum eingebettet in jenen Raum, der in der klassischen Altertumsforschung überzogen als Pan-Babylonismus diskutiert worden ist. So wie das Judentum in wesentlichen Strömungen zu einem personalistischen Genossenschaftssozialismus neigte, so wurzelte auch das frühe Christentum in der Genossenschaftsidee im Lichte des hellenistischen Vereinswesens.

In diesem Kontext »langer Dauer« ist die vor- und transeuropäische Tradition der heutigen Idee der heiligen Würde der Personalität verankert. Dass sie nun-

13 Despektierlich gegen Jasper: Strohm, 2008: 15.

mehr aus dem geografischen Kern Europas heraus artikuliert wird, macht sie einerseits nicht zum Neokolonialismus eurozentrischer Hegemonie. Dies bedeutet daher zwingend andererseits auch, man solle das Prinzip der Toleranz nicht falsch (nämlich als repressionsfördernde Toleranz) auslegen und darauf verzichten, andere Gesellschaften zu kritisieren, wenn sie die Würde als die uns heilige Ordnung des Menschen (»Sakralität der Person«) verletzen und die Idee des Rechtsstaates als Hüterin von Freiheit, Gleichheit und Solidarität mit Füßen treten. »Andere Länder, andere Sitten« kann eigentlich nur auf einer sekundären oder gar tertiären Ebene von Normen und Werten unbedingte Geltung haben. Die Würde des Menschen muss wehrhaft sein. Gerade liberale Demokratien offener Gesellschaften müssen hier ihre Verantwortungsrolle übernehmen. Denn weltweit auf unserem geschändeten Planeten gilt: Der Mensch ist, aber er muss erst noch werden, was er ist.

Und diese fundamentalen Überlegungen prägen auch die lebensweltlichen Krisen im Alltag des Pflegeheimes.

Dabei kommt sofort noch eine weitere Problematik hinzu: Soll der Bezug (empirisch und in einem rechtspositivistischen Sinne mit Verweis auf geltendes Recht und Verordnungswesen) auf die derzeit gegebene Realität fixiert sein oder geht es[14] um die Gestaltung des Weges in eine andere mögliche – bessere – soziale Wirklichkeit?[15] Wie müssen Standards[16] in diesem Lichte ausgestaltet sein?

Dabei stellt sich auch die Frage der Zuständigkeit und die der Herstellung von diesbezüglicher substanzieller Kohärenz. Wird einheitlich (Validität und Reliabilität der Messung) und, wenn ja, nach welchen Maßstäben und Zielsetzungen wird reguliert? Einerseits liegt die Hygieneaufsicht u.a. bei den Gesundheitsämtern;[17] andererseits handelt es sich um einen Regulierungstatbestand der Wohn- und Teilhabegesetze (WTG) der Länder.

14 Vgl. Tillich, 1987.

15 In Deutschland ist eine Verordnung zu verstehen als eine Rechtsnorm, die durch ein Regierungs- oder Verwaltungsorgan (als institutionelle Akteure der Exekutive im Sinne der Gewaltenteilungslehre) zur Gestaltung der sozialen Wirklichkeit erlassen wird. Der sachlich-thematische Umfang dessen, was eine Verordnung regeln kann/soll/darf, sowie ihr effektiver Wirkungsbereich sind im internationalen Vergleich sehr unterschiedlich gestaltet. In der Normenhierarchie stehen rechtliche Verordnungen unterhalb der Gesetze (also der Parlamentsgesetze), aber oberhalb von Satzungen und Verwaltungsvorschriften. Zum Teil ist das bundesdeutsche Rechtsnormengefüge geprägt vom quasi-supranationalen, zum Teil quasi-konstitutionellen EU-Recht. In der EU ist eine Verordnung ein Rechtsakt, der nach seiner Verabschiedung in den Mitgliedsstaaten unmittelbar und ohne interstaatliche Variabilität Geltung hat, also nicht wie eine Richtlinie durch die nationalen Parlamente in innerstaatliche Gesetze in Bezug auf die Modalitäten (und damit mit interstaatlicher Variabilität) konkretisierend umgesetzt werden muss.

16 Vgl. Borutta, 2012.

17 Vgl. z.B. Heudorf & Hentschel, 2000, 2002, 2007.

Letztendlich geht es darum, die Regulierung der Hygieneangst sinnvoll im Konzeptrahmen eines Risikomanagements[18] in Wohneinrichtungen zu entfalten.

Ein wenig mehr philosophische Anthropologie (auch für den politischen Realismus) täte demnach im Diskurs Not. Die Kehrseite menschlicher Freiheit ist das Risiko angesichts des Lebens als Wagnis und der Möglichkeit des Scheiterns.[19] Sorge charakterisiert das menschliche Dasein. Das Leben ist ein Wagnis,[20] daher braucht der Mensch »Mut zum Sein«. Daraus ist schrittweise zu schlussfolgern:

1. Daseinsgestaltung ist immer auch Sorgearbeit und Risikomanagement.
2. Auch Politik ist Sorgearbeit im Sinne der Gestaltung des menschlichen Zusammenlebens.
3. Dazu dient das moderne Recht des sozialen Rechtsstaates.
4. Zwischen Freiheit, Sorge, Risiko und Regulierung muss ein verantwortbares Gleichgewicht gefunden werden.

Was muss sich ändern? Auf die Haltung kommt es an! Und das ist möglich: »Das Gehirn ist ein lernendes Organ, das sich das ganze Leben lang weiterentwickelt und jedem ermöglicht, über alle zur Selbstverwirklichung nötigen Fähigkeiten zu verfügen.«[21] Und so gehen wir »vollkommen zu Recht von der Annahme aus, dass das ›Soziale‹ dem Individuum immanent ist.«[22] Verändert werden müssen »die kollektiven Überzeugungen und Gebräuche«, »die die Grammatik der sozialen Beziehungen prägen und das Zusammenspiel der Akteure regeln.«[23]

Am Ende des Tages erweist sich in praktischer Absicht die Frage als von zentraler Bedeutung, wie sich Wahrheit in echten, d.h. in eigentlichen Innovationen ausdrücken mag.

Exkurs: Digitale Robbe Paro oder ein echter Dackel?

An anderer Stelle[24] habe ich mich zu Fragen der Digitalisierung in der Pflege z.B. auch mit Blick auf die Einsetzung von Robotern – wie der Schmuserobbe Paro – problematisierend geäußert.[25] Meine Kritik galt u.a. der überflüssigen Substitution menschlicher Beziehungen durch digitale Techniksysteme. Das gilt auch für

18 Vgl. Blonski, 2014; Paula, 2017; Kahla-Witzsch & Platzer, 2018.
19 Vgl. Schulz-Nieswandt, 2019d.
20 Vgl. Brakensiep, Marx & Scheller, 2017.
21 Ehrenberg, 2019: 400.
22 Ehrenberg, 2019: 400.
23 Ehrenberg, 2019: 403.
24 Vgl. Schulz-Nieswandt, 2020c.
25 Vgl. Schulz-Nieswandt, 2019c; 2019f

die Beziehung zwischen Tier und Mensch, nicht nur im Alter.[26] Die psychologische Forschung hat die Bedeutung von Tieren als Lebenspartner – kulturgeschichtlich ubiquitär – im Alltag vulnerabler Menschen mit Evidenz rekonstruieren können.[27] Ich verweise auf die bahnbrechenden Arbeiten von Erhard Olbrich[28]. Auch in der Demenzversorgung wird dies gezeigt.[29]

Das Thema Mensch und Tier ist heute Gegenstand von »Human-Animal Studies«[30] geworden; eine Fülle von kulturgeschichtlichen Studien[31] veranschaulicht diese Beziehung. Und das Thema kann im Lichte der neuen Anthropologie von Bruno Latour[32] nochmals neu betrachtet werden: Die Tiere, also die Natur, ist nicht (als ein anderes) außerhalb von Gesellschaft und somit als Gegensatz zur Kultur zu betrachten; die Natur ist mit der Kultur verwoben, verschachtelt. So gehören auch Mensch und Tier als ganzheitlich verstandenes Kulturkonzept – normal – zusammen, auch noch im Pflegeheim, in der Hochaltrigkeit. Diese Zusammenhänge sind zu verstehen. Und sie im Zuge einer Ordnung der klinischen Reinheitsregime zu verdrängen, gehört – um an den Titel eines Buches anzuknüpfen – zum ganz normalen Wahnsinn in der Altenpflege.[33] An der materiellen Dingwelt[34] erkennt man die Normalisierung des Wohnens im Pflegeheim. »Woran erkenne ich ein gutes Altenheim?«[35] Sicherlich nicht an den Pflegenoten des TÜV oder an den Messungen des MDK. Die Kontroversen um die Messung von Lebensqualität in der stationären Pflege[36] führt uns zu ganz anderen daseinsthematischen Dimensionen. Warum fällt uns Normalisierung so schwer?

Wo und wie liegt das Problem tief verankert? Die Herrschaft des mentalen Kapitalismus[37], dessen gouvernementale Effektivität infolge der Digitalisierung an-

26 Vgl. z.B. https://www.biva.de/beratungsdienst/tiere-im-pflegeheim/. Oder: »Hunde, Hühner, Alpakas: Weil sie ihren Bewohnern einen Alltag mit Tieren ermöglichen, hat die Bundesarbeitsgemeinschaft der Senioren-Organisationen (BAGSO) drei Pflegeheime mit dem ›GERAS-Preis 2018' ausgezeichnet.« Vgl. www.altenpflege-online.net/Infopool/Nachrichten/Alltag-mit-Tieren-Drei-Pflegeheime-ausgezeichnet (Tag des Zugriffts: jeweils 17. August 2019).

27 Vgl. Poskocil, 2012; Förschler, Keim & Schönhagen, 2019. Auch das KDA war hier am Diskurs beteiligt: KDA, 2007; Olbrich & Jonas, 1998.

28 Vgl. Olbrich & Otterstedt, 2003.

29 Vgl. Wesenberg u.a., 2016; Gottschlich, 2014.

30 Vgl. Kompatscher, Spannring & Schachinger, 2017.

31 Vgl. Meyer, 2014; Oeser, 2017a, 2017b; Grütter & Stottrop, 2019; Brantz & Mauch, 2009; bei der Wieden, 2014.

32 Vgl. Latour, 2009, 2010.

33 Vgl. Triebsch, 2016.

34 Vgl. Löffler, 2014.

35 Graef, 2016.

36 Vgl. Kaltenegger, 2016; Trunkenpolz, 2018; Meyer-Kühling, 2016; Berle, 2015; Schützendorf & Wallrafen-Dreisow, 1991.

37 Vgl. Collier, 2019.

steigt,[38] nehmen wir hin. Aber dort, wo die Authentizität der Lebenswelt gewährleistet werden soll und kann, tun wir uns durch Verrechtlichung und Bürokratisierung als Dimensionen der Regulierung des Lebens schwer. Unser Leben ist durch eine schizoartige Spaltung geprägt: Was wir sein lassen sollten (die Welt des Habens im Modus des Konsumfetischs), zelebrieren wir kultisch; was wir benötigen (Welt des Seins im Modus des gelingenden sozialen Daseins), vernachlässigen wir und grenzen es aus. Die analytischen Perspektiven im Hintergrund – die Schizoanalyse des Kapitalismus wie die alte (kulturtheoretische [wie bei Romano Guardini oder Gabriel Marcel] bzw. [wie etwa bei Erich Fromm] tiefenpsychologische) Kritik von {Haben oder Sein} – machen deutlich: Zielkonflikte mit Hygieneregimen können sich auftun. Aber Normalisierung bedeutet: Heimat wie zu Hause, wie früher in der privaten Häuslichkeit, mit Vögeln, Kaninchen, Hunden, Katzen, im Garten (sogar in der Stadt wie in Bochum-Wattenscheid) mit Ziegen und Hühnern. Warum ist Normalisierung so schwer zu verstehen? Die verrückte – entfremdete – Normalität der habitualisierenden Kommerzialisierung[39] des Alltags der Menschen in Arbeit, Wohnen, Verkehr, Konsum durch die Analyse im Horizont der Deutung {Haben versus Sein} mag angestaubt wirken; sie drängt sich mir aber auf, wenn ich beobachte, welche sozialen Praktiken uns in dem beschriebenen sozialen Feld begegnen.

Zurück aus dem Exkurs.

Und es stellt sich die Frage, wie die Skalierung des »Eigentlichen« möglich ist. An anderer Stelle hatte ich die Frage in grundsätzlicher Weise bereits gestellt.[40] Für die Skalierung der Innovativität von sozialen Innovationen in den verschiedenen sozialen Feldern entlang der Entwicklungsaufgaben im Lebenslauf ist diese Metaphysikbedürftigkeit der Sozialpolitik und der sozialreformerischen Hermeneutik der sozialpolitischen Befunde empirischer Forschung zu betonen. Erst im Lichte einer in der Metaphysik des Daseins fundierten philosophischen Anthropologie der menschlichen Person können die Befunde der Erfahrungswissenschaften bedeutungsvoll zu uns sprechen; erst so können wir sie sprechen lassen. Es geht um die Bedeutung der Erfahrung von Befunden, die auf Ereignissen beruhen. Die empirische Wahrheit der Befunde ist der Skalierung durch die Wertestruktur der ontologischen Wahrheit der Personalität bedürftig. Der Fortschritt der Erkenntnis liegt in der Reflexion der Differenz zwischen Befunden und der Idee der Formwerdung der Wahrheit des Daseins als fundamentales Entfremdungsproblem der Existenz, dort, wo die soziale Gerechtigkeit (§ 1 SGB I im Lichte von Art. 1 GG [bzw.

38 Vgl. Buhr, Hammer & Schölzel, 2018.

39 Vgl. Niephaus, 2018; Novy u.a., 2019. Vgl. auch Valderrama, 2020.

40 Vgl. Schulz-Nieswandt, 2019g.

der *Dignity* in den UN-Grundrechtskonventionen[41]] mit Blick auf die Gewährleistungspflichten des sozialen Rechtsstaates[42], auch des EUV/AEUV) verfehlt wird.

Es gilt daher insgesamt gesehen: Wir benötigen einen Diskurs zu diesen Fragen. Kritische Kulturwissenschaften haben das Thema der »Regierung der Gesundheit«, wie es im Diskurs oftmals heisst[43], explizit gemacht. Der Diskurs muss vorangetrieben werden. Das kritische Engagement[44] in dieser Diskussion muss dabei von Anbeginn an die Ergebnisoffenheit akzeptieren. Aber die Rechtsregime und die Fachpolitik müssen sich fragen lassen, auf welche soziale Wirklichkeit sie sich beziehen.[45]

Nochmals, auch um am Ende nicht falsch verstanden zu werden: Bleiben wir im Rechts-, Kultur- und Wirtschaftsraum der Europäischen Union als Werteunion:[46] Wer Hospitäler in Griechenland und Altenpflegeheime in Bulgarien und Rumänien kennt, wird das Problem von Hygieneregulierung kaum verharmlosen können.[47]

41 Vgl. Schulz-Nieswandt, 2016a.

42 Der soziale Rechtsstaat soll existenziell wichtige Güter und Dienstleistungen als Infrastruktur der Sorgearbeit des Alltagslebens und des Wirtschaftens garantieren, allerdings hierzu nicht unbedingt selbst Akteur der Sicherstellung sein. Fundamentaler Akteur der Zivilisierung der bürgerlichen Gesellschaft und ihrer liberalen Demokratie ist der Rechtsstaat. Der Sozialstaat ist die materielle Form, die er annehmen kann und im Völker-, Europa und bundesdeutschen Verfassungsrecht annimmt. Der soziale Rechtsstaat hat die Sozialschutzsysteme und die Dienstleistungen von allgemeinem öffentlichen Interesse im Sinne der Daseinsvorsorge in Bezug auf die Infrastruktur (Energie, Verkehr, Telekommunikation, Wasser bzw. Abwasser, Abfall, Kredit- und Geldwirtschaft, aber auch Wohnen, Gesundheit, Pflege, Bildung sowie höhere Kultur etc.) zu gewährleisten: Er ist Gewährleistungsstaat. Weitere Vertiefung: Gewährleistung und Sicherstellung können aber auseinanderfallen. Wie er die Sicherstellung durch Regime der Gewährleistung verwirklichen will, verweist auf verschiedene mögliche institutionelle Arrangements, deren Design ausgestaltet werden kann. Der Staat kann unmittelbar selbst in die Sicherstellungsrolle mithilfe öffentlicher Einrichtungen und Dienste im Unternehmerstatus oder im Verwaltungsstatus (Inhouse-Prinzip) eintreten (z.B. Stadtwerke, öffentliches Bildungswesen, öffentliches Gesundheitswesen) oder die Leistungserbringung öffentlicher Güter delegieren. Nach europäischem und bundesdeutschem Recht delegiert (Ausschreibung nach obersten Rechtsprinzipien der Gleichbehandlung und Transparenz, Betrauung gemäß regulativen Vorgaben etc.) der soziale Rechtsstaat als Gewährleistungsstaat an Quasi-Märkte des Wettbewerbs zwischen verschiedenen Unternehmenstypen inkl. des Dritten Sektors (im Rahmen des Wohlfahrtspluralismus), reguliert und finanziert (voll oder teilweise) aber die Leistungserbringung.

43 Poczka 2017; Lengwiler & Madarász, 2010.

44 Vgl. die differenzierten Überlegungen bei Hampe, 2009.

45 Diese Überlegungen sind vor dem Hintergrund einer ausgeprägten Theorieschwäche und einer wissenschaftstheoretisch mangelhaften Selbstreflexion der Pflegewissenschaften zu verstehen. Dazu auch Brandenburg, 2019.

46 Vgl. Schulz-Nieswandt, 2012b.

47 Vgl. Ingensiep u.a., 2016.

Die gestellten Fragen sind nicht trivial. Doch müssen wir die Grammatik (die Regelsysteme der Kultur der Regulierung des Wohnens im Alter) hinterfragen dürfen – oder? Es geht nicht um verantwortungsloses Qualitätsdumping. Es geht um den Abbau von Überregulierungen und Bürokratisierungen des normalen alltäglichen Wohnens alter Menschen.

12. Entdichtung – eine wohnpolitische Alternative

Eine Studie zum agroökonomischen Komplex der staatlich kontrollierten Urbanität im Forschungskontext zur sog. neolithischen Revolution[48] von Scott[49] machte deutlich, welche Bedeutung Epidemien im Kontext der urbanen Wohnverdichtung (und i. V. m. der Tierhaltung und dem künstlichen Getreideanbau) – in der »Siedlungsgemeinschaft«[50] – hatten. Heute können wir sogar die Mindestbevölkerungsdichte definieren, die dafür sorgt, dass die Infektionsgefahren nicht eliminiert werden können.

Diese Befunde regen mich an, im Diskurszusammenhang zur weitgehend noch unerfüllten Idee der Differenzierung der Wohnformen im Alter, wie sie nachhaltig vom KDA eingefordert wird, vor dem Hintergrund der Deinstitutionalisierungsdebatten nach entdichteten Wohnformen im Kontext von Pflegebedürftigkeit nachzudenken.

Die Hygieneangst ist insofern allerdings auch eine endogene Folge der kostenoptimalen Architekturwahl[51] von Betrieben[52], die Economics of Scale und Scope realisieren wollen. So wie DRG-Regime[53] im Akutkrankenhaus Hochhäuser mit zentraler Liftlogistik benötigen, sind Heime nicht primär Wohnorte, sondern Versorgungs- und Behandlungsbetriebe mit angehängten Sekundärfunktionalitäten: Wohnst du nur oder lebst du auch?[54] Sicherlich sind die Einrichtungen auch Gefangene eines sozialen Wandels. Die Ambulantisierung der privaten Häuslichkeit – und sei es die »polnische Lösung«[55] – hat das Eintrittsalter in die Heime nach oben geschoben und die sog. Verweildauer im Heim im Durchschnitt reduziert. So kristallisieren sich Signaturen gerontopsychiatrischer und palliativer Denominationen der Einrichtungen im Wandel heraus. Und dennoch

48 Vgl. Parzinger, 2014.
49 Vgl. Scott, 2019.
50 Müller, 2010.
51 Vgl. Haltaufderheide, Otte & Weber, 2019.
52 Vgl. Radzey, 2014.
53 Vgl. Dieterich u.a., 2019.
54 Vgl. Albrecht, 2017.
55 Vgl. insbesondere Kniejska, 2016. Hier geht es im ambulanten Feld privater Häuslichkeit ebenso um »Ent-Sorgung« (Apitsch & Schmidbauer, 2010). Vgl. ferner Lutz, 2018, sowie Karakayali, 2010.

bleibt ein Heim – auch mit Hospizaufgaben und als Ort des Lebens mit Demenz – ein Wohnort, keine Spezialklinik des letzten Lebensjahres. Demenz ist normal; das Sterben und der Tod sind es auch. Insofern geht es um Formen normalen Lebens, d.h. darum, »[i]n Ruhe verrückt werden dürfen«[56]. Wer Normalität mit Gesundheit und Produktivität verknüpft, meint relativ sorglose Bequemlichkeit, wo alles seinen Lauf nimmt: der funktionsfähige Alltag, ohne Sand im Getriebe des Maschinenraums der Wirtschaftsgesellschaft. So funktioniert dann auch die Nase, als biologisches Organ kulturell codiert und sozial überformt: Im Pflegeheim riecht es nach antizipierbarer Verwesung. Vielleicht wäre eine »holländische Lösung« wegweisend: Wenn alles kifft, riecht es doch schon ganz anders angenehm. Kiffende Alte im Heim: ein echtes Szenario der Normalisierung. Man soll ja nicht immer alles wörtlich nehmen, sondern den Sinn – die Botschaft (eventuell »zwischen den Zeilen«) – verstehen lernen. Aber ein Bierkeller oder eine Bar wäre im Heim doch zu erwägen. Dann finden in antiker Tradition Symposien der gerontokratischen Schicht der Polis statt. Dann wären die Pflegekräfte auch nicht nur »Urinkellner«, wie sie zum Teil in verachtender Weise betitelt werden, während die Krankenschwester in dieser Weltsicht nach wie vor wohl den Arzt heiratet.[57]

In lokal sorgegemeinschaftlich vernetzter Häuslichkeit, in freien Wohngemeinschaften oder in Hausgemeinschaften könnten sich die oben diskutierten Hospitalisierungsprozesse eventuell leichter realisieren lassen als im baulichen und lebensweltlichen Architekturkontext klassischer Heimtypen.

Exkurs: KDA-Typus »Wohnen 6.0«

Es muss radikaler als bislang über die Pflegepolitik nachgedacht und diskutiert werden. Keine Finanzierungsreform ohne Reform der Strukturen, für die Geld ausgegeben werden soll. Dabei muss es um die Förderung der Lebensqualität der Menschen mit Pflegebedürftigkeit gehen, auch um die Belastungssituation der sozialen Netze dieser betroffenen Menschen. Die Finanzierung neu strukturierter Pflegeversorgungslandschaften muss sich an die Bildung integrierter Sozialräume knüpfen, womit die Wohnarrangements, ihre Barrierefreiheit bzw. -armut sowie die für die Teilhabe konstitutiven Mobilitätschancen in das Zentrum der Betrachtung rücken. Über die neuerdings diskutierten »stambulanten« Formen der Pflege hinaus zeigen die ersten Überlegungen des KDA mit Blick auf das Konstrukt »Wohnen 6.0«, dass die Visionen in eine Richtung weisen, die mit »ambulant vor stationär« gar nicht mehr zu fassen sind. Es zeichnet sich der Bedarf

56 Schützendorf & Wallraffen-Dreisow, 1991.

57 Vgl. Panke-Kochinke, 2018.

ab, das Ordnungs-, Leistungs- und Vertragsrecht anzupassen. Die Sektorengrenzen lösen sich in dieser Vision auf; die Strukturen verflüssigen sich. Es handelt sich um den Typus des Cluster-Wohnens: Ein Wohngebäude oder eine Streuung verschiedener Wohngebäude verschiedener Art wird bzw. werden durch verschiedene pflegerische und soziale Dienstleistungen professioneller und informeller Art im Hilfe-Mix (einschließlich digitaler technischer Unterstützungssysteme) als vernetzter Sozialraum im Quartier versorgt. Diese neuen Strukturen werden die Kooperation geteilter Verantwortlichkeiten in einem Netzwerk mit einer zentralen Kümmererfunktion benötigen. Es geht also um den Aufbau von Caring Communitys. Der § 3 SGB XI (»ambulant vor stationär«) ist wohnmorphologisch überholt.

Es geht um Formen im Da-Zwischen, zum Teil als »Stambulantisierung« bezeichnet, zum Teil als hybride Gebilde. Die Vielfalt des Wohnens im Quartier mit medizinischem, pflegerischem und sozialem Dienstleistungsbedarf muss sozialraumkapitalbildend nachhaltig, hochvernetzt von einer gemeinsamen Versorgungsverantwortung des Quartiers, quasi als Hilfegenossenschaft, getragen werden.

Zurück aus dem Exkurs.

Zu betonen ist die Ankerfunktion der Mikrowelt des Wohnens des mit seiner Umwelt in Wechselwirkung stehenden Menschen: Die Umwelt wirkt auf den Menschen ein; der Mensch wirkt auf seine Umwelt ein. »Wohnbilder sind Seelenbilder«: Wohnen hat Ausdruckscharakter. Das Wohnen drückt die Selbstkonzeption des Menschen aus. Wohnen hat eine fundamentale Bedeutung für die seelische und soziale Einbettung und Geborgenheit, für die Persönlichkeitsentwicklung und letztendlich für die Lebensqualität des Menschen im Lebenszyklus.

Zu beachten ist die Bedeutung der Mesowelt des Wohnumfeldes des Menschen mit Blick auf die notwendige Versorgung, z.B. durch soziale Dienste (Richtungsdynamik: von außen nach innen) und mit Blick auf die Öffnung zur Teilhabe (Richtungsdynamik: von innen über die Türschwelle nach außen). Es geht also nicht nur um das Wohnen, sondern aus dem Wohnen heraus auch um die Mobilität als Teilhabe an der Makrowelt der regionalen und transregionalen Möglichkeitsräume, vor allem mit Blick auf die existenziell notwendige Infrastruktur.

Der Beginn der Sesshaftigkeit des Menschen in der frühen Kulturgeschichte brachte die Notwendigkeit der Ordnung der Freiheit als Regelung des sozialen Miteinanders in der Dichte des Zusammenlebens hervor. Der Mensch gibt sich wirtschaftliche, soziale, politische, moralische, ästhetische Ordnungen, Ordnungen des Zusammenlebens der Geschlechter und der Generationen etc. Er baut sich wohnend ein in die Weite der offenen Räume. Aber gelingt ihm auch die humangerechte Gestaltqualität des Wohnens?

Entscheidend auch für die aktuelle Situation der modernen Gesellschaft sind nach wie vor die Strukturwerte der »Sattelzeit« der Moderne von 1789: Freiheit (der persönlichen Entwicklung), Gleichheit (der Chancen zur Freiheit) und Solidarität (zur Ermöglichung dieser Chancengleichheit der Freiheit). Vor diesem Hintergrund ist Inklusion (statt Exklusion) im Sozialraum des Quartiers zu verstehen als Idee der selbstständigen Selbstbestimmung im Modus der Teilhabe am Gemeinwesen. Das ließe sich mit ausgeprägter Stimmigkeit über alle Ebenen des Grundrechtsdenkens des Völkerrechts der Vereinten Nationen, des Grundrechtsdenkens der Unionsbürgerschaft der Europäischen Union, der Fundamentalartikel des deutschen Grundgesetzes (Art. 1 und 2 sowie 20 GG), im System der Sozialgesetzbücher (vgl. § 1 SGB I) und in der Rechts- und Verordnungsbildung im Rahmen der Eigengesetzlichkeit der Länder (z.B. der WTG) nachzeichnen.

Das nach wie vor aktuelle Problem der (De-)Institutionalisierung »totaler Institutionen« (Heimstrukturen) ist nicht reduzierbar auf eine Wohnformenwahlfrage. Die Heimübersiedlung sollte, wo immer möglich, vermieden werden, denn die traumatisierenden Probleme des personalen Erlebnisgeschehens der Heimübersiedlung sind bekannt.

Institutionalisierung ist jedoch eine Frage der Kultur der sozialen Interaktion: Bevormundung statt Selbstbestimmung sowie Ausgrenzung vom normalen Leben im Gemeinwesen statt Teilhabe an diesem kann in allen Wohnformen geschehen, nicht nur im Heim. Ausgrenzung und Vernachlässigung als Formen »struktureller Gewalt« können in jeder Wohnform stattfinden.

Und dennoch: Das Dominanzmuster des dichotomen Wohnspektrums entweder einerseits private Häuslichkeit oder andererseits das Heim – muss zugunsten eines ausdifferenzierten Kontinuums von unterschiedlichen Wohnformen überwunden werden. Die immer noch eher randständige Bedeutung alternativer Wohnformen (Hausgemeinschaften, Wohngemeinschaften und andere Formen gemeinschaftlichen Wohnens, Formen des betreuten Wohnens[58] etc.) muss überwunden werden. Insbesondere ist auf die Dynamik der Tagespflege zu verweisen; ebenso ist auf andere hybride Gebilde (weder ambulant noch stationär) hinzuweisen. Als kulturelle Veränderung der Heime ist deren Öffnung zum Sozialraum einzufordern. Der interne Einbau alltagssimulierender Wohngemeinschaften in Heimstrukturen gehört ebenso zu dieser Veränderung der Heimwelten.

Die Präferenz für die private Häuslichkeit (vor allem in der Hochaltrigkeit) hat auch Risiken: Netzwerklosigkeit gefährdet die teilhabende Selbstbestimmung und Selbstständigkeit. Netzwerkmangel oder gar Netzwerklosigkeit ist die wichtigste Ursache für die in der Regel nicht erwünschte Heimübersiedlung. Hier kristallisiert sich die Idee der Caring Communitys (vgl. 7. Altenbericht zu den sorgenden lokalen Gemeinschaften[59]) heraus. Weit über Familie und Verwandtschaft, Partnerschaft und Freundschaft hinaus geht es um die Entwicklung achtsamer Nach-

58 Vgl. Boggatz, 2019.
59 Vgl. Klie, 2019.

barschaften[60] und Hilfe-Mix-Lösungen für die hilfebedürftigen Mitmenschen im Rahmen der Gewährleistung sozialer Infrastrukturen im kommunalen Raum. Das genau meint Sozialraumorientierung.

Eine riesige Herausforderung[61] stellt der Wandel in der Situation urbaner und ländlicher Räume dar: Es zeichnet sich ein gesellschaftspolitisches Gestaltungsproblem für die kommunale Daseinsvorsorge im Lichte der Norm der Gleichwertigkeit der Lebensverhältnisse im Raum[62] ab.

Zu thematisieren sind die Potenziale genossenschaftlicher Lösungen (mit oder – als e. V. – ohne Rechtsform der eG). Das ist die einzelwirtschaftliche Sicht auf Gebilde wie z.B. Seniorengenossenschaften. Die Gemeinde als Ganzes ist aber genossenschaftsartig zu verstehen: Die Kommune als Sozialraum muss selbst als Hilfegenossenschaft der Bürger begriffen werden. Genossenschaftliche Einzelgebilde (z.B. Seniorengenossenschaften[63]) sind dann Teil dieses Sozialraumbildungsgeschehens.

Das genossenschaftliche Formprinzip (Gegenseitigkeitsselbsthilfe, Selbstorganisation und Selbstverwaltung) ist besonders passungsfähig zum Wesen der menschlichen Daseinsführung. Achtsame Nachbarschaft (weit über die Grenzen von Familie und Verwandtschaft hinaus als *philia* gedacht): Die Ordnung des Gemeindelebens muss wieder (nicht im Sinne der Rechtsform des Genossenschaftsgesetzes, des GenG) als genossenschaftsartiges Sozialgebilde verstanden und erlernt werden. Auch einzelwirtschaftliche Gebilde der eG oder aber auch z.B. Seniorengenossenschaften in der Form eines eingetragenen gemeinnützigen Vereins (e. V.) können hier eine Rolle spielen. Insgesamt geht es aber um die kulturelle Grammatik des sozialen Miteinanders: um Geben und Nehmen, also um die Gegenseitigkeitshilfe; selbst organisierte Selbsthilfe in Selbstverwaltung als Moralökonomik der Bedarfsdeckung. Auch hier bleibt im Hintergrund die Notwendigkeit professioneller sozialer Infrastruktur im sozialen Rechtsstaat als föderalem Gewährleistungsstaat bestehen und betont.

Doch sieht es mit der »Abschaffung« der Heime schlecht aus. Wartezeiten prägen die Situation. Angehörige[64] sind verzweifelt, denn sie wissen nicht, wie sie, z.B. im Kontext der Krankenhausentlassung, die mit dem Erwerb eines Pflegegrades bzw. bleibender Behinderung verbunden ist, die »sonderwohnformbedürftigen«, weil besonders intensiv und komplex hilfebedürftigen Mitmenschen unterbringen können. Zwar gibt es teilräumliche Situationen mit unterausgelasteten Kapazitäten, aber in der Regel indizieren Wartezeiten einen Angebotsmangel. Die Zahl der pflegebedürftigen Menschen steigt aufgrund des demografischen Wandels und

60 Vgl. Fromm, 2019.
61 Vgl. Königshofe, 2015.
62 Vgl. Schuppli, 2016.
63 Vgl. Köstler, 2018.
64 Vgl. Gröning u.a., 2012.

des Wandels des Krankheitspanoramas und der funktionellen Beeinträchtigungen; Netzwerke und somit die sozialen Unterstützungssysteme sind ausgedünnt oder nicht belastbar; technische Hilfesysteme können als Prothesen helfen, müssen aber dennoch als Teil in funktionsfähige soziale Systeme eingebaut werden. Es gibt erzählbare Geschichten, die dem viel zitierten »Pflegenotstand« ein Gesicht bzw. viele Gesichter geben; sie sind durchaus geprägt von sozialen Dramen und individuellen Tragödien.

Erinnern wir uns nochmals an die Grammatik kultureller Praktiken einer binären Ordnung: Der Innenraum der Insider der »Normalen« als Ort der Reinheit stellt sich ausgrenzend auf gegenüber dem Außenraum der »Anormalen« als Outsider vor den Toren des Übergangsraums, organisiert von Angst und Ekel (als »apotropäische Hygieneangst«) der Insider des Innenraums der »Normalen«. Dem ist die Idee der inklusiven Kommune entgegenzuhalten: Inklusion und die Sozialraumentwicklung im Quartier einer inklusiven Gemeinde erfordern, psychologisch gesehen, eine Arbeit am eigenen Selbst im Sinne einer personalen Reifung durch Selbsttranszendenz als Öffnung hin zum vulnerablen Mitmenschen. Die Grammatik (der sozialen Regeln des Zusammenlebens) verschiebt sich von einer Insider-Outsider-Ordnung zu einer Öffnung zum Außenraum des Leidens hin.

Die nachhaltige Einbettung individueller Sorgearrangements primärer Vergemeinschaftungsformen wie die der Familie in lokale Sorgegemeinschaften im erweiterten Kontext regionaler Pflegelandschaften als Gewährleistungsaufgabe der in die Landespolitik eingefügten, kommunalen Daseinsvorsorge wird hier in das Zentrum der Entwicklungsaufgaben der Gesellschaftspolitik gerückt.

Diese Idee der Sozialraumbildung als Vernetzungsarbeit im Rahmen der Daseinsvorsorge muss jetzt noch mit Blick auf das Wohnen fortgedacht werden. Es geht um die Entwicklung einer Landschaft differenzierter Formen des Wohnens von Menschen mit Hilfe- und Pflegebedarf, eingebettet in lokale, sorgende Gemeinschaften (Hilfe-Mix) im Wohnumfeld und wiederum eingebettet in regionale, professionelle Infrastruktur (Einrichtungen und Dienste von Cure und Care sowie Systeme der Mobilität durch Verkehrswesen).

Einerseits (Mythos der heiligen Ordnung der Autonomie in privater Häuslichkeit) durchaus auch an die Prekaritätspotenziale isoliert-individueller Lebensführung (Probleme möglicher Vereinsamung, Unterversorgung, Sturzgefährdungen, Verwahrlosungserscheinungen, fehlender Aktualgenese [weiteres Wachstum und Werden der Person auch im hohen Alter] durch aktivierende Umwelten und Angebote zur Generativität [eine bedeutsame Rolle im sozialen Miteinander spielen] usw.) erinnernd, zeigt sich die Notwendigkeit, einen höheren Grad der Inklusion durch die gleichzeitige Steigerung korrelativer Grade der bedingten[65] Autonomie

65 Personalität bezieht sich auf das Gelingen des Daseins als ein »gutes Leben«. Die Idee ist als zwei-dimensionaler Vektorraum von Autonomie und Partizipation zu verstehen. Doch im

und der Teilhabe als Partizipation im Gemeinwesen zu erwirken, indem der Versorgungsanteil der Settings stationärer Langzeitpflege reduziert (nicht vollständig »abschaffend«) wird zugunsten der Entwicklung des breiten Spektrums hybrider Formen des Wohnens (»weder ambulant noch stationär«). Dabei soll gleichzeitig die Versorgungskultur der Heime (H) fortentwickelt werden zu einer neuen Generation der Heime* (H*).

Deskriptiv ist zu konstatieren:

$H \neq H^*$;

normativ-skalierend ist zu konstatieren:

$H^* > H$.

Hierbei geht es um Prozesse der Normalisierung des Wohnens im Heimsetting, wozu die Öffnung der Heime (Sozialraumorientierung) und die interne Normalisierung des Wohnens (Haustierhaltung, Gartennutzung, normale Hygienestandards etc.) gehören. Betont wird die aktivierende Atmosphäre.

Die Alternative zum Heim ist also die im Sinne von Hilfe-Mix-Arrangements nachhaltig vernetzte Lebenswelt privater Häuslichkeit. Dies wird vor allem seit dem 7. Altenbericht als lokale, sorgende Gemeinschaften bezeichnet. Es ist das, was Klaus Dörner[66] immer schon eingefordert hat. Es ist kein Vorwurf der sozialen Romantik, der seine Idee relativiert. Es sind die aspektenreichen Schwierigkeiten auf dem Weg dorthin, zur Sozialraumbildung: Nichts ist wichtiger als soziale Netzwerke, aber nicht ist schwieriger als Netzwerkbildung und Netzwerkkontinuität, ihre nachhaltige Verlässlichkeit und Belastbarkeit. Das hat vielfache Gründe. Diese Sozialraumbildung als Alternative zur klassischen Heimstruktur beinhaltet komplizierte soziale Lernprozesse.[67] Sie indiziert eine neue, inklusive Zumutbarkeitskultur des sozialen Zusammenlebens mit dem *homo patiens*. Vor allem sind unsere Arbeitswelt und ihre Genderordnungen[68] nicht darauf passend zugeschnitten.

Verlauf des von Endlichkeit geprägten Lebenszyklus bis in die Hochaltrigkeit hinein kommt ebenso die Sorgeabhängigkeit als Funktion der existenziellen Vulnerabilität menschlicher Kreatürlichkeit zum Ausdruck. Dies gehört zum notwendigen Realismus in Bezug auf die normativ-rechtlichen Vorgaben der Werte der Selbstständigkeit und Selbstbestimmung sowie der Teilhabe. Zu betonen sind daher 1) die Relativität der Autonomie (der Mensch ist nicht in absoluter Unbedingtheit frei), 2) die Kontextualität der Autonomie (der Mensch steht immer in Wechselwirkung mit seinen Umwelten, in die er gestellt ist) sowie 3) die Relationalität der Autonomie (der Mensch lebt als Individuum immer eingelassen in soziale Beziehungen). Vgl. auch Agic, 2003.

66 Vgl. Dörner, 2015, 2012, 2014.

67 Dazu auch Rosenfeld, 2020.

68 Biologische Geschlechtsunterschiede werden durch kulturelle Praktiken zu sozialen Ordnungen der Ungleichheit (Unterdrückung, Ausbeutung, Ausgrenzung) genutzt. Genderordnungen sind kulturell codierte soziale Praktiken der Konstruktion von Geschlechtermerkmalen.

Es sind die ökonomischen Regime – vor Jahrzehnten wurde dieser Diskurs als Modernisierungstheorie geführt – und ihre Erosionswirkungen auf die Lebenswelten, die Barrieren einer neuen Kultur des Pflegens und Helfens (wie es im SGB XI lautet) darstellen. Nennen wir diese ökonomischen Restriktionen analytisch treffend beim Namen: Es sind die Eigenschaften des Turbokapitalismus 4.0. Der Turbomotor verweist uns auf die neueren Debatten um die Beschleunigung.

Aber damit wird man auch noch einer anderen Determinante der Pfadabhängigkeit eines kaum abbaufähigen Heimsektors auf der Spur sein. Es ist eine letztendlich sehr sichere, renditeorientierte Kapitalanlagemöglichkeit, denn im deutschen Rechtsrahmen der bedingten, weil auf individueller Bedürftigkeitsprüfung basierenden Sozialhilfe (hier jetzt nicht das SGB II, sondern das SGB XII betreffend) ist in der subsidiären Mischfinanzierung aus SGB XI, privatem Einkommen und Vermögen und eben der Sozialhilfe das Investitionsrisiko relativ gering. Dennoch drängt das willige Anlagekapital auf Entbürokratisierung und Deregulierung. Diesbezüglich ist die Problematik sehr gemischter Natur: Gute Gründe sind anzuführen, aber eben auch die Neigung zum Qualitätsdumping. Der Fachkräftemangel – selbst eine explikativ höchst komplexe und normativ keineswegs mit wissenschaftlicher Evidenz eindeutige Geschichte – spielt dieser Neigung in die Hände.

Kraft seiner Kapitalakquisekompetenz rühmt sich der privatwirtschaftliche Sektor als Retter angesichts des Pflegenotstands in einer Welt der Warteschlangen. Jede Kritik am Renditestreben im Pflegefeld wird als sozialistischer Angriff auf die freie Welt der effizienten Ressourcenallokation persifliert. Damit kommen auch die anhaltenden, wenngleich nicht zur ideologischen Hegemonie und Diskursdominanz reifenden Bestrebungen zu regionalen Pflegestrukturplanungen, die den Rahmen abgeben für die Bildung von lokalen, sorgenden Gemeinschaften im Zuge der Sozialraumöffnung der Heime oder gar ihres kapazitären Rückbaus, an ihre Grenzen.

So wundert es nicht, dass die sog. alternativen Wohnformen – freie Wohngemeinschaften oder Hausgemeinschaften – derzeit nur einen kümmerlichen Markt-

---

Diese konstruktivistische Sicht basiert auf der Unterscheidung von Sex (im biologischen Sinne) und Gender (im kulturwissenschaftlichen Sinne von Identitäts- und Rollenzuschreibungen). So spielt z.B. die Mütterlichkeitsrollenzuschreibung in der weiblich dominierten Pflege eine wichtige Rolle im Verständnis der Versorgungsprozesse. Maskulinitätsbilder dominieren eher die heroische Aura der Medizin, auch dann, wenn es Ärztinnen sind. So erklärt sich der demenzkranke Mensch als Störfaktor im Akutkrankenhaus zum Teil aus dem Heldenmythos der sog. *Alpha*-Kampf-Kultur im OP (Metapher des Drachentöters im Kampf mit dem Tod) oder aus der Ingenieursmentalität (der Metapher) des Maschinenbauers (»kaputte Maschine wieder reparieren«). Hier spricht die Forschung von einem Programmcode der Akutmedizin. Hier kristallisiert sich die bedeutsame, binär definierte Differenz von Cure und Care heraus. Oder gerade auch mit Blick auf die Alter(n)sbilderforschung spielt die Berücksichtigung von Genderordnungen eine wichtige Rolle.

anteil von unter zwei Prozent haben. Die Welt der Pflege oszilliert zwischen einerseits überforderter Privathäuslichkeit, dort durchaus auch von Gewalt, Einsamkeit und Verwahrlosung geprägt, und andererseits traditionellen Heimstrukturen, die zwar nicht mehr vollständig im älteren Modell der »totalen Institutionen« abzubilden sind, aber sich schwertun mit der Sozialraumöffnung und noch schwerer tun mit ihrer intrinsisch oder extrinsisch motivierten Abschaffung.

13. Gute Pflege basiert auf einem personalistischen Menschenbild

Eine Reform der Pflegepolitik bedarf der Reflexion der Frage, wie die Menschen miteinander leben wollen. Es geht um das Verhältnis von Ideen und Interessen.

Deshalb müssen die durchaus legitimen (ökonomischen) Interessen und die oftmals an sie gekoppelten, strukturkonservativen Pfadabhängigkeiten (nur keine Experimente, alles soll so bleiben, wie es bislang war) zurückgestellt werden. Es muss über Ideen nachgedacht werden: Ideen bahnen die in die Zukunft weisenden Korridore (Entwicklungsräume), in denen die Interessen sodann wirksam werden können. Die Frage ist zu stellen: Für was und wie soll Geld verdient werden? Nur so wird ein ehrlicher – authentischer – Reformdialog möglich.

In welcher Gesellschaft wollen wir eigentlich leben? Wie soll die Kultur des sozialen Miteinanders aussehen? Wie gestalten wir das Miteinander der Generationen, der Geschlechter und wie gehen wir mit dem (sehr) hohen Alter in seiner ausgeprägten Vulnerabilität um?

Ankerfunktionen des KDA-Denkens bilden die Gestaltung der Wohnformen und die Gewährleistung der wohnumfeldorientierten Mobilität. Damit rückt die Sozialraumbildung in das Zentrum der Reformideenentwicklung. Es geht um die Daseinsgestaltung im Lichte der Frage, ob den Menschen im sozialen Miteinander das Leben gelingt.

Welches Menschenbild liegt diesem Blick, dieser Blickweise auf das Thema, zugrunde? Was ist das Menschenbild unserer Rechtsregime?

Es ist selbstverständlich, dass in einer modernen, liberalen Gesellschaft die Freiheit des Menschen (als Grundrecht der freien Entfaltung der Persönlichkeit [Art. 2 GG] im Lebenszyklus vor dem Hintergrund der Würde der Person [Art. 1 GG]) im Mittelpunkt steht. Diese Idee der Würde sollte uns »heilig« (der Sozialphilosoph und Soziologe Hans Joas spricht von der »Sakralität der Person« und das UN-Völkerrecht sagt: »dignity is inherent«) – sein. Aber Art. 2 GG argumentiert ergänzend, dass diese Grundrechtsfreiheit nicht sittenwidrig sein darf. Hier steht das Sittengesetz[69] der praktischen Philosophie (Ethik) von Kant Pate: Das

69 Tue nichts, von dem du willst, dass man es dir antut: eine uralte Vorläuferfigur des Sittengesetzes von Kant. Im Alltag: Versetz‹ dich doch mal in meine Lage, um zu verstehen, was du mir

gleiche Grundrecht Dritter, also der anderen, darf durch das Freiheitsstreben der Person nicht verletzt werden. Wir müssen uns alle gleich frei entfalten können. Das Menschenbild des Grundgesetzes ist kein individualistisches, sondern ein *personalistisches* Bild von der »Natur« des Menschen: Freiheit setzt Rücksichtnahme auf die Freiheit anderer Personen in der Rolle des von meinem Handeln betroffenen Mitmenschen voraus. Es geht auf der Basis der Empathiefähigkeit also um Rücksichtnahme. Das Sittengesetz von Kant vor dem Hintergrund des kategorischen Imperativs, dem zufolge der Mensch immer nur Selbstzweck und nie instrumentalisiert/funktionalisiert für partikulare Interessen ausgebeutet werden darf, ist identisch mit dem Pareto-Kriterium in der Wohlfahrtsökonomik (vgl. Anhang 4): Negative Externalitäten (soziale Kosten des individuellen Handelns), also die Nutzenmaximierung dergestalt, dass dadurch ursächlich das Wohlergehen Dritter verletzt wird, sind normativ unzulässig. Vorzugswürdig sind (im Sinne der Rechtsphilosophie von John Rawls) *Win-win*-Ergebnisse. Man könnte hierbei von einem inkludierenden Sog-Effekt sprechen. Die Präambel des EUV drückt dies aus und formuliert dies zugleich vor dem Hintergrund einer Differenz von ökonomischem und sozialem Fortschritt.

Freiheit setzt demnach die gleiche Chance aller Gesellschaftsmitglieder zu eben dieser Freiheit voraus. Diese Gleichheit der Chancen (nicht der *Ex-post*-Wohlfahrtsergebnisse *[welfarism]* im Lebenslauf, was Egalitarismus als Gleichverteilung bedeuten würde, sondern [im Sinne von *Capability*[70] bei A. Sen und M. Nussbaum] der *Ex-ante*-Befähigung[71]) setzt aber eine Solidaritätslogik des umverteilenden Wohlfahrtsstaates als kulturelle Überformung und soziale Einbettung der Marktgesellschaft und ihrer Leistungs-Arbeits-Ethik voraus.

antust! Sieh‹ es doch mal mit meinen Augen! Du bist ein Narzisst, ein sozialer Autist! Selbstverliebt, unsensibel! Die Fähigkeit zum Perspektivenwechsel ist gefragt. Dann wird Selbstveränderung (Selbsttranszendenz) möglich. Das Sittengesetz in der Tradition von Immanuel Kant ist psychologisch und soziologisch im Lichte empathiefundierter sozialer Interaktion reformulierbar: Handle so, dass du in die Maxime deines Handelns auch dann noch einwilligen kannst, wenn du dich in die Rolle derer versetzt, die von deinem Handeln betroffen sind (vgl. *Pareto-Rawls-Lösungen*)! Als »goldene Regel« ist dieses Sittengesetz als normative Grammatik sozialen Miteinanders und der dialogischen Begegnung im zwischenmenschlichen Bereich in einer archaischen Frühform seit der »Achsenzeit« der hochkulturellen Weltreligionen bekannt. Hintergrund des Sittengesetzes ist der kategorische Imperativ bei Kant: Der Mensch sei immer nur Selbstzweck, nie Mittel zum Zweck im Sinne einer Instrumentalisierung für Dritte.

70 Capability ist der Begriff für die Idee, Sozialpolitik sei Investition in die Fähigkeiten des Menschen, sich in den gestaltbaren Umwelten bedarfsgerecht gemäß eigenen Selbstentwürfen zu entwickeln.

71 Eine formale Explikation des Capability-Ansatzes findet sich unter https://de.wikipedia.org/wiki/Befähigungsansatz (Tag des Zugriffs: 4. Januar 2020).

So wird deutlich, dass es um die auch im EU-Recht verankerten Strukturwerte der Französischen Revolution von 1789 als »Sattelzeit« (Koselleck) der Moderne geht: Freiheit, Gleichheit, Solidarität. Es geht um die anthropologische, also auf ein Menschenbild abstellende, rechtsphilosophische Problematik, ob wir das soziale Miteinander – d.h. hier im Sinne der *Personalität* des individuellen Menschen – (rechtlich und somit normativ) richtig (passend) gestalten. Was wir benötigen, ist eine transkapitalistische Sektorgestaltung.

Pflegepolitik als Teil der Alternspolitik der Sozialpolitik ist Teil einer Gesellschaftsgestaltungspolitik. Pflegepolitik kann daher gar nicht im »Käfig« einer isolierten SGB-XI-Reformdiskussion gestaltend diskutiert werden.

Pflegepolitik muss den Fragehorizont einbeziehen, wie die zunehmende Spaltung unserer Gesellschaft[72] (zwischen Reichtum und Armut[73], zwischen West- und Ostdeutschland) in die Betrachtung eingebaut wird. So wie der Brexit das UK und die AfD zunehmend auch die Generationen in den Familien spalten, so geht es um den Erhalt der Kohäsion der deutschen Gesellschaft, ohne auf innovative Dynamiken (Art. 3 [3] EUV spricht von der EU als Raum einer »wettbewerbsfähigen sozialen Marktwirtschaft«) zu verzichten. Das Kohärenzerleben[74] einer sozial kohäsiven Gesellschaftskultur des solidarischen Zusammenhalts muss nicht in einem dilemmaartigen *trade-off* (einfach zugespitzt: entweder Effizienz oder Ethik) zur ökonomisch erfolgreichen, innovativen Veränderungsfähigkeit stehen.

So ergibt sich, dass über eine Pflegepolitikreform gar nicht angemessen diskutiert werden kann, wenn nicht die Fragen sozialer Gerechtigkeit (vgl. § 1 SGB I im Kontext des Art. 20 GG und der Präambel des EUV) in den Mittelpunkt des Diskurses gerückt werden. Oder nochmal anders formuliert: Die Richtung und die Art und Weise, wie wir die Pflegepolitik in unserer alternden Gesellschaft bahnen, ist prägnant signiert von der zivilisatorisch wichtigen, kritischen Nachfrage, ob wir an der allgemeinen Gestaltung des gesellschaftlichen Miteinanders scheitern. Der Kurs des Wohlfahrtsstaates (des sozialen Rechtsstaates der Bundesrepublik Deutschland als Mitglied der Kultur des europäischen Gewährleistungsstaatsdenkens) ist Teil der Frage des Gelingens unserer zivilen »Wohlfahrtsgesellschaft«.

Die Entwicklung einer solchen achtsamen Wohlfahrtsgesellschaft muss mit »Mut zum Dasein« (Paul Tillich) den Fokus der sozialen Gestaltungsphilosophie auf die kommunale Lebenswelt legen. Hier wird gewohnt, gependelt, gearbeitet, geliebt, gestritten, gelitten, gestorben, gefeiert, konsumiert. Psychologisch und kulturwissenschaftlich gesehen haben Menschen eine tief sitzende Bedürftigkeit nach

72 Vgl. Castles & Dörre, 2009.

73 Vgl. Stiglitz, 2017.

74 Gemeint ist das das Wohlerleben/Wohlergehen prägende Gefühl, die Welt dergestalt zu erleben, dass sie sinnhaft/sinnvoll, verstehbar und handzuhaben/gestaltbar ist.

örtlicher sozialer Geborgenheit (den Heimatbegriff muss man nicht der AfD überlassen). Die Aufwertung der Regionen und der lokalen Lebenswelten steht nicht im Widerspruch zur Globalisierung, Flexibilisierung und Beschleunigung der Moderne, sondern ist ihre passungsfähige Kehrseite. Die moderne Gesellschaft bedarf durchaus Formen der Vergemeinschaftung ihrer Individuen.

Die Stärkung kommunaler Gestaltungssteuerungsrollen ist aber nicht nur (finanzverfassungsrechtlicher Grundsatz der Konnexität) eine ökonomische Ressourcenfrage, sondern eine Kompetenzfrage im Sinne der Effektivität der Verwaltungskultur und der authentischen Kohärenz der politischen Führung.

Der Bund muss im Ordnungsrahmen des föderalen Bundesstaates gemäß Art. 20 GG die Länder (vgl. u.a. § 9 SGB XI) treiben, im Rahmen der Eigengesetzlichkeit die Kommunen zu ermächtigen und zu befähigen, eine Sozialraumentwicklungspolitik zu betreiben. Dazu benötigen kompetente Kommunen

- effektive Steuerungsinstrumente im Kontext der notwendigen transsektoralen Sozialinfrastrukturplanung sowie eine Abkehr von der marktliberalen Ideologie des obligatorischen Kontrahierungszwanges,
- Mischfinanzierungsstrukturen zwischen Kommunen und Sozialversicherungen in der Sozialraumbildungspolitik,
- regionale transsektorale und multiprofessionelle Kompetenzzentren der Sozialraumentwicklung (sozialgesetzbuchübergreifende 7c_SGB XI_2.0-Gebilde, wie ich es nennen würde) mit lokalen Satelliten,
- die investive, raumentwicklungssensible Innovation in Primary Health and Nursing Care Center ohne habituelle medizinische Dominanz, die Fortentwicklung der kommunalen Gesundheitsämter zu aktiven, gestaltenden Trägerzentren kommunaler Gesundheits- und Pflegegewährleistung

u.v.a.m.

Kurzum: Etwas mehr »Munizipalsozialismus« (die urbane wie rurale Kommune als Sorgegenossenschaft) ist dringend notwendig. In altgriechischer Philosophietradition meint Eros nicht (wie bei Freud) Libido, sondern Kreativität: schöpferisches Tun.

Reformpolitik im SGB-XI-Bereich darf also nicht mehr nur parametrisches Drehen an kleinen Rädern im Systemgefüge bedeuten. Reformpolitik bedarf »Philosophie« und Visionen, die nicht Thema der Psychotherapie sind, sondern Potenziale kreativen Überschreitens (Bernhard Waldensfels spricht [wie bei der Gabe] von Modi hyperbolischer Erfahrung[75]) von Grenzen, von Mauern, Gräben und Blockaden meinen.

75 Vgl. Waldenfels, 2012.

Pflegereform ist eben auch in der Tiefe eine Frage der mutigen Imagination einer besseren Welt und daher nicht nur eine Aufgabe von *social engineering*, des Durchrechnens und der kalkulatorischen Beachtung der Sachzwänge der sog. Realität. Faktische Wirklichkeit ist als Gestalt veränderbar. Faktualität ist die zur Realität gewordene Fiktion »konkreter Utopien«. Ich erinnere an Erich Kästner: Erwachsene, die nicht auch träumende Kinder mehr sind, sind keine wahren Menschen.

VII. Sozialraumorientierung als Normalisierungsstrategie des Wohnens

Sozialraumorientierung? Was meint dies? Die Frage lautet: Was und wer soll sich am Sozialraum orientieren? Die Antwort muss sein: die Sozialpolitik und ihre Teilfelder wie z.B. die Pflegepolitik. Doch was meint das Konstrukt Sozialraum?

Wir haben in der Regel ein sehr physikalisches (kleine Wohnung, große Wohnung) bzw. geografisches (enges Tal, weites Meer) Raumverständnis. Das ist auch nicht falsch. Dennoch ist Raum nicht nur eine objektive Größe, sondern ein im Handeln überhaupt erst erzeugter Aktivitätsraum, zum Teil auch nur ein imaginierter Raum bzw. ein Raum virtueller Art. Letztendlich ist er ein Netzwerk von Menschen in der geistigen, seelischen und körperlichen Bewegung. Der Raumbegriff mag für den Alltagsmenschen einfach sein; angesichts der Theorie, das Weltall sei gekrümmt, aber unendlich, zweifelt man an seinem eigenen Verstand. Denn die Krümmung müsse ja irgendwann in der Kreisbildung zum Ende kommen. Raum ist auch wohl nicht unabhängig vom Geschehen von Ereignissen, denn dann gibt es ein »Davor« und »Danach«. Das »Dahinter« ist die räumliche Transformation des zeitlichen »Danach«. Der Raum resultiert aus einer Anordnung von Elementen in einem Zueinander. Deshalb gibt es ein Zentrum (die Mitte), den Rand, ein Da-Zwischen und eben auch ein Da-Draußen, eben außerhalb des Raums. So gibt es ein Innen und ein Außen. Die vertikale Sicht auf das Dach und den Boden kommt hinzu. Menschen wohnen und leben im Raum, sind in diesem Raum und über den Raum hinaus mobil, geben dem Raum die Konturen von Statik und Dynamik, von Enge und Weite, Ausdehnung und Schrumpfung durch ihre Aktivitätsmuster. Und es gibt auch die Räume der Imagination, der sozialen Phantasie, des Träumens. Oder auch virtuelle Räume der Digitalisierung.

Raum ist also gar nicht gegeben. Er wird konstruiert und durch Aktivität (der Entscheidung und der Bewegung[1]) erzeugt, parallel zur Sprechakttheorie (suchen Sie doch im Netz in Bezug darauf einmal u.a. nach Wittgenstein, Austin, Searle, Leach): Ein Wort, ein Satz – als die gesprochene Sprache – erzeugen soziale Tatsachen: »Nun seid ihr Mann und Frau im Sinne der Ehe.« Sprache erzeugt somit

1 Vgl. Nigg, 2017.

eine Fülle wirtschaftlicher, rechtlicher, moralischer, seelischer, körperlichen Folgen höchstrealer Art.

Sozialraum ist kein Container, sondern der personale Nutzen der Netzwerkwelt *(social capital)* der Menschen. Dieser Nutzen sei definiert als Ertrag der Investition, z.B. von Zeit, die aus der wechselseitigen Rolle der Mitmenschen heraus gespendet wird, in die Netzwerkwelt[2] des Menschen. Was ist der personelle Nutzen? Netzwerke, jedenfalls die, die hier in einem moralisch positiven Sinne (es gibt auch »schmutzige« Gaben und problematische, z.B. kriminelle Netzwerke) gemeint sind, sind Orte der Rollenangebote (z.B. für bürgerschaftliches Engagement), aus denen Chancen zur Personalisierung der Menschen resultieren, und vor allem Geschehensprozesse der sozialen Unterstützung (definiert als Sozialkapital).

So gesehen soll die Sozialpolitik (z.B. im Rahmen der Engagementpolitik) Sozialraum bilden, also Netzwerkbildungen fördern und die Menschen zu solchen anreizen, motivieren und befähigen.

Diese Sozialraumorientierung gilt für alle Phasen des Lebenszyklus, so in der Kinder- und Jugendhilfe oder in der Alter(n)spolitik, die die Pflegepolitik im Alter einschließt. Der Mensch muss demnach insgesamt als ein Netzwerkwesen begriffen werden.

Die Frage ist folglich die, wie diese Politik der Sozialraumorientierung im Sozialrecht verankert und von dort her gefördert werden kann. Zur Veranschaulichung fokussiere ich auf die Pflegepolitik im Alter.

14. Caring Communitys im Rollenspiel zwischen Sozialversicherungen, Kommune und Land

Es wird hier um marktordnungsrechtliche Grundsatzfragen gehen. Im § 8 des SGB XI wird Pflege als gesamtgesellschaftliche Aufgabe bezeichnet. Dort ist die Hilfe-Mix-Idee explizit verankert; sie wird heute im Lichte des 7. Altenberichts auch als

2 Figuration ist eine soziologische Kategorie einer Theorie, wonach der Mensch nie isoliert aus sich selbst heraus zu begreifen ist (Atomismus), sondern nur aus seinen sozialen Relationen (Beziehungen), die er zu anderen Menschen (Gruppen) eingeht. Figurationen (Verkettungen und Aufstellungsordnungen) sind (vgl. etwa recherchierend die Soziologie von Norbert Elias) dynamische Ordnungen der Verkettung der Gesellschaftsmitglieder. Zu unterscheiden sind in der Theorie des Sozialkapitals *strong ties* (z.B. Liebe in der Familie) und *weak ties* (z.B. strategische Allianzen). Bezugsgruppentheorien in der Sozialpsychologie und auch Theorien intertemporaler Vergleichspunkte (früher/heute) in den Einschätzungen eigenen Wohlergehens sind hier einzuordnen. Menschen sind daher nie nur aus ihrer Lage, sondern aus den relationalen Verhältnissen heraus sinnhaft verstehbar und in der Folge dergestalt ursächlich in ihrem sozialen Handeln zu erklären.

lokale, sorgende Gemeinschaften verstanden, wobei diese Caring Communitys eingebettet sein müssen in die Entwicklung einer professionellen sozialen Infrastruktur (dazu auch § 9 SGB XI in Bezug auf die föderale Gewährleistungsrolle der eigengesetzlichen Länder). Der soziale Rechtsstaat ist gemäß Art. 20 GG (vor dem stärkenden Hintergrund des europäischen Bekenntnisses zur sozialen Marktwirtschaft in Art. 3 [3] EUV) in Verbindung mit Raumordnungsaufgaben (Gleichwertigkeit der Lebensverhältnisse im Raum in Art. 72 GG) als Gewährleistungsstaat verpflichtet, die Infrastruktur sicherzustellen (bzw. sicherstellen zu lassen).

Das kann er durchaus durch eigene Einrichtungen (z.B. kommunale Krankenhäuser) tun. Oder er delegiert die Sicherstellung[3] an die freien und privaten Träger in regulierten Märkten. Das ist das europarechtlich kompatible, bundesdeutsche Modell der Subsidiarität. Die zunehmende Dynamik transnationaler Kapital-Anleger-Modelle in der Langzeitpflege treibt dieses Feld aber immer mehr in das »Spinnennetz kapitalistischer Transformation«. Damit wird es aber immer schwieriger, den normativen Fluchtpunkt der Sozialraumbildung zu verwirklichen, weil die Dynamik der Märkte sich schwer einbilden lässt. Damit erhält das Thema der Sozialraumbildung noch eine andere Perspektive: Notwendig ist eine Stärkung der kommunalen Steuerungsmacht zur Bildung von Pflegeinfrastrukturlandschaften in Verknüpfung mit der wohlfahrtsgesellschaftlichen Netzwerkentwicklung. Dann müsste zwingend vom obligatorischen Kontrahierungszwang der Kassen ordnungsrechtlich abgesehen werden: weniger Markt, mehr Infrastrukturplanung der Kommunen im Rahmen der Landesförderung.

15. Zum Grundrecht auf Daseinsvorsorge und Sozialraumbildung

Nochmals anders herangegangen: Das Grundrechtsdenken des Völkerrechts verpflichtet uns dazu, Umwelten eines gelingenden Aufwachsens (von Kindern) und des gelingenden Hineinalterns der Erwachsenen zu gewährleisten. Gemäß des Befähigungsansatzes in der modernen Sozialphilosophie der Sozialpolitik sind dazu einerseits die Daseinskompetenzen (nicht das Humankapital unter dem Gesichtspunkt von Employability) zu fördern; andererseits sind eben die Umwelten zur gelingenden Bewältigung der Entwicklungsaufgaben des Menschen im Lebens-

3 In der (Theorie der) Sozialpolitik, die sich auf die Risiken im Wagnis des Daseins, an dem der Mensch scheitern kann, gestaltend bezieht, ist in Bezug auf die Ordnung der sozialen Verhältnisse im Lichte dieses Menschenbildes zwischen einer Politik der Gewährleistung von Ressourcen (Infrastrukturen und Kompetenzen) und einer Politik der Sicherstellung der Ressourcen zu unterscheiden. Beide können, müssen aber nicht trägerschaftlich zusammenfallen.

lauf zu gewährleisten.[4] Man schaue sich dazu den fundamentalen § 1 SGB I an. Dort ist dieser Sinnzusammenhang im Lichte der dort genannten sozialen Gerechtigkeit kodifiziert. Dazu gehören eben auch die Einrichtungen und Dienste der sozialen Infrastruktur unter den Gesichtspunkten der Erreichbarkeit, Verfügbarkeit, Zugänglichkeit und Akzeptanz. Beide Dimensionen – die Kompetenz der Menschen und die Infrastruktur der Umwelt[5] – stehen in einer Wechselwirkung. Dieser Funktionskreis muss passungsoptimal, also auch bedarfsgerecht[6], gestaltet werden. Zu dieser Gewährleistungsaufgabe gehört die Sozialraumbildungsorientierung. Die sozialrechtlich im System der Sozialgesetzbücher (SGB) kodifizierten Sozialschutzsysteme müssen daher in engem Funktionszusammenhang mit der kommunalen Daseinsvorsorge (gemäß Art. 28 GG i. V. m. Art. 36 der Grundrechtscharta der EU, verankert auch im europäischen Vertragsgefüge des Europäischen Unionsvertrages [EUV] bzw. in den Ausführungsbestimmungen zur Umsetzung des EUV [AEUV], Grundrecht auf freien Zugang zu den Dienstleistungen von allgemeinem Interesse) gesehen werden.

Daraus folgt eigentlich zwingend eine Kooperation und Mischfinanzierung zwischen den Kommunen (etwa auf der Grundlage von § 71 SGB XII) und den Sozialversicherungen (SGB V und SGB XI) unter Einbezug des Teilhabegedankens des Bundesteilhabegesetzes (BTHG). Die kommunale Aufhängung der Pflegestützpunkte gemäß § 7c SGB XI bei gleichzeitiger Mitfinanzierung von Kranken- und Pflegeversicherung ist hier ein Beispiel der verfassungskonformen und innovativen Machbarkeit. So können – man schaue sich die Aufgabenbeschreibung in Abs.2 und 3 im § 7c SGB XI einmal an – transsektoral (auf medizinische, pflegerische und soziale Dienste abstellende) integrierte und lebensweltlich vernetzte Sozialraumbildung vorangetrieben werden. Das Präventionsgesetz (PrävG) in § 20ff. SGB V erklärt die Kommune als Lebenswelt höherer Ordnung. Und auch hier können im Rahmen von Landesregelungen Sozialversicherungen und Kommunen zusammenwirken. Das Pflegestärkungsgesetz (PSG) III hat mit Blick auf die Stärkung der kommunalen Rolle aber nur wenig machbare innovative

---

4 Das ältere Lebenslagenkonzept in der Sozialpolitikforschung modern fortführend, geht es in dem von Amartya Sen und Martha Nussbaum entwickelten und das moderne grundrechtstheoretische Völkerrecht prägenden Capability-Modell also um die Befähigung des Menschen. Dabei soll, durchaus transaktional denkend, die Sozialpolitik als Teil der gestaltenden Gesellschaftspolitik des sozialen Rechtsstaates einerseits in die Kompetenzen der Menschen investieren, andererseits in die Angebotslandschaft im Sinne sozialer Infrastruktur. Der Kompetenzbegriff meint mehr als das um die Employability-Idee kreisende Konzept des Humankapitals. Gemeint ist die Befähigung des Menschen zur Lebensführung und Daseinsbewältigung im Lichte seiner personalen Würde, seiner Selbstbestimmungs-, Selbstständigkeits- und Teilhaberechte.

5 Vgl. Claßen u.a., 2014.

6 Vgl. Wendt, 2017.

Dynamik gebracht. Es war in der Bund-Länder-Arbeitsgruppe wohl auch vom Bund nicht wirklich gewollt; und die Länder konnten sich nicht einigen. Die augenblickliche Debatte um eine große SGB-XI-Reform stärkt aber wieder diese Perspektive der Kommunalisierung als Steuerungsfrage mit Blick auf die Ermöglichung der Sozialraumorientierung. Regionale Konferenzstrukturen – einige Länder kennen ja Gesundheits-, Pflege- und Teilhabekonferenzen – könnten hierbei dafür sorgen, dass es nicht um eine zentralistische Top-down-Planung geht, sondern um kommunikativ-dialogische Mechanismen eines kommunalen Machtzentrums. Die Länder müssen die Kommunen dazu rechtlich ermächtigen und durch Ressourcen, insbesondere finanziell (das finanzverfassungsrechtliche Prinzip der Konnexität), befähigen.

Wo der (Mut zum politischen) Willen der Gestaltung (Pflegepolitik ist Teil der Sozialpolitik als Teil der Gesellschaftspolitik) ist, ist auch ein Weg.

Das SGB V und das SGB XI sehen längst lokale/regionale »Sozialraumagenturen« (Kompetenzzentren) der Sozialkapitalbildung vor: die Kontakt- und Informationsstellen für gesundheitsbezogene Selbsthilfegruppen gemäß § 20h SGB V oder ähnliche Kontaktstellen für Angehörigenpflege-Selbsthilfe gemäß § 45d SGB XI.[7] Länder investieren in Kompetenzzentren, z.B. im Rahmen von Demenzbewältigungsstrategien. So sind vor dem Hintergrund von § 45a SGB XI in § 45b die Entlastungsbeiträge für die Förderung von Alltagshilfen zu nennen. Vor allem ist in § 43c (9) SGB XI die Möglichkeit der Förderung von regionalen Netzwerken zu bemerken und zu betonen. Man beachte auch die Förderung von Ehrenamt in § 82 b SGB XI.

Das sind alles erste mehr oder weniger unvollkommene Bausteine einer sozialrechtlichen Verankerung der Sozialraumorientierung. Analoges müsste (und könnte prägnant) für das SGB VIII (Kinder- und Jugendhilfe) und für das SGB II (Eingliederungshilfe) ausgeführt werden.

Das Grundrechtsdenken der Konventionen der Vereinten Nationen – dort lautet es: »dignity is inherent« – basiert auf einem modernen Naturrechtsdenken der Würde der Person (als »Sakralität der Person«), wie es auch bei uns im Art. 1 GG verankert ist. Neben der Selbstbestimmung und der Selbstständigkeit als Dimensionen des Menschenbildes kommt das Grundrecht auf Teilhabechancen zur Wirkung. Das personalistische Menschenbild dieses Würdedenkens meint also das Grundrecht auf freie Entfaltung der Person im Lebenslauf (Art. 2 GG), sofern es nicht sittenwidrig ist und dasselbe Grundrecht der anderen erodiert, im Modus der Partizipation als Teilhabe am normalen Leben (Normalisierungsparadigma, z.B. in der Eingliederungshilfe) des Gemeinwesens. Hier zeigt sich auch das Spannungsfeld zwischen Empowerment[8] einerseits und Deinstitutionalisierung und Enthos-

7 Vgl. Schulz-Nieswandt, 2018d; 2020h; 2020j.

8 Vgl. Blank, 2019.

pitalisierung andererseits. So gesehen benötigen wir auch eine neue Deinstitutionalisierungsdebatte! Dabei geht es zuerst um die Wohnformen im Zusammenhang mit den Mobilitätschancen im Raum. Sodann erst geht es um die Vernetzung mit formellen und informellen Hilfeangeboten.

An diesem Punkt wird deutlicher, was unter Sozialraumorientierung von stationären Einrichtungen der Altenpflege und der Eingliederungshilfe gemeint ist: Öffnung hin zur inklusiven (z.B. »demenzfreundlichen«) Gemeinde. Hilfe muss »mitten im Leben« ihren Platz finden. Dazu gehört die Offenheit der sozialen Austauschbeziehungen nicht nur im Generationengefüge, sondern mit Blick auf die gesamte Diversität moderner Gesellschaften. Soziale Ungleichheiten[9] in diesen Partizipationschancen müssen abgebaut werden, wobei im Grundsatz zu beachten ist: Jede soziale Ungleichheit ist Differenzierung, aber nicht jede Differenzierung ist soziale Ungleichheit.

Hier sind die Wohn- und Teilhabegesetze der Länder (seit der Föderalismusreform von 2006) gefordert. Es geht vor allem um die Förderung von hybriden Formen (weder ambulant noch stationär im Sinne des diesbezüglich überholten § 3 SGB XI[10]) »stambulanter« Wohn-Care-Arrangements. Überhaupt muss es der Gesellschaftspolitik gelingen, die Wohnformen im Alter zu differenzieren, damit im dichotomen Spektrum zwischen privater Häuslichkeit einerseits und Heimsektor andererseits neue, innovative, ganz andere Räume des gelingenden sozialen Miteinanders entstehen und sich entwickeln können.

Auch die private Häuslichkeit ist nicht immer die wahre Form der menschlichen Person. In der Situation der besonderen Vulnerabilität der Hochaltrigkeit ist Netzwerkschwäche oder gar Netzwerklosigkeit der wichtigste Risikofaktor, einerseits für die Heimübersiedlung, andererseits für die Isolation und Vereinsamung bis hin zur Verwahrlosung und zum einsamen Sterben in der privaten Häuslichkeit. Erneut wird deutlich, dass und wie Sozialraumbildung Netzwerkbildung meint: Entwicklung vernetzter Lebenswelten in einer achtsamen Nachbarschaft.

Achtsame Nachbarschaft (weit über die Grenzen von Familie und Verwandtschaft als *philia* gedacht): Die Ordnung des Gemeindelebens muss wieder als (nicht im Sinne der Rechtsform des Genossenschaftsgesetzes, des GenG) genossenschaftsartiges Sozialgebilde verstanden und erlernt werden. Auch einzelwirt-

---

9 Vgl. Atkinson, 2016; Milanovic, 2019; Wehler, 2013.

10 Der Vorrang der ambulanten pflegerischen Versorgung, organisiert um die private Häuslichkeit vor der Entscheidung zu einer Übersiedlung in die stationäre Langzeitpflege im Heim ist gesetzlich im § 3 SGB XI kodifiziert. Der Grund liegt in der Annahme, in der privaten Häuslichkeit könne die lebensweltlich gewachsene gewohnte Form der Autonomie und Identität des Menschen besser gewährleistet werden. In der vorliegenden Abhandlung wurde das Problem angesprochen, dass dies nicht allzu naiv geglaubt werden sollte, da auch die private Häuslichkeit Ort sozialer Dramen der Unterversorgung, der Einsamkeit, der Gewalt u.v.a.m. sein kann. Private Häuslichkeit muss in Strukturen von Community Care eingebettet sein.

schaftliche Gebilde der eG oder aber auch z.B. Seniorengenossenschaften[11] in der Form eines eingetragenen gemeinnützigen Vereins (e. V.) können hier eine Rolle spielen. Insgesamt geht es aber um die kulturelle Grammatik des sozialen Miteinanders: um Geben und Nehmen, also um die Gegenseitigkeitshilfe, selbst organisierte Selbsthilfe in Selbstverwaltung als Moralökonomik der Bedarfsdeckung. Auch hier bleibt im Hintergrund die Notwendigkeit professioneller sozialer Infrastruktur im sozialen Rechtsstaat als föderalem Gewährleistungsstaat bestehen und betont.

Die Idee der sorgenden Gemeinschaften wird im Sozialrecht, aber auch von Bund, Ländern und Kommunen, wenn man z.B. an die Engagementpolitik denkt (oder an die Mehrgenerationenhäuser als Typen von Begegnungs- und Dienstleistungszentren), zunehmend gefördert.

Letztendlich dreht es sich um die Freiheit des Menschen mit Blick auf sein gelingendes Dasein als Führung des Lebens. Doch dies kann er immer nur im Kontenpunkt der Kreise seiner sozialen Beziehungen. In diese bleibt die Möglichkeit seiner Freiheit eingebettet. Autonomie ist in dieser Kontextabhängigkeit daher relativ und relational. Genau hieran knüpft die Idee und die zunehmende Praxis der Sozialraumorientierung der Sozialpolitik an.

Daher muss Freiheit geordnet werden. Freiheit benötigt Ermöglichungsräume. Aber diese müssen von der Gesellschaftspolitik gestaltet werden. Das verweist uns auf die Aufgabe, dass das Zusammenspiel von primärer Vergemeinschaftung (in Familie, Partnerschaft und Freundschaft), Staat, Markt und Drittem Sektor (der Non-Profit-Organisationen[12]) passungsfähig zum sozialen Wandel gelingen muss.

Im Schnittbereich dieses passungsfähigen Gefüges steht der lokale Verdichtungsraum der Caring Communitys (die soziale Einbettung und Unterstützung genossenschaftsartiger Netzwerke als Sozialraum der Person). Das nennt man dann, jenseits des neuen Rechtspopulismus, Heimat. Denn aus der Entwicklungspsychologie, aus der Bindungsforschung etc. wissen wir sehr wohl, dass Individualisierung einer Einbettung in zwischenmenschliche Geborgenheit bedarf. Sonst scheitert der Mensch im Dasein seines Lebenslaufes.

Die deutsche Sozialpolitik hat jedoch ein Kulturproblem: Sie ist Weltmeister in der Zahl und Dynamik von Modellprojekten. Wir brauchen aber innovativ veränderte Regelversorgungslandschaften als Grundierung der Sozialraumentwicklungen. Vielleicht ist es auch ein psychodynamisches Problem: Weil der Mut (als Überwindung von Unsicherheit[13] und Angst) und die Phantasie fehlen, bleibt man pfad-

11 Vgl. Köstler, 2018.

12 Gemeint ist ein Sektor von unternehmerischen Organisationen, die ihr Handeln als nicht primär profit-orientiert verstehen, sondern auf die Bedarfsdeckung der Zielgruppe abstellen.

13 Das Merkmal der *conditio humana*, dass immer alles auch ganz anders sein kann. Das kann positiv als Chance, aber auch negativ belastend als angstbesetzte Unsicherheit erlebt werden. Möglich ist im Alltag der Menschen die Haltung: Es wird alles nicht so heiß gegessen,

abhängig. Vielleicht dominieren auch einfach nur die wirtschaftlichen Interessen der etablierten Strukturen die dionysische Kraft der innovativen Ideen. Das ist nun keineswegs trivial: Rechtliche Rahmenbedingungen schaffen neue Ermöglichungsräume und ökonomische Anreizbedingungen müssen diese neuen Pfade attraktiv machen. Aber die Kultur des Systems muss sich so ändern (Gestalt-Switch), dass diese neuen Möglichkeiten auch gewollt, aufgegriffen und vorangetrieben werden. Das sind Haltungsfragen, die im Zusammenhang mit Visionen stehen, welche Phantasie und Kreativität, Mut und Zukunftsoffenheit (Hoffnung, Vertrauen), aber auch Ideen, Empathie und Prosozialität bedürfen, auch lange Zeithorizonte etc. Was ist also hier die Kernfrage? Es geht um die Logik und um die Grammatik des Drehbuchs der Bühnenaufführungen des Systems der Sozialgesetzbücher vor dem Hintergrund des bundesdeutschen und europäischen Verfassungsrechts sowie des Völkerrechts. Einerseits geht es daher um die Funktionslogik der institutionellen Architektur eines Leistungsgeschehens als »Versorgung«, das konstituiert wird durch ein System von Verrechtlichungen; andererseits geht es um das System von Regeln zum Prozessgeschehen innerhalb des regulativen Rahmens, der durch das Recht gesetzt ist. Anders formuliert: Bekanntlich spielen wir (wie soeben mit der Metapher in der soziologischen Theoriegeschichte angedeutet) alle Theater. Bei der Sozialraumentwicklung als Schlüsselfrage einer zukünftigen Politik in der alternden Gesellschaft geht es darum, das Buch des Theaterstücks, das da gespielt werden soll, zu verbessern, damit die Laufzeit möglichst lang ist, aber auch darum, souveräne und kompetente Schauspieler auf der Bühne dazu zu befähigen, das Stück qualitativ gut aufzuführen. Dafür sind sicherlich längere soziale Lernprozesse erforderlich. Dieses systemische Denken[14] muss in einer Politik der Reform immer mitgedacht werden.

Die Idee eines präventiven Hausbesuchs im höheren/hohen Alter (wie z.B. das Modell der Gemeindeschwester^{Plus} in einigen Kommunen des Landes Rheinland-Pfalz, gehört in die Regelversorgung. In den Niederlanden sind solche Aufgaben kommunale Pflichtaufgaben.

---

wie es gekocht wird. Aber es ist auch möglich, dass man sich den Mund böse verbrennen wird. Sicher ist nur, dass die Zukunft unsicher ist. Aber das ist die Seinsverfassung des Menschen. Kontingenz bezeichnet ontologisch eine Eigenschaft der Stellung des Menschen im Kosmos: Alles kann auch ganz anders sein und/oder dazu werden. Wahrscheinlichkeitsmathematik ist der Versuch, über diese Unsicherheit bedingte Kontrolle zu erreichen. Das Versicherungswesen ist ein Paradebeispiel für dieses Risikomanagement. Angesichts der Unsicherheit mag (sinnvolle) Angst (Sorgemotiv) aufkommen. Kontrollbedürfnisse können sich aber auch zu neurotischen Kontrollzwängen versteigen. Kohärenz ist hierbei eine Ressource, sich nicht ohnmächtig dem »Schicksal« (die Götter) zu ergeben und resilient gegen die dämonisch anmutenden Kräfte zu kämpfen.

14 Vgl. Wirth & Kleve, 2012.

Ein Blick in die medizinische Versorgung: Aus die Idee der integrierten Versorgung (ehemals § 140 a–h SGB V, dann § 140a–d SGB V, nunmehr § 140a SGB V: besondere Versorgungsformen) hat sich keine Mutation der medizinischen Versorgungslandschaften ergeben. Der § 140a SGB V ist sogar gemäß § 92b SGB XI mit Einrichtungen der Pflege verknüpfbar. Das System will nicht, kann nicht – was auch immer.

Dennoch brauchen wir eine Sozialraumorientierung auch im Medizinsektor. Der Klassiker der Problemanzeiger ist im Kontext der Krankenhausentlassung gemäß § 11 (4) SGB V als Teil der Krankenhausbehandlung gemäß § 39 SGB V die Frage nach effektiven Brückenfunktionslösungen. Sonst fallen hochaltrige Menschen ohne Netzwerke in die *No-care*-Zonen oder werden vorschnell (eventuell nach der Zwischenschaltung der Anschlussrehabilitation) in der Einbahnstraße vom Akutkrankenhaus in die Pflegeheime fehlplatziert. Hier reichen der Expertenstandard und der Rahmenvertrag nicht aus.

Die Dichte der Krankenhäuser verschiedener Versorgungsstufen dünnt sich im Siedlungsstrukturgefüge in Deutschland aus. Umso mehr brauchen wir einen innovativen Ausbau der Primärversorgung, insbesondere in der Form quartierbezogener, multiprofessioneller Primary Health and Nursing Care Center. Sie können auch in strukturschwachen, dünn besiedelten ländlichen Räumen Ausgangsbasis für mobile Dienste sein. Hier können die kommunalen Gesundheitsämter im jeweiligen Kreis einen Nukleus bilden. Neue Versorgungsbetriebsformen braucht die Gesellschaft.

Betrachten wir die Totalität des Feldes als eine Baustelle des kollektiven Lernens. Im Lichte des sozialen Wandels muss die ganze Versorgungs-, Behandlungs-, Beratungs-, Betreuungs-, Begleitungs-, Befähigungslandschaft transformiert werden. Die dazu notwendige Reformpolitik im Schaubild 4 ist radikaler Art: Die ganze Kultur auf einer Makro-, Meso- und Mikroebene muss sich wandeln, was nicht nur eine Funktion neuer Ökonomik und neuen Rechts ist, sondern eine hinreichende Bedingung im Gestalt-Switch der Kultur hat.

Mitten im Schaubild sind auch die Heime als Organisationsformen der Sorge angesiedelt, eingebettet in die Regulations-, Finanzierungs-, Träger-, Markt- und Akteurkontexte. Die Antwort auf diese Heimlösung, hier vorgetragen mit Blick auf die Denormalisierung des Wohnens durch akutmedizinische Hospitalisierungsregime, kann und muss die Differenzierung der Wohnangebotslandschaft sein. In anderen Wohnformen im Quartier wird sodann auch eine andere alltägliche Lebenswelt erfahrbar, auch dann, wenn es zu Infektionen kommt, eben zu Hause, wie früher, in der Kindheit, wenn Röteln und Masern in den Familien auftraten.

Die Ankerfunktion der Sozialraumidee hat auch im Feld des SGB V das Wohnen der Menschen inne, verbunden mit der teilhabeorientierten Ermöglichung von Mobilität. Digitalisierung mag hier ein Baustein sein. Aber Verkehrspolitik wird hier sozialpolitisch relevant, ebenso die Politik bezahlbaren Wohnens in Städten und

Schaubild 4: Das Reformfeld als Herausforderung und Antwort

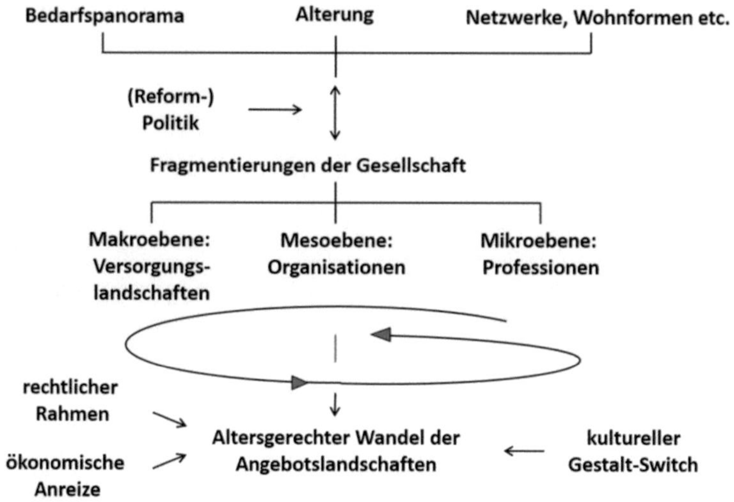

urbanen Verdichtungsräumen. Sozialpolitik und ihr Sozialrecht bleiben hier Teil der gestaltenden Gesellschaftspolitik.

Es geht also gar nicht nur um das Sozialrecht. Die Funktionsverflechtungen der verschiedenen Teilgebiete der Sozialpolitik (Pflegepolitik ist hier immer auch Familien-, Gender-, Berufsbildungs-, Arbeitsmarkt-, Vermögensbildungspolitik[15] etc.) sind ebenso zu beachten wie die Idee der sozialen Marktwirtschaft und die Idee der Subsidiarität, die zeitgemäß im Lichte der Megatrends des sozialen Wandels engagiert neu ausgelegt werden müssen. In diesem Sinne habe ich die kommunale Steuerung und die Begrenzung der marktliberalen Ideologie in der Pflegepolitik eingefordert.

15 Die Vermögensbildung ist in Deutschland von krasser sozialer Ungleichheit geprägt. Die Vererbungsdynamik wird zu einer entsprechenden transgenerationellen Pfadabhängigkeit und Strukturkontinuität führen. Ein Zukunftsfonds muss sich aus einer Vermögenssteuer, einer Nutzungsreform der Erbschafts- und Schenkungssteuer und einer Reform der einkommensklassenabhängigen Spitzensteuersätze der Einkommenssteuer entwickeln lassen.

16. Die Zukunft des Alter(n)s bleibt unsicher

Einige andere Megatrends gehen eine komplexe Verbindung mit dem soziodemografischen und epidemiologischen Wandel ein.[16] Der demografische Wandel heute und in Zukunft ist irreversibel und gut prognostizierbar, weil die determinierenden sozialen Prozesse und Entscheidungen in der Vergangenheit getroffen worden sind. Auch andere Megatrends sind gut abzuschätzen, so z.B. die Urbanisierungsdynamik. Der Klimawandel ist ein gerontologisches und somit alter(n)spolitisches Thema geworden. Weltweit wird die Migrationsdynamik zunehmen. Die Digitalisierung der sozialen Wirklichkeit ist im Gange, wobei die Funktionalitäten deutlicher thematisiert werden als die damit verbundenen Probleme im Ambivalenzgeschehen zwischen Segen und Fluch.

Es wird um die Fragen[17] gehen: Wie ist Gesellschaft als gelingendes Miteinander der Individuen möglich? Was hält Gesellschaft zusammen? Was treibt Gesellschaft auseinander? Dabei interessiert Gesellschaft als Generationengefüge[18] ebenso wie als Geschlechterordnung, als Ordnung des sozialen »Oben« und »Unten«, der Regionen zueinander, als Verhältnis der »Etablierten« und der »Außenseiter«, Gesellschaft als das »Wir« und »Uns«. Es geht um das Eigene im Verhältnis zu den Fremden als die anderen, um das Verhältnis zwischen den Gesunden und den Kranken, das – das verweist uns auf die schon länger geführte Diskussion um ein bedingungsloses Grundeinkommen – Verhältnis zwischen den »Produktiven« (als Nettozahlern der Sozialversicherungen und Sozialhilfe) und den »Unproduktiven« (den Nettoempfängern).

Während alle Studien und Datensätze derzeit auf eine immer noch, zum Teil sogar wachsende Solidaritätskultur in den Familien und zwischen den Generationen, in der Dynamik der Formen bürgerschaftlichen Engagements, in der Akzeptanz der Sozialstaatlichkeit usw. verweisen, bleibt die Zukunft der Moralökonomik, also der durch Empathie ermöglichten Entwicklung der Werte und Normen hinsichtlich Umfang, Tiefe und Nachhaltigkeit prosozialer Haltungen und entsprechender sozialer Austauschsysteme – der Nicht-Marktlogik von Gabe und Gegengabe, Geben und Nehmen folgend – der Gesellschaft offen, also kontingent. Wie werden sich die nachrückenden Kohorten wohl verhalten? Jetzt werden die Babyboomer-Kohorten älter und alt. Wie werden sich einerseits die Kinder und Enkelkinder im Generationengefüge einstellungs- und verhaltensmäßig aufstellen (nicht nur familial-verwandtschaftlich)? Wie wird diese Haltungsaufstellung also nicht nur dort, wo Empathie und sog. »parochialer Altruismus« (in Gruppen mit

16 Vgl. Hank, Schulz-Nieswandt, Wagner & Zank, 2019; George & Ferraro, 2015; Settersten & Angel, 2012; angekündigt: Schroeter, Vogel & Künemund, 2020.

17 Vgl. Allmendinger, 2017.

18 Vgl. Titze, 2019.

enger Bindung) relativ selbstverständlich ist, sondern eben auch im abstrakt-gesellschaftlichen Geschehen, also dort, wo Empathie und Altruismus erstaunlicherweise durchaus verbreitet, aber nicht selbstverständlich gegeben sind, aussehen? Wie solidarisch – im Sinne der Mitverantwortung des Alters – werden andererseits die alt gewordenen Babyboomer mit Blick auf die nachrückenden Generationen sein? Kommt es zum »Krieg der Generationen«, den es im Lichte aller sozialwissenschaftlichen Datensätze und Studien bislang nicht gibt? Wie wird es um den schon im Alten Testament diskutierten Generationenvertrag stehen? Wie viel Veränderbarkeit in unserem ökonomischen und sozialen (beides ist nicht miteinander identisch) Wohlfahrtsverständnis wird möglich sein? Welche Lebensqualitätsverständnisse (mit Blick auf Arbeit, Wohnen, Familie und den zunehmend diskutierten »Commons« [Gemeinschaftsgüter: vgl. Anhang 6] sowie der gemeinwesenorientierten sozialen Ökonomik des Teilens) werden uns mental regieren?

Viele Studien – Unmengen von Literatur – lassen sich hier kompilieren. Aber sie lassen sich nur schwer intertemporal, also auf die Zukunft hin, extrapolieren. Für Pessimismus ist es zu spät, wird argumentiert. Die Würfel sind bereits gefallen. Wie gehen wir nun mit den (mehr oder weniger zahlreichen) Punkten (in der Summe der Würfel) um? Diese Frage ist von grundlegender Bedeutung.

Die Idee lokaler, sorgender Gemeinschaften im Rahmen regionaler Sozialraumbildung vor dem Hintergrund sozialstaatlich gewährleisteter Sozialinfrastrukturen hat rechtliche Rahmenbedingungen (also normative Ermöglichungsräume) und ökonomische Ressourcen (im Sinne nachhaltiger, anreizkompatibler Finanzierungssysteme des Systems, der Sektoren, der Institutionen, der Professionen) als notwendige Bedingungen zur Voraussetzung. Hinreichende Bedingungen sind aber die Haltung, ihre Genese und die Haltungspflege der Gesellschaft. Es geht also um einen Kulturwandel.

Weltweit zeichnet sich eine Aufblähung der urbanen Räume ab: »Wuchernde« Megastädte und urbane Verdichtungsräume werden noch stärker als bislang die Weltbevölkerung aufsaugen. Das ist mit erheblichen Problemen der ökologischen, wirtschaftlichen und sozialen Nachhaltigkeit verbunden. Die Gesellschaften haben in diesem Lichte mit erheblichen transnationalen und intranationalen (also interregionalen) Wanderungsprozessen zu tun, die mit der Zunahme sozialer Kosten infolge schrumpfender, strukturschwacher peripherer ländlicher Räume und, komplementär dazu, mit einem Übermaß an städtischer Ballung und Verdichtung verbunden sind. Solche regionalen Umbrüche kennzeichnen auch die räumliche Wirklichkeit der Bundesrepublik Deutschland und werfen kritische Nachfragen zum Thema der Gleichwertigkeit der Lebenschancen im Raum in Verbindung mit der Verfassungsvorgabe kommunaler Daseinsvorsorge auf.

Diese Verwerfungen bedrohen zurzeit die politische Entwicklung des gesamtgesellschaftlichen Zusammenhalts ebenso wie die Veränderung der Sozialstruktur, also die soziale Schichtungsstruktur der Gesellschaft. Hier zeichnet sich einerseits eine zunehmende Polarisierung von Reichtum und Armut ab, wobei das Muster von Wohlstandszentrum und Wohlstandsperipherie[19] erkennbar wird. Andererseits bilden sich im Übergangsraum neue, prekäre Anstiegszonen -auch als Abgrenzungsangst von sozialen Mittelschichten ausgeprägt – heraus.

In der Generationenabfolge zeichnen sich nach den Babyboomern neue Kohorten ab, die anders akzentuierte Werteorientierungen und Lebensstile präferieren. Insofern bleibt die Zukunft des Miteinanders der Generationen mit einem Unsicherheitsvorbehalt behaftet. Bislang werden die sozialen Konflikte – das zeigen alle verfügbaren soziologischen Datensätze – nicht geprägt von einem »Krieg der Generationen«. Der Generationenvertrag in den Sozialschutzsystemen erodiert noch nicht, wenngleich er kontrovers diskutiert und eingeschätzt wird.

Was und wie viel hat die »Neoliberalisierung«[20] der vergangenen Dekaden unsere Lebenswelten mittels tiefer edukativer Einschreibung in die Subjekte bereits zerstört? Wird (reife) Individualisierung (als unproblematische Subjektivierung, die sittliches Verhalten ja gar nicht ausschließt) in zunehmender Egomanie (ökonomisch gesprochen: des *homo oeconomicus;* psychoanalytisch gesprochen: des unproduktiven, »autistischen« Narzissmus) im sodann erodierenden sozialen Miteinander umkippen? Klassisch gefragt: Was hält unsere Gesellschaft in Zukunft zusammen (was ist der »Kitt«), was treibt (als »Erosionsmittel«) sie auseinander? Wie wird es in Zukunft um die soziale Kohäsion (Sozialstruktur: soziale Schichtung und kulturelle Milieus, Insider und Outsider) im Sinne von Inklusion/Exklusion und um die räumliche Kohäsion (»Gleichwertigkeit der Lebensverhältnisse im Raum« [Art. 72 GG] und Emergenz von prosperierenden Zentren, unsicheren Semiperipherien und abgekoppelten Peripherien) stehen? Gemäß Art. 72 (2) GG »hat der Bund das Gesetzgebungsrecht, wenn und soweit die Herstellung gleichwertiger Lebensverhältnisse im Bundesgebiet oder die Wahrung der Rechts- oder Wirtschaftseinheit im gesamtstaatlichen Interesse eine bundesgesetzliche Regelung erforderlich macht.«

Vieles ist möglich. Bekanntlich, durchaus zunächst kontraintuitiv, nimmt in Krisenzeiten die Suizidalität ab, während sie in der Prosperität zunimmt. Bekanntlich fallen auch im Sinne von sog. »Wohlfahrtsparadoxien« subjektive Einschätzung der Lebensqualität und objektive (in zweierlei Weise: »objektiv gut/subjektiv schlecht«; »objektiv schlecht/subjektiv gut«) Belastung oftmals auseinander.

Und »die« Gesellschaft wird sich auch nicht homogen verhalten, weil sie eben nicht homogen ist. Die Angehörigen der Gruppe der älteren/alten Menschen werden sich also nicht homogen verhalten und gegenüber den nachfolgenden Generationen keine Gerontokratie ausbilden. Auch eine geschlossene Gerontophobie der nachfolgenden Generationen ist im Lichte der Theorie kollektiven Handelns nicht

19 Vgl. Mau, 2019; Sixtus u.a., 2019.

20 Krisch, 2018; Winker, 2018; Graefe, 2019.

plausibel. Die interindividuellen Unterschiede im Alter sind ausgeprägt, wie auch die Individuen ihre Lebenswelt und ihre Erfahrungsräume mehrdimensional (wirtschaftlich, sozial, kulturell, politisch, geistig, seelisch, körperlich etc.) und innerhalb dieser Multidimensionalität inkonsistent (widersprüchlich und ambivalent, also nicht in jeder Hinsicht dem Gleichstromprinzip gemäß) erleben.

Diese kurzen Hinweise zur Sozialstrukturdiskussion und zum Wertewandel sind wichtig, denn sie gehen in das Sozialraumproblem konstitutiv ein. Sozialraumentwicklungen werden von der Moralökonomik der Gesellschaft mitgetragen. Unter *moral economy* verstehen wir die Kultur der sozialen Austauschbeziehungen, insbesondere die Kultur der sozialen Praktiken der sozialen Unterstützung aus moralischen Motiven heraus. Von Ökonomik wird gesprochen, weil es sich in der Tat um Ressourcenverwendungen handelt; von Moral ist die Rede, weil die prosozialen Motive vielfältiger Art sind: Gehandelt wird in dem Gabesystem von Geben und Nehmen (Regel der Reziprozität[21]) aus Liebe, Respekt, Sympathie, Solidarität, Gerechtigkeitsempfinden, Anerkennung[22] des anderen, Pflichtgefühl, Philanthropie, Fairness, Generosität etc. Ohne eine prosoziale Ausrichtung des Einfühlungsvermögens (der sog. Empathie, über die uns sozialpsychologische und neuerdings neurowissenschaftliche Forschungen zu den sog. komplexen Spiegelneuronen aufgeklärt haben) würde unser soziales Miteinander nicht funktionieren. Egozentrierte Selbstbehauptung würde vornehmlich Wege der Angst und des Abgrenzungsekels (apotropäische Haltungen), der Aggression und der Formen »struktureller« Gewalt (körperliche Gewalt, kommunikative Gewalt, Gewalt durch Vernachlässigung), der Ausgrenzung und Vertreibung annehmen. Die Evolutionsforschung zeigt jedoch, dass der Mensch das Potenzial hat, sich primär weltoffen und in der Rolle des Mitmenschen, also kooperativ, aufzustellen. Der Mensch ist in der Lage, seine Neigung zur Selbstbehauptung in Fairness und Altruismus einzubetten.

17. Eine Zusammenfassung der sozialpolitischen Idee in drei Schritten

Die Sozialpolitikforschung handelt von sozialen Problemen und ihrer gesellschaftlichen Bewältigung im Lichte der Anthropologie und Rechtsphilosophie der personalen Würde und der Werte der Selbstbestimmung, Selbstständigkeit und Teilhabe. Doch weder die Probleme selbst noch die Wege zu ihrer Bewältigung können ohne ein tiefenpsychologisches Verstehen des Individuums im Kontext der kulturellen Grammatik des sozialen Zusammenlebens adäquat begriffen werden. Auf der Grundlage der Klärung des Verhältnisses von Kritischer Theorie, Poststrukturalismus und Psychoanalyse wurden verschiedene Beispiele im Rekurs auf Me-

21 Vgl. Kujala & Danielsbackam, 2019.

22 Vgl. Güther, 2018.

chanismen apotropäischer Hygieneangst angesprochen. Affekte der Angst und des Ekels als Strukturelemente des Habitus generieren animistisch inspirierte Praktiken sozialer Exklusion. Das betrifft deinstitutionalisierende soziale Innovationen wie die Idee der Sozialraumbildung inklusiver Caring Communitys in der Kommune im Fall von Menschen mit Demenz oder Behinderung oder – und dies war das zentrale Thema in der vorliegenden Studie – auch die Probleme hospitalisierender klinischer Hygieneregulationen normalen Wohnens in Pflegeheimen.

Mich haben schon als Abiturient, sodann im Studium, psychoanalytische Dimensionen der Sozialwissenschaft fasziniert. In den vergangenen Jahren habe ich auch gerade meine angewandte Feldforschung für diese Perspektive geöffnet. Nach Studien zu Erhart Kästner (im Kontext der »konservativen Revolution«) und zu Richard Seewald (im Kontext eines links-sozialkonservativen Katholizismus) und nach einer Art »Selbstanalyse« meines eigenen Werdegangs habe ich die »Formung zum *homo digitalis*« ebenso tiefenpsychologisch fundiert wie ich meine Studie zum leidvollen Sexualtriebschicksal des sozialreformerisch denkenden katholischen Priester-Dichters Heinrich Federer[23] psychoanalytisch angelegt habe. Mein Forschungsinteresse galt in den vergangenen Jahren der Idee der Sozialraumbildung als Bildung von sorgenden Gemeinschaften (als Caring Communitys) im Rahmen der Gewährleistung und Sicherstellung sozialer Infrastrukturen als kommunale Daseinsvorsorge. Gerade mit Blick auf die im Personalismus anthropologisch fundierte Rechtsphilosophie der Inklusion kristallierte sich das Problem heraus, dass auf dem Weg zu einer genossenschaftlich gedachten Kommune als Gemeinschaft der solidarischen Gegenseitigkeitshilfe, um Outsider zu Insidern zu machen, gravierende kulturelle Blockaden zu überwinden. Die Idee einer für den *homo patiens* offenen Gemeindeordnung – so z.B. die Idee der demenzfreundlichen Kommune oder auch die der Normalisierung des Wohnens von Menschen mit Behinderung im Quartier – erwies sich als schwierig angesichts von Affekten wie Angst und feindlicher Ekel. Es zeigte sich das Problem der apotropäischen Hygieneangst. Kulturwissenschaftlich betrachtet, und hierbei auf die Thematik von Identität versus Alterität bezogen, dreht sich die psychoanalytische Sicht um das Problem des Fremden als dem numinosen ganz anderen als Übertragungsleistung der eigenen Abgründigkeit auf den anderen als Abwehrzauber des Dämonischen. Apotropäische Haltungen sind in der Religionswissenschaft breit erforscht und verweisen auf die Dämonenangst und auf entsprechende animistisch anmutende soziale Praktiken des magischen Dämonenabwehrzaubers. Diese Mechanismen erlauben es, die kulturellen Grammatiken der sozialen Ausgrenzung, der Isolierung und der hospitalisierenden bzw. medikalisierenden Institutionalisierung in Sonderwohnformen jenseits einer Normalisierung eben auch tiefenpsychologisch zu verstehen.

23 Schulz-Nieswandt, 2020k.

Das hinter all diesen Überlegungen wirksame Verständnis von Sozialpolitik soll in drei Schritten nochmals entfaltet werden. **Der erste Schritt** behandelt rechtsphilosophische Konsequenzen anthropologischer Grundlagen der personalistischen Fundierung der Sozialpolitiklehre.

Normativ-rechtlicher Referenzrahmen dieser psychodynamischen und daher – infolge der Unausweichlichkeit der gesellschaftlichen Einschreibungsmechanismen der Formung des Subjekts –immer auch kulturgrammatischen Analyse ist die Sakralität der Würde der Person, womit die Idee der Personalität zum modernen Naturrecht wird.

Person-Sein, das zeigt das Schaubild 5, ist als Synthese eines Polaritätsfeldes zu verstehen.

Schaubild 5: Das Person-Sein

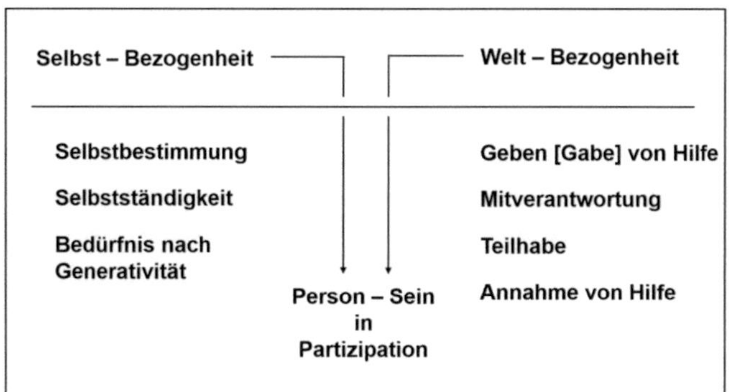

Der eine Pol des Feldes ist die Selbst-Bezogenheit des Menschen; der andere Pol ist die Welt-Bezogenheit des Menschen. Der Synthesegedanke steht durchaus insofern noch in der Tradition der Anthropologie von Kant, als es nicht um triviale, naive, romantische Harmonie geht. Schon im Symposium von Platon wurde deutlich, dass Liebe keine regressive Symbiose einer (Rückkehr in die) Einheit ist, sondern eine spannungsvolle Dynamik des Eins-Seins im Getrennt-Sein. Sozialrechtlich breit diskutiert werden die Grundwerte der Selbstbestimmung und der Selbstständigkeit des Subjekts. Dessen tiefe Bedürftigkeit nach Generativität koppelt Ego automatisch an Alter Ego, denn zum identitätsstiftenden Rollenspiel gehören immer Ich und Du im dialogischen Raum des Da-Zwischen, der uns an das Werk von Martin Buber sowie an andere Varianten des dialogischen Personalismus im 20. Jahrhundert erinnert. Das transzendentale Ich, und hier überwindet diese Sichtweise die Philosophie von Kant, setzt die Transzendentalität der Anrufung des anderen voraus, am radikalsten bei Levinas gedacht. Das ist radikaler gedacht als der Übergang von der Subjektivität zur Intersubjektivität des frühen zum späteren

Husserl[24] oder der Übergang zur Soziologie sozialer Konstruktion von Wirklichkeit (von Schütz zu Berger & Luckmann). Das Ich konstituiert sich überhaupt erst im Modus der Mich-Erfahrung.

Deshalb ist der linke Pol im Schaubild 5 nur in der Form der Einbettung in der vorgängigen Welt-Bezogenheit (rechte Seite des Schaubildes 5) möglich. Die Mich-Erfahrung der offenbarten Gabe evoziert die Gegen-Gabe und löst die Dynamik der Emergenz der Reziprozität von Geben und Nehmen (auch als souveräne[25] Subjektleistung der transnarzisstischen Akzeptanz von Abhängigkeiten mit Blick auf die jemeinige Hilfebedürftigkeit) als kulturelle Grammatik des gelingenden sozialen Miteinanders aus. Es ist keine Kastration der Subjektivität des Subjekts, wenn der Mensch angewiesen ist auf den Zwischenraum der Mitmenschlichkeit. Genossenschaftsartige Mitmenschlichkeit ist der Ermöglichungsraum der Personalität als Gestaltwahrheit des Menschen.

Diskutiert der linke Pol die Selbstverantwortung als Korrelat der Selbstbestimmung, so könnte der rechte Pol die gesellschaftliche Verantwortung betonen. Aber indem der Mensch eine soziale Mitverantwortung im Übergang vom linken zum rechten Pol hat, kristallisiert sich jenseits einer Dichotomie von Individual- und Kollektivverantwortung eine *Miteinanderverantwortlichkeit.*

Diese Überlegungen leiten uns ***in einem zweiten Schritt*** zur Deutung der Idee der Sozialraumbildung über. Es geht um die Bildung von Caring Communitys.[26] Diese werden als lokale sorgende Gemeinschaften im regionalen Raum sozialer Infrastrukturen definiert. Anthropologisch fassbare Kernstruktur dieser unterstützungsorientiert gedachten Hilfe-Ressourcen-Mix-Bildung ist die genossenschaftsartige Idee der Kommune als Rechts- und helfende Gegenseitigkeitsgemeinde, die der Ermöglichungsraum der Personalität als Gestalt-wahre Form des Menschen ist.

Diese Kommunalisierung ist sicherzustellen als Gewährleistungsaufgabe der Länder, die in einem Mehr-Ebenen-Regime der rechtsstaatlichen Gewährleistung eingestellt sind. So wird deutlich, dass der epistemische Ausgangspunkt der Gesamtsichtweise die Disziplinen der Anthropologie und Ethik sind. Sodann ist zu entfalten, wie die Rechtssysteme von diesen Ideen substanziell in ihrem innersten, fundamentalen Kern signiert sind. Erst am »Ende des Tages« kommt die Ökonomik ins Spiel, dann, wenn es um die effiziente und effektive Allokation knapper Ressourcen geht.

Vor diesem Hintergrund kann ***in einem dritten Schritt*** die Idee der relativen Deinstitutionalisierung als Strukturelement der Philosophie der sozialraumorientierten Inklusion expliziert werden. Inklusion meint die Normalisierung des Wohnens

24 Vgl. auch Ploder, 2014.

25 Dazu auch Pépin, 2019.

26 Vgl. Wegner, 2020.

Schaubild 6: Die Sozialraumbildung

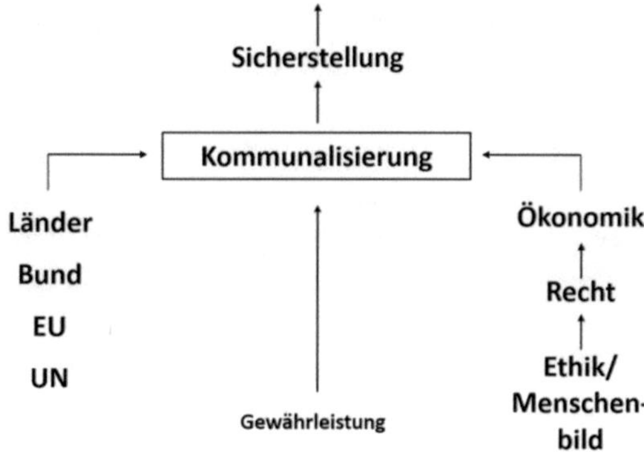

und der partizipativen Mobilität (Teilhabe) im Quartier im Kontext der Anerkennung der Diversität der Menschen und ihrer Daseinsführungsformen ohne soziale Ausgrenzung in Sonderwohnwelten in Spezialsektoren hospitalisierender Institutionen und Praktiken vor dem Hintergrund von Anormalitätsdiskursen.

Schaubild 7: Inklusion und relative Deinstitutionalisierung

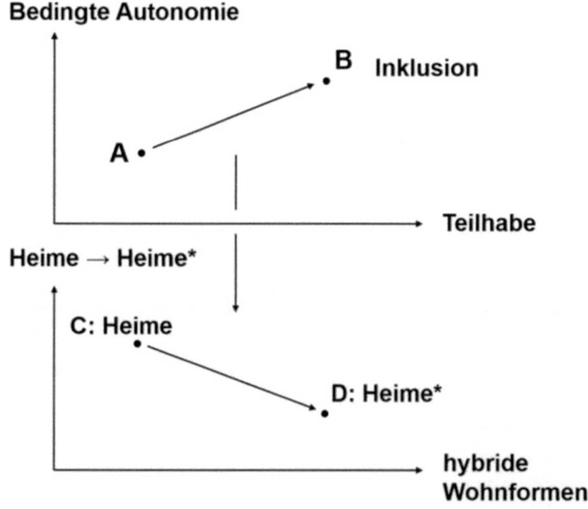

Das Schaubild 7 verdeutlicht, dass der progressive Inklusionspfad normativrechtlich definiert ist durch eine *Uno-actu*-Dynamik des Vektors der (wie in der vorliegenden Studie ausgeführt: relativen, bedingten) Autonomie des Menschen einerseits und des Vektors der Teilhabechancen andererseits. Die Strecke von A nach B ist definiert als Steigerung des Personalisierungsgrades des Menschen. Angesichts der ontologisch fassbaren Bedeutung des Wohnens als ein identitätsstiftendes Einbauen des Menschen in den materiellen Raum als Bildung einer sozialen Mitwelt findet ein *Spill-over*-Effekt der Wertestruktur auf die Wohnlandschaft statt. Der Versorgungsmarktanteil des Wohnformtypus des Heimes muss a) reduziert werden und b) müssen sich die Heime konzeptionell verändern mit Blick auf eine Steigerung der Lebensqualität im Sinne des lebensweltlichen Normalisierungsparadigmas. Die Strecke sei daher definiert von C nach D*, eine konzeptinnovative Transformation der Heime von H nach H* implizierend. Damit steigt im Zuge der Normalisierung der Wohnformen im Alter die Bedeutung hybrider Formen des Wohnens jenseits der primitiven Dichotomie von privater Häuslichkeit einerseits und stationären Formen der Langzeitpflege in Heimen andererseits an.

Inklusion meint eine Überwindung der Binärik von Insidern (●) der Normalität und Outsidern (♦) der Anormalität,

{●, ●, ●, ●, […], ●} |↔| {♦, ♦, ♦, ♦, […] ♦},

zugunsten einer Durchmischung (daher Hybridität einer positiven Heterotopie):

{●, ♦, ●, ♦, ●, ♦, ●, ♦, ●, ♦ […]}.

Diese Diversität im Rahmen einer Kultur der reziproken Anerkennung als respektvolle Wertschätzung ist keine triviale Kultur, sondern eine Zumutung, die erhebliche soziale Lernprozesse erfordert. Die notwendige Toleranz im Sinne der nicht diskriminatorischen Gleichbehandlung als Rechtsprinzip des sozialen Rechtsstaates muss als Demokratie allerdings wehrhaft sein gegenüber den Feinden dieser offenen Gesellschaft: Wer die Würde und die Werte der Personalität bekämpft, muss selbst bekämpft und zum Outsider erklärt werden.

Nachwort

Die Lebenserwartung ab Geburt liegt im Jahr 2020 bei Männern in Deutschland bei ca. 79 Jahren, bei Frauen bei ca. 84 Jahren.[1] Und es ist eine Dynamik auch bei der Entwicklung der zusätzlichen Lebenserwartung im höheren Alter zu beobachten. Was bedeutet dies für uns? Man kann sich solche Entwicklungen auch im internationalen Vergleich anschauen.[2] In Zukunft stellt sich das Problem nochmals deutlicher: Mädchen, die heute in Deutschland geboren werden, haben eine Wahrscheinlichkeit von 50 Prozent, 100 Jahre alt zu werden. Ca. 27 Prozent der über 85- bis 90-Jährigen, ca. 40 Prozent der über 90-jährigen Menschen leiden unter mittelschwerer bis schwerer Alzheimerdemenz.[3]

Länger leben, länger leiden?

2020 wird die Sozialleistungsquote (Sozialausgaben in Prozent des BKIP) ca. 30 Prozent sein. Für Gesundheit wurden 2017 11,5 Prozent des BIP ausgegeben. Das sind knapp 400 Milliarden Euro. Die Allokationsbilanz[4] ist nicht so gut, wie dieses

1 Vgl. https://de.statista.com/statistik/daten/studie/273406/umfrage/entwicklung-der-lebenserwartung-bei-geburt--in-deutschland-nach-geschlecht/ (Tag des Zugriffs: 18. Januar 2020).

2 Vgl. https://rp-online.de/leben/gesundheit/news/europa-vergleich-gesunde-lebensjahre-nach-dem-65-geburtstag_iid-14160469 (Tag des Zugriffs: 18. Januar 2020).

3 Vgl. https://www.deutsche-alzheimer.de/fileadmin/alz/pdf/factsheets/infoblatt1_haeufigkeit_demenzerkrankungen_dalzg.pdf (Tag des Zugriffs: 19. Januar 2020).

4 Allokation ist definiert als die Aufteilung freier Ressourcen auf gegebene Verwendungszwecke im wirtschaftlichen Leistungsgeschehen. Allokation ist die zentrale Kategorie der Ökonomie. Konkret wird das Problem der optimalen Zuteilung von Ressourcen (aus dem Wachstum des Sozialprodukts heraus) auf gegebene Verwendungszwecke. Hier knüpft sich die ebenso zentrale Idee der Effizienz im volkswirtschaftlichen Sinne an. Die Abgrenzung zur Frage der Verteilung des Sozialproduktes ist entgegen vorherrschender Lehrmeinung überhaupt nicht eindeutig. Mit Allokation wird auf die Ressourcenverwendungsverteilung mit Blick auf den weiteren Wachstumspfad der Volkswirtschaft verwiesen. Bezugspunkt sind die »gegebenen Verwendungszwecke« (investiver bzw. konsumtiver Art), wobei das Gegeben-Sein durchaus auf Fragen nach der »preference formation« (soziale Konstruktion von Präfenzen) verweist, also nur als technische Modellannahme dient: In Wirklichkeit ist Präferenzbildung durchaus im privaten wie im öffentlichen Raum ein Diskursthema. Zu bedenken ist auch die Frage, um welche Thementypen von Präferenzen in Bezug auf die Verwendungszwecke der Alloka-

Investment vermuten lässt: Deutschland ist ein Land der Gleichzeitigkeit von Über-, Fehl- und Unterversorgung und der zunehmenden Rationierungsdebatte. Davon hat oftmals der Sachverständigenrat für das bundesdeutsche Gesundheitswesen[5] berichtet. Also gilt nicht: immer mehr, immer besser.

Das Alter(n) hat viele Gesichter.[6] Geschichten vom glücklichen Alter machen Spaß und sind es Wert, erzählt zu werden. Aber das ist nicht die Aufgabe der sozialpolitischen Forschung kritischer Wissenschaft. Hier wird fokussiert auf den Fragenkomplex: Wie ergeht es dem (körperlich, wirtschaftlich, sozial, geistig, seelisch, wohnend) schlecht gestellten Alter? Hier geht es eben um den *homo patiens*, um Gebrechlichkeit und Schmerz, Pflegebedarf und Depression, Demenz, Wahn, um Einsamkeit und Todessehnsucht, um Verzweiflung, Angst und andere Phänomene, die die Abgründigkeit der menschlichen Existenz charakterisieren können. Diese Lebenslagen sind heute schon eine gesellschaftliche, wirtschaftliche, ethische Herausforderung. »Pflegenotstand« dürfte eigentlich keinen Platz in einer gelingenden sozialen Wirklichkeit haben.

Was kommt da auf uns zu? Eine schöne Welt, voller Weisheit[7] (zumindest Erfahrung: Die Differenz liegt in der sinnvollen und produktiven Verarbeitung der Erfahrungen), Entschleunigung und eine Welt mit weniger genitalzentrierter Sexualhormonregulierungsbedürftigkeit, mit Kindern, die in Vier-Generationen-Kontexte aufwachsen etc.; vielleicht, sicher wissen wir nichts. Aber es wird auch

---

tion es sich handelt: individuelle Präferenzen über privaten Konsum oder individuelle Präferenzen über gesellschaftliche Themen. Überlassen wir individuelle Präferenzthemen den jeweiligen Personen – aber nicht grenzenlos, wie z.B. im Fall der Minderschätzung von gesundheitlicher Prävention, wirtschaftlicher Vorsorge, Schulzwang, Versicherungszwang (sog. Meritorische, also kollektiv verdienstvolle, sozial wertvolle Bedürfnisse bzw. Güter, die auch im wohlverstandenen, zutiefst reflexiv bedachten Selbstinteresse sind, aber nicht hinreichend im Lebensführungsstil zum Ausdruck kommen. Solche privaten Themen der Konsumentscheidung privater Haushalte können öffentlich relevant sein. So stellt sich die Frage nochmals anders im Fall von öffentlich relevanten Themen sui generis, welche, die also gar nicht in den privaten Bereich fallen, sondern Staatsaufgaben darstellen. Hier geht es um *social (public) choice* über politische Güter. Politik meint hier: die Kultur des gemeinsamen Miteinanders (der Polis) betreffend. Hier können sich daher auch regulative Metapräferenzen (Präferenzen zweiter Ordnung [du sollst/darfst nicht], Präferenzen erster Ordnung [ich will/möchte] regulierend) über die individuellen Präferenzen privater Art (aus dem empathischen Motivhorizont von Respekt, Toleranz und Wertschätzung, Rücksichtnahme und Selbstbindung, von Weltoffenheit, Weitsicht und Selbsttranszendenz) herauskristallisieren. Autonomie ist bedingt und ist relativ, in soziale Relationen eingelassen und von Kontexten abhängig. Das nennt man schlicht Erziehung (altgriechisch: Paideia: Formung des Menschen zur Person). Zentrum dieses Geschehens ist die Formwerdung des individuellen Menschen zur Person.

5 Vgl. https://www.svr-gesundheit.de.

6 Vgl. Kollewe & Jahnke, 2009; Kollewe & Schenkel, 2011; Schmoll & Bayer, 2002.

7 Vgl. Wahl, 2000.

eine Welt des bedürftigen Alters sein. Schon die Formen (des Alterns als Prozess) dorthin sind vielfältig. Mag jede Biografie eine höchstindividuelle Geschichte sein. Biografien sind sozial überformt, kulturell differenziert, massiv von sozialer Ungleichheit der Lebensverläufe geprägt. Zum Teil geht es um Armut, Leiden an struktureller Gewalt, um Abgründigkeiten. Auch die letzte Phase ist ein Thema: Sterben und Tod als Ergebnisse der Endlichkeit der menschlichen Existenz.

In bestimmten Diskussionszusammenhängen ärgere ich andere Menschen, indem ich wiederholt Karl Marx zitiere, denn das ist heute eher befremdlich. Aber ich variiere z.B. eine Formulierung von Marx, wonach die Zivilisationsstufe des Menschen danach zu beurteilen wäre, wie der Mann sich zur Frau verhält. Das ist korrekt. Ich variiere aber: Die Zivilisationsstufe ist danach zu beurteilen, wie sich die Menschen zum Alter aufstellen und verhalten. Die Reaktionen sind gemischt: Moralismus-Vorwurf, Fehlender-Realismus-Vorwurf, DDR-Vorwurf noch mehr an – wohlwollend formuliert – Missverständnissen.

Wie steht es aber um die Gesellschaft und somit um das Generationengefüge, dass jede Gesellschaft, dabei natürlich die Gendergrammatiken eingeschlossen, immer auch zugleich ist?

Darf man derart radikale – also grundlegende – Fragen nicht stellen? Woher nehme ich die Arroganz? Da bin ich ehrlich. Wie oft stehe ich vor dem Spiegel und sage (zu mir, aber auch zum anonymen Dritten der »Gesellschaft« als moralisches Gericht): Mist. Aber der Mensch ist zur »exzentrischen Positionalität« befähigt. Er kann eine Metaposition einnehmen. Dies darf der Mensch auch, wenn er selbst unvollkommen – also im Sinne der *Analogia-entis*-Theologie – »nur« gottähnlich ist.

Wir müssen abstrakt denken: Es gibt – nicht selten auch an der Universität – schreckliche junge Menschen; es gibt schreckliche alte Menschen. Und die im Da-Zwischen sind auch oft schrecklich. Aber es gibt auch viele tolle Menschen, auf die man bauen kann. Jedoch geht es auch gar nicht um die konkreten Menschen. Es geht um die Idee des Menschen. Nochmals zum Ende: Wie steht es um die Würdigung der Würde des Alters? Auch dann, wenn man manche Exemplare des Alters »schwierig« findet. Das zählt nicht in der humangerechten Metaphysik des gelingenden sozialen Miteinanders als Grammatik unserer Kultur, soll sie als weltoffen und vor allem liebevoll bezeichnet werden.

Wissenschaft muss einen Beitrag zu konkreten Utopien leisten. Die Gesellschaft braucht Visionen, die die Gestaltwerdung einer humangerechten Kultur des sozialen Zusammenlebens leiten.

Ich setze nochmals anders an: In welche Entwicklungssackgasse ist unsere Gesellschaft eigentlich geraten? Oder anders gefragt: Wie steht es um die Ernsthaftigkeit, mit der begriffen wird, dass die gestaltende Gesellschaftspolitik den sozialen Wandel als Entwicklungsaufgabe von Staat und Gesellschaft wahrnehmen muss? Wie steht es, wie es die ältere Theorie der Sozialpolitik darstellte, um das auf die sozialen Probleme bezogene Gefüge von Problemdringlichkeit, Problembewältigungsbereitschaft und Problembewältigungsfähigkeit? Welche Erzählung dominiert das Geschehen? Welches Drehbuch verarbeitet die Agenda des politischen Systems? Wer führt hier eigentlich Regie? Welche Produzenten beherrschen das Spiel hinter der Bühne der Aufführung? Wie steht es um die Authentizität der Akteure?

Und mit Blick auf das vorliegende Themenfeld? Huldigungsriten – an Praktiken wie Kotau, Proskynese und Hikesie[8] erinnernd – werden abverlangt angesichts der Bereitschaft der transnationalen Kapital-Anleger-Modelle, den demografischen Wandel durch Investition in den Bau von Pflegeheimen zu bewältigen, die sodann angesichts der Dichte des Wohnens reguliert werden als Orte von Hygieneregimen der klinischen Welt. Die innovativen Wohnformen jenseits des relativ primitiven dualen Weltbildes (Privathaushalt und Heim) sind im Spektrum der Wohnformen im Alter eher von randständiger Bedeutung. Es fehlt an sozialer Phantasie und am politischen Mut, die tradierten Strukturen aufzubrechen. Wollen wir wirklich im Rahmen einer Finanzierungsreform nur mehr Geld in das System (quasi wie eine Ablasszahlung: Hauptsache, das Gewissen ist beruhigt[9]) pumpen, ohne die Strukturen aufzubrechen und sie in neue Formenlandschaften zu überführen? Hier ist Reform wieder einmal als Reformation der etablierten heiligen Ordnung zu begreifen. Die Kritik an den Verhältnissen ist die Kritik am falschen Spiel, das nicht mehr mitgespielt werden darf.

Die kulturgeschichtlich überholten Strukturen benötigen eine Mutation. Das Wort muss begrifflich ernst genommen werden. Es geht nicht mehr um Tapetenwechsel. Es geht um den Bauplan der Welt, in der wir uns eingerichtet und in der wir alte Menschen eingefügt haben. Die vorliegende Analyse zieht die Schlussfolgerung: keine Finanzierungsreform ohne Strukturreform.

Strukturproblem meint hier: Wir haben in unserem Sozialstaat ein Kulturproblem. Gemeint ist keine Kritik der »Hochkultur« (Symphoniebauten) versus »Volkskultur« (Grundsicherung im SGB XII). Beides muss im gesellschaftlichen Leben

---

8 Das Phänomen der Hikesie (vgl. auch Bettenworth, 2004) kommt aus dem Altgriechischen und verweist auf »anflehen« oder »Schutzflehender sein«, steht also zum Teil im Kontext des ubiquitären Asylproblems. Hekesie bezeichnet hier die Flucht von Menschen in ein Heiligtum (Sakralraum), um in einer fremden Gesellschaft schützend aufgenommen zu werden. Übertragen wir dies auf das Kapitalmangelproblem: Wir flehen (in Verehrung: Zink, 2014) den mit heiliger Aura auftretenden Shareholder-Value-Kapitalismus an, uns zu helfen, mit unserem Problem der Finanzierung der Altenpflege als Fluch einer überalterten Gesellschaft des Ergrauens halbwegs klarzukommen. Die altpersische Sitte der Proskynese (vgl. Alexopoulos, 2018; Wiesehöfer, 2001) ist funktionsanalog zum chinesischen Kotau (Huldigungsritus der Kniefälligkeit).

9 Vgl. Wißmann, 2015.

Platz haben. Gemeint ist die Kultur der Versorgungswelten als Geschehensorte sozialer Praktiken, die nicht kosteneffektiv sind und die gesundheits-, pflege- und sozialpolitischen Ziele verfehlen. Gemeint sind die Geschehensprozesse, die auf der Bühne der Sektoren inszeniert sind, die Drehbücher der Filme, die in den Institutionen ablaufen, und die Haltungen der Professionen als Rollenspieler sowie auch die Einstellungen des Publikums (der Gesellschaftsmitglieder), die z.B. das Sankt-Florians-Prinzip praktizieren, wenn es um Deinstitutionalisierungen, Enthospitalisierungen und die Bildung und Entwicklung inklusionsfreundlicher Kommunen geht.

In einer Affektkultur der Angst und des Ekels gegenüber dem ganz anderen des leidenden Menschen gelingt das soziale Miteinander nicht. Rechtsreformen müssen Hand in Hand gehen mit der Arbeit an einer neuen, gelebten Kultur des Sozialstaates. Die reine Geldpumpe ohne Mut zum Kulturwandel hin zu innovativen Strukturen ist eher ein Ausdruck des Schuldgefühls und der Schuldabtragung, indem sich die Gesellschaft vor ihrer eigenen Veränderung drückt und ihre Verantwortung der Arbeit am eigenen Identitätsverständnis – »In welcher Republik wollen wir eigentlich leben?« – zur Finanzspritze sublimiert. Sublimierung ist ein durchaus passender Begriff: Man verdrängt (verschweigt) nicht; man wird tätig (Finanzierung), aber die Problemlösung gelingt letztendlich nicht, weil das eigentliche Problem in der Tiefe der Sache nicht gelöst wird: keine »Mehr-Geld«-Finanzierungsreform ohne radikale Strukturreform! Strukturreform ist jedoch Politik eines identitätsrelevanten Kulturwandels: Wer bin ich? Was will ich wirklich? Wo will ich hin? Was ist eigentlich die »Reise«? Nochmals: Gesundheits- und Pflegepolitik sind Teil der Sozialpolitik und müssen in eine kohärente Gesellschaftspolitik eingebettet werden: Wie wollen wir nachhaltig miteinander leben? Wir: Das sind die Kinder, die Jüngeren und die Älteren, die Frauen und die Männer und die anderen Diversen, die Reich(er)en und die Ärmeren sowie die Mittelschichten, die Menschen mit oder ohne ihre diversen Migrationshintergründe und ihre Multizugehörigkeitsrollen etc.

Ohne Strukturreform der Wohn- und Versorgungslandschaft gelingt es unserer Gesellschaft nicht, der personalen Würde des Alters eine angemessene Form des Wohnens und der gelingenden Teilhabe am normalen sozialen Miteinander zu geben. Wie Kinder grundrechtlich ein Recht auf Umwelten des gelingenden Aufwachsens haben, so hat der alte Mensch grundrechtlich ein Recht auf Umwelten der gelingenden Personalität: Ihr muss eine passungsfähige Form gegeben werden. Es fehlt der sozialen Wirklichkeit in diesem Sinne die Gestaltwahrheit. Wir handeln entgegen der Philosophie unserer Rechtsregime und verletzen die dort verankerten Werte der Selbstbestimmung, Selbständigkeit und Teilhabe. Statt inklusiven Gemeindelebens praktizieren wir soziale Ausgrenzung: Exklusion statt Inklusion.

Wann ist eine Reform (der Ordnung der Gestaltung eines sozialen Feldes oder gar der ganzen Gesellschaft) eine Reform, die den Namen Reform, abgegrenzt vom

Verständnis einer (eher eruptiven) Revolution verdient? Verortet sich im Kontinuum zwischen Reform und Revolution der Typus der revolutionären Reform? Meint Reform Arbeit am Phänotypus, revolutionäre Reform eine Transformation der DNA eines Systems, also Arbeit am Genotypus des Systems? Reformen haben eine unterschiedliche Form im Sinne einer Gestaltqualität. Es geht hier, was seit langer Zeit politisch praktiziert wird, nicht (mehr nur) um parametrische Reformen. Parameteranpassungen im sozialen Wandel sind durchaus wichtig, hier aber nicht das Thema.

Oder nochmal anders formuliert: Die Richtung und die Art und Weise, wie wir die Alter(n)ssozialpolitik in unserer alternden Gesellschaft bahnen, ist prägnant signiert von der zivilisatorisch wichtigen kritischen Nachfrage, ob wir an der allgemeinen Gestaltung des gesellschaftlichen Miteinanders scheitern. Der Kurs des Wohlfahrtsstaates (des sozialen Rechtsstaates der Bundesrepublik Deutschland als Mitglied der Kultur des europäischen Gewährleistungsstaatsdenkens) ist Teil der Frage des Gelingens unserer zivilen »Wohlfahrtsgesellschaft«. Reformpolitik darf also nicht mehr nur parametrisches Drehen an kleinen Rädern im Systemgefüge bedeuten. Reformpolitik bedarf »Philosophie«, Visionen, die nicht Thema der Psychotherapie sind, sondern Potenziale kreativen Überschreitens von Grenzen, von Mauern, von Gräben und Blockaden meint.

Reformen sind eben auch in der Tiefe eine Frage der mutigen Imagination einer besseren Welt und daher nicht nur eine Aufgabe von *social engineering*, des Durchrechnens und der kalkulatorischen Beachtung der Sachzwänge der sog. Realität. Faktische Wirklichkeit ist als Gestalt veränderbar. Faktualität ist die zur Realität gewordene Fiktionalität »konkreter Utopien«.

Die Eckwerte unserer verfassten Gesellschaft – Freiheit der Persönlichkeitsentfaltung, Gleichheit der Chancen aller Gesellschaftsmitglieder zu dieser Freiheit und Solidarität als Voraussetzung dieser Chancen zur Freiheit der Person – setzen ein achtsames System von Selbstsorge, Mitsorge und Fremdsorge (gegenüber dem Fremden als abstraktem Mitmenschen, also die Idee der sozialen Staatsbürgerschaft) voraus. Mitsorge im Nahbereich des sozialen Miteinanders des konkreten Mitmensch-Seins im Sinne der reziproken Rollen von Ich und Du, Du und Ich schafft Nachbarschaft als ein Wir für Uns. Es geht also um Selbsthilfe als Selbstverantwortung und Arbeit am eigenen Selbst und um »Hilfe zur Selbsthilfe« auf der Ebene der Mitsorge und der Fremdsorge. Empirisch ist angesichts der Risikostruktur moderner Gesellschaft der Übergang von der Selbsthilfe zur notwendigen »Hilfe zur Selbsthilfe« schnell erreicht. Der Münchhausen-Effekt (sich am eigenen Schopfe aus dem Sumpf zu ziehen) ist empirisch unplausibel und erweist sich in der Geschichte der Weltanschauungen als ein in hochproblematischer Weise individualistisch verkürzter Liberalismus. Dies ist nicht das Menschenbild der bundesdeutschen Verfassung und des grundrechtlich denkenden Völkerrechts.

Anhänge

Anhang 1: Morphologie und Strukturanalyse

Die in nachfolgendem Schaubild 8 unterschiedenen Ebenen der Makro-, Meso- und Mikroanalyse werden werteorientiert in der morphologischen Analyse auf den Sinn und die Sinnerfüllung hin untersucht.

Schaubild 8: Struktur des Feldes

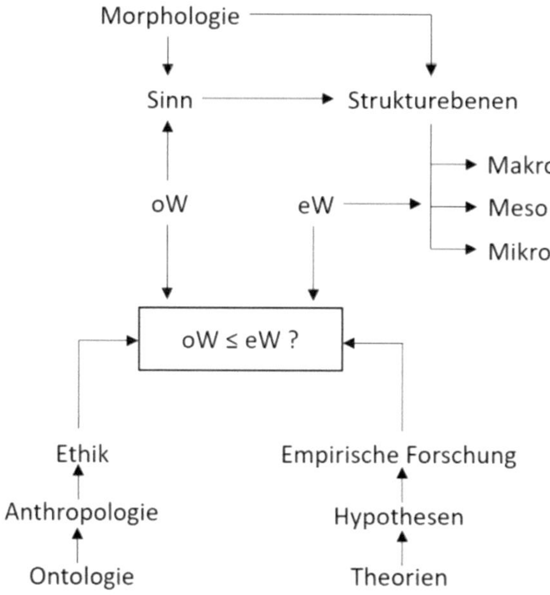

Die empirischen Befunde der sozialen Wirklichkeit des Versorgungsgeschehens *(eW)* werden skaliert an der ontologischen Wahrheit *(oW)*, die die Frage an die Befunde anlegt, ob und inwieweit das Wesen des Menschen als Gestaltwahrheit seiner Existenz (mit Würde, in Selbstbestimmung, teilhabend sein Leben selbstständig führen) zur Entfaltung kommt:

$oW \leq eW$?

Die Metaphysik der *oW* wird hergeleitet (deduziert, somit nicht aus normativem Relativismus und Dezisionismus entspringend) aus der disziplinären Hierarchie der Ontologie (Struktur des Seins), Anthropologie (universale Existenzmerkmale des Menschen) und Ethik (Sittengesetz und seine situativen Anwendungen); die *eW* resultiert aus den Ergebnissen der Forschung der Erfahrungswissenschaften, die methodisch kontrolliert über erklärende Theorien und ihre Hypothesen geleitet worden ist und die uns die Befunde als Faktizität sinnhaft verstehen lassen. Letztendlich müssen sie aber an der *oW* skaliert werden.

Schaubild 9: Morphologie des Feldes

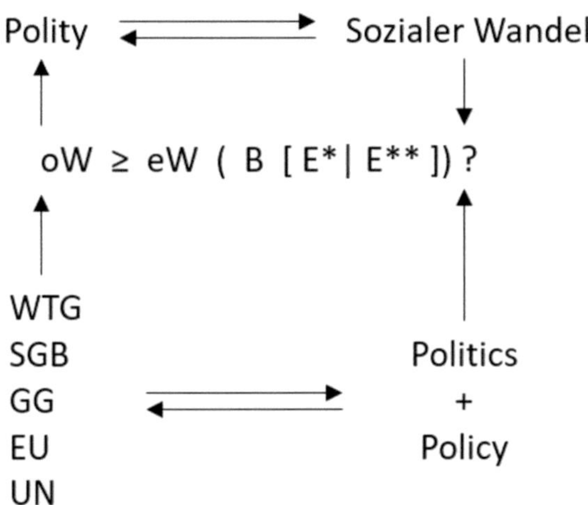

Dieses Schaubild 9 vertieft die Einsichten des vorausgehenden Schaubildes 8. Die aus der Politikwissenschaft stammende Unterscheidung von Polity, Politics und Policy ist analytisch hilfreich. In der sozialen Wirklichkeit sind die Abgrenzungen nicht immer so eindeutig. Polity bezeichnet die konstitutionellen Grundlagen und Rahmungen der Gesellschaft. Dazu gehören die normativ-rechtlichen Grundlagen und ihre Basisinstitutionen, z.B. das Grundgesetz und das Verfassungsgericht bzw. die Europäischen Verträge und der Europäische Gerichtshof und die EU-Kommission oder auch das Zwei-Kammer-System im Föderalismus Deutschlands etc. Politics meint die politischen Entscheidungsmechanismen. Man denke an die Wahlen, die Gesetzgebungen, die Tarifautonomiepraktiken inkl. Streik und Schlichtungen, Bürgerbeteiligungsprozesse[1], die Arbeit des Gemeinsamen Bundesausschusses (G-BA) usw. Policy bezeichnet konkrete Politikprogramme, einschließlich Zielen, Design, Maßnahmen, Methoden, Instrumenten. Wichtig ist nun das Verständnis der Ineinander-Verschachtelung[2]: Policy ist die Folge von Politics, eingebettet in die Polity. Das eigentliche Ziel ist die Erwartung erwünschter Outcomes (der Performanz) im kosten-effektiven Sinne (vgl. Anhang 5) der Policys. Dazu dienen die politischen Entscheidungen über die Politikprogramme. Dabei funktionieren die Entscheidungsprozesse innerhalb der normativ-rechtlichen bzw. basisinstitutionellen Vorgaben der Polity.

Die *oW* lagert sich in der *Polity*-Dimension der wissenschaftlichen Analyse ab. Die *oW* spiegelt sich, im besten Fall, in der Mehr-Ebenen-Struktur der normativen Rechtsregime (UN, EU, GG, SGB, WTG), weil diese in einem personalistischen Menschenbild fundiert sind, welches sich in der passungsfähigen Rechtsphilosophie zum Ausdruck bringt. Die soziale Wirklichkeit ist im Lichte dieser *Polity* der *oW* zu skalieren:

$$oW \leq eW\,(B\,[E^{*}/E^{**}])?$$

Die Differenz *D* zwischen *oW* und *eW* wäre durch eine *Polity*-konforme Entwicklung der *Policy* im Rahmen von *Politics* des sozialen Gewährleistungsstaates als Rechtsstaat zu reduzieren:

$$D\,\{Polity\,(eW) — eW\,(B[E^{*}/E^{**}] \leftarrow Policy\text{-} \leftarrow Politics)\} \rightarrow min!$$

Die Empirie ist also am Referenzsystem der Wertestruktur der menschlichen Personalität zu skalieren.

1 Vgl. Krön, Rüßler & Just, 2019.

2 Die Analogie des verschachtelten Feldes zur Ellipse (mit der Mitte M und den Brennpunkten F_1 und F_2) sollte nun im Sinne der mathematischen Geometrie nicht sinnlos zu weit getrieben werden. Man könnte aber noch den Mittelpunkt M der Ellipse als die Idee des Sozialraums bezeichnen. Denn hier treffen sich die Verschachtelungsmitten der vertikalen und der horizontalen Achse: Denn, wie zu zeigen sein wird, ist die Mikroebene des Alltags der Person eingebettet in die Mesoebene der Institutionen, die wiederum eingebettet sind in die Makroebene des nationalen oder transnationalen Gesamtzusammenhangs, so wie die untere Ebene der Ländergesetzgebung in die Bundesgesetzgebung eingebettet ist, die wiederum eingebettet ist in das Europäische Verfassungsrecht und sodann in das Völkerrecht. M steht also im Schnittbereich der vertikalen und der horizontalen Achse, die beide nach dem Bild von Matrjoschkas funktionieren.

Anhang 2: Personalismus

Wenn das Wesen des Menschen mit einem Begriff charakterisiert werden soll, so ist dies der Personalismus.

Er bezeichnet einen Dritten Weg zwischen Kollektivismus und Individualismus – und dies in einer Weise, die ihn nicht auf der Möglichkeitskurve dieser beider Pole ansiedelt, sondern in einem anders codierten Vektorraum.

Person-Sein meint die reife Form des dialogischen und somit gemeinschaftsfähigen Individuums. Es kann »ich« sagen, aber sich auch als ein Mich in der sozialen Welt des Wir und des Uns angesichts des Du verstehen. Es ist nun wirklich ein Selbst im Modus des gelingenden sozialen Miteinanders; es ist Knotenpunkt seiner sozialen Beziehungen.

Die Anthropologie der Personalität meint jenseits von Individualismus und Kollektivismus eine dritte (ontologisch »wahre«) Form der Wesensentfaltung des Menschen im Modus von Autonomie und Partizipation (Naturrecht der Würde). Sie drückt den rechtsphilosophischen Kern der Idee der Inklusion aus, die wiederum im Kontext der Sozialraumentfaltung auf die Notwendigkeit von Caring Communitys angesichts der Vulnerabilität der menschlichen Kreatur verweist.

Telos der ganzen Geschichte ist diese Personalisierung des Menschen und somit die konkrete Freundschaft und Nächstenliebe (Altruismus[3] und Gabe[4] auf der Grundlage von Empathie) als die Logik des gelingenden sozialen Miteinanders. Altruismus meint: im eigenen Handeln ein Interesse am Wohlergehen des Mitmenschen einbauen. Altruismus bezeichnet als Teil der gesellschaftlichen Moralöko-

---

3 Altruismus ist eine konstitutive Dimension der Personalität und des Habitus der menschlichen Person. Altruismus stellt eine Form von *moral externalities* (vgl. Externalität angesichts des Sittengesetzes nach Kant) dar (Sittengesetz) und ist für die paretianische (vgl. Pareto-Rawls-Lösungen) Wohlfahrtsökonomie (vgl. Wohlfahrtsökonomik) von Bedeutung. Aus liberaler Sicht (des normativen Individualismus) sind nur freiwillige Formen als rationaler Altruismus zulässig, etwa als Transferzahlung der Reichen (R) an die Armen (A): $\partial U_R/\partial Y_R \leq \partial U_R/\partial U_A$. Diese setzt die Interdependenz der Nutzenfunktionen $U_{R,A}$ voraus: $U_R = U_R (Y_R; U_A)$.

4 Die Motive können unterschiedlich sein und auch auf tiefenpsychologische Dimensionen verweisen. Es gibt auch »schmutzige« Gaben (zumindest ambivalente Motive, wie die Forschung zum »Tafeln« zeigen kann) aus Motiven des Machtwillens heraus, mit Absicht auf Allianzen mit oder Beherrschung des Mitmenschen als Empfänger der Gabe (Klientelismus und Euergetismus), der Demütigung (Adam-Paffrath, 2016), der Korruption usw. Aus der Gabe entstehen soziale Bindungen und dynamische Systeme von Geben und Nehmen und Gegengabe. Es gibt auch Phänomene der sozialen Pathologie der Gabe (bis zur Selbstzerstörung) (vgl. Phänomen destruktiver Gabezyklen wie den Potlatch). Obwohl es um soziale Austauschbeziehungen geht, sind die Prozesse der Gabe und Gegengabe nicht rein ökonomischer Natur, sondern komplexe »totale soziale Tatsachen« mit politischen, religiösen, ethischen und rechtlichen Bedeutungsdimensionen.

nomik das soziale Phänomen, dass sich ein Gesellschaftsmitglied (Ego) in seinem Wohlbefinden (Wohlstand, Nutzenniveau) nur besserstellen kann, wenn sich durch sein Handeln zugleich Dritte (Alter Ego) ebenso besserstellen. Es liegt dann eine positive Externalität vor. Die Selbstaufopferung im Sinne der absoluten Selbstlosigkeit ist nur ein Grenzfall dieser Figuration. Vielmehr handelt es sich um eine Sorgebeziehung, die auf unterschiedlichen Motiven (Liebe, Pflicht, Respekt, Solidarität, Gerechtigkeit etc.) beruhen kann: Es geht um das gelingende soziale Miteinander. Basis ist u.a. die Empathie. Die Gabe ist die Praxis der Bereitschaft in der Offenheit zum Mitmenschen, bedarfsorientiert Ressourcen zu schenken. Die Kategorie der Gabe wird traditionsreich in vielen Disziplinen (Anthropologie, Theologie und Religionswissenschaft, Philosophie, Rechtswissenschaft, Soziologie, Psychologie, Sozialökonomik, Kulturgeschichte) theoretisch anspruchsvoll und mit vielerlei empirischem Material erforscht. Die Gabe zählt als Universalie zum Kern der kulturellen Grammatik des gesellschaftlichen Zusammenlebens.

Schaubild 10: Personalismus als Anthropologie des Dritten Weges

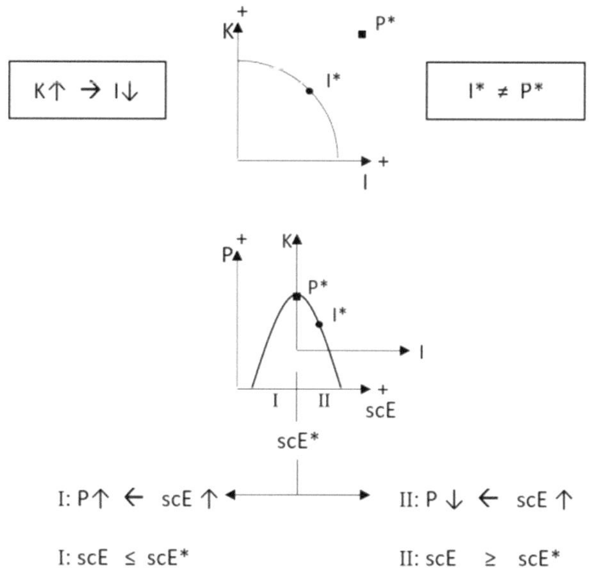

Die Personalität des Menschen lässt (obere Hälfte des Schaubildes 10) sich nicht – auch nicht als Mittelwert-Kompromiss (I*) – auf der *Trade-off*-Line einer Kollektivismus-Individualismus-Skala (K-I-Skala) abbilden:

$I^* \neq P^*.$

Das *Trade-off*-Theorem der K-I-Skala behauptet:

Wenn K ansteigt ↑, *dann* → *sinkt I* ↓.

Nimmt man (untere Hälfte des Schaubildes 10) aber P als genetische Funktion der soziokulturellen Einbettung an, also

$P = f(scE),$

dann sieht der Zusammenhang anders aus:

P steigt bis zum Optimum P^* als Funktion von *scE* an. Auf der *scE*-Achse gilt im Abschnitt I ($scE < scE^*$) bis zum Punkt scE^*:

$\partial P / \partial scE > 0.$

Rechts von scE^* ($scE > scE^*$) gilt:

$\partial P / \partial scE < 0.$

Erneut wird deutlich:

$P^* \neq I^*.$

Personalität ist also eine Figur[5] des vergesellschafteten Subjekts, das sich nicht *unbedingt* als Kollektivismus-Phänomen fassen lässt, wohl aber als Reifung des Individuums (Liebesfähigkeit als Weltoffenheit) im Modus der Teilhabe am gelingenden sozialen Miteinander.

Anhang 3: Transaktionalismus, Strukturation und Präferenzformation

Eigentlich ist die Idee des Transaktionalismus einfach: Ein Organismus (auch die menschliche Person) steht in einem wechselseitigen Modus des Austausches mit seiner Umwelt. Der Mensch merkt die Wirkung der Umwelt auf ihn; der Mensch wirkt gestaltend/verändernd auf seine Umwelt. So baut sich der Mensch wohnend in die Welt ein.

In der die Ökologie begründenden Tradition der theoretischen Biologie von Jakob von Uexküll (1864-1944) stehend, wird die Wechselwirkung von Mensch und Umwelt als Kreislauf von Merkwelt und Wirkwelt begriffen: Der Mensch merkt die Umwelt (z.B. das Wetter); der Mensch wirkt auf die Umwelt (baut sich in sie wohnend ein und gestaltet sie z.B. barrierefrei).

5 Vgl. instruktiv: Eder, 2013.

Dieses Denken[6] hat die allgemeine Gerontologie[7] des Lebenslaufes und insbesondere auch die Ökogerontologie geprägt. Es hatte maßgeblichen Einfluss auf Strömungen der philosophischen Anthropologie. Von hier aus sind auch sozial- und entwicklungspsychologische Theorien der Adaption (Assimilationsleistungen [Anpassungsveränderungen] der Person und Akkomodationen [Anpassungsveränderungenen] der Umwelt) begründbar. Die daseinsthematische Psychologie und die Lehre von Reaktionsstilen und Daseinstechniken im Lichte des Erfahrungserlebnisgeschehens des Menschen sind entsprechend einzuordnen.

Präferenz-Strukturations-Modelle sehen den Menschen anders. Das Verhalten V wird als Funktion f von Präferenzen (P) und Restriktionen (R) definiert:

$$V = f(P, R).$$

Es wird (Theorem des *Cartesianischen Dualismus*) eine strikte Separationsannahme getroffen:

$$P \mid\mid R.$$

Schaubild 11: Struktutation und Präferenzformation

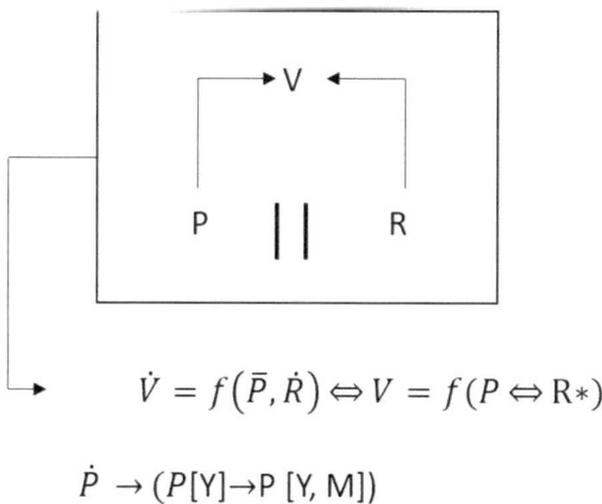

In dieser orthodoxen behavioristischen[8] Modellsicht der handlungstheoretisch konzipierten Strukturation rationaler Interessen sind Präferenzen gegeben und variiert werden nur die anreiz-ökonomischen Restriktionen. Eine Annahme der

6 Vgl. Claßen u.a., 2014; Wahl, Tesch-Römer & Ziegelmann, 2012; Bengtson, 2008.

7 Vgl. Kruse & Martin, 2014.

8 Dazu kritisch: Kriegler, 2019.

Sozialökonomik des heterodoxen Institutionalismus ist die Wechselwirkung (Transaktionalismus) von P und R:

$$V = f(\textit{assimilative Merkkraft } P\,[R] \;\; \textit{akkomodative Wirkkraft } R\,[P]).$$

So kann es zu einer Präferenztransformation kommen:

$$P\,(Y) \rightarrow P\,(Y, M).$$

Damit wird die moralische Orientierung M aus dem möglichen Status einer exogenen Restriktion (R = [Y, Z, M etc.]) befreit und unter der nicht nur methodischen, sondern sozialontologischen Prämisse der semantischen Öffnung der Nutzenfunktion im Sinne der generativen Grammatik der Kultur der vergesellschafteten Subjekte (U = U[•]) selbst zum Parameter einer Utility-Funktion U endogenisiert.

Anhang 4: Wohlfahrtsökonomik und die Pareto-Rawls-Lösungen der Maximierung sozialer Wohlfahrt

Warum sollte sich eine Gesellschaft verändern? Was sind Kriterien für die Entscheidung zugunsten eines gewählten Weges der Veränderung? Wann und wie stellt sich die Gesellschaft besser? Es darf sich (diskutiert in der Wohlfahrtsökonomik) gemäß Sittengesetz durch die Veränderung kein(e) Gesellschaftsmitglied(er) ursächlich schlechterstellen, wenn sich ein anderes Mitglied oder andere Mitglieder der Gesellschaft in ihrem Nutzenniveau verbessern. Oder: Ein Individuum darf sich so lange verbessern, wie dadurch ursächlich kein anderes Individuum schlechtergestellt wird. Besser wäre ein Sogeffekt: Alle stellen sich gleichzeitig (nicht unbedingt auch in gleicher Weise) besser. Um im sozialökonomischen Zusammenspiel der Gesellschaftsmitglieder das Problem der normativ akzeptablen Maximierung sozialer Wohlfahrt (vgl. Wohlfahrtsökonomik) als Allokation von Ressourcen zu lösen, bedarf es Kriterien der Aggregation. Nach Vilfredo Pareto (1848-1923) können sich Individuen legitimerweise nur so lange in ihrer nutzenmaximierenden Wohlfahrtsentwicklung verbessern, so lange sie dadurch nicht ursächlich andere Gesellschaftsmitglieder schlechterstellen (Sittengesetz nach Kant). Bei John Rawls (1921-2002) werden faire *Win-win*-Lösungen präferiert. Beim ersten Typ der Maximierung der sozialen Wohlfahrt SW für alle Gesellschaftsmitglieder i = 1 ... n mit den jeweiligen Nutzenfunktionen U_i handelt es sich um eine Pareto-Lösung; beim zweiten Typ handelt es sich um eine rawlsianische Lösung, die allerdings eine Teilgruppe aller möglichen Pareto-Lösungen darstellt. Die Pareto-Lösung lautet

$$\partial SW/\partial U_i \geq 0 \textit{ für alle } i$$

und die Rawls-Lösung lautet

$\partial SW/\partial U_i > 0$ *für alle i.*

Allerdings übergeht das Pareto-Prinzip das Fairnessproblem der wachsenden relativen Ungleichheit (Theorem der relativen Deprivation). Aus sozialpsychologischer Sicht verletzt die Besserstellung der ohnehin Bessergestellten bei Konstanz (nicht Absenkung!) des Wohlstandsniveaus der Schlechtgestellten das Gebot sozialer Fairness. Dies wäre der Fall, wenn mit Blick auf U_A und U_B gilt: $\alpha > \beta$ *und* $\beta \neq 0$, vorausgesetzt, dass ausgegangen wird von der Optimierungsgröße $(U^*_A - U_A)^\alpha\ (U^*_B - U_B)^\beta$, Wenn also β nicht größer als 0 ist. Eine *Win-win*-Situation setzt dagegen voraus: α > 0 und β > 0; möglich aber ist, dass α = β ist. Eine Alternative wären Lösungen entsprechend der Rechtsphilosophie von John Rawls (1921-2002): Rawls-Lösungen ***(Rl)*** sind immer Teilmengen der Pareto-Lösungen ***(Pl)***, aber nicht alle Pareto-Lösungen sind auch Rawls-Lösungen: Alle ***Rl*** sind ***Pl,*** aber nicht alle ***Pl*** sind ***Rl.*** Anders ausgedrückt: Rawls präferiert *Win-win*-Situationen, in denen auch der Schlechtgestellte in den Sog des sozialen und/oder wirtschaftlichen Fortschritts kommt. Dies entspricht auch dem Denken der *sozialen* Marktwirtschaft des Europäischen Verfassungsvertragsrechts.

Es geht um die wohlfahrtstheoretische Frage, wie Potenziale der Lebensqualitätsverbesserung im System sozialer Relationen verteilt werden.

Nehmen wir im Schaubild 12 eine Zwei-Personen-Gesellschaft an, deren Sozialstruktur die von Reichtum (R) und Armut (A) ist. U (Utility) bezeichnet das Nutzenniveau. Bezeichnet der Punkt A jetzt den Ausgangspunkt, so sind alle geometrischen Orte der Aufteilung von Nutzenniveauveränderungen im Koordinatenraum (so C, D und B als Punkte auf einer Nutzenmöglichkeitskurve) allokative Pareto-Verbesserungen. Sie unterscheiden sich aber in ihrer distributiven Ausprägung. Im Punkt C hat sich der Arme verbessert, ohne den Reichen dadurch ursächlich schlechtergestellt zu haben. Im Punkt B ist es genau umgekehrt. Punkt D stellt eine *Win-win*-Situation dar.

Aus rawlsianischer Sicht dürften C und D gegenüber B vorzugswürdiger sein. Pareto-Lösungen sagen eben zunächst nichts aus über die relative Deprivation, vernachlässigen also die Kenntnisse aus der sozialpsychologischen Fairnessforschung. Stünde ein großes Potenzial von Ressourcen zur Allokation an, wäre ein Weg nach C* eine radikale Besserstellung zugunsten von A, ohne radikalen Substanzverlust von R.

Der Weg von A nach E (E liegt auf einer Gleichverteilungslinie) wäre das Ergebnis eine Zwangsumverteilungsstrategie, die eine Form der relativen Enteignung von R ist. Sie ist denkbar und in Extremsituationen eventuell auch vertretbar. Aber für den sozialen Frieden wäre eine Orientierung hin auf den Kurvenabschnitt zwischen C und D sicherlich vorzugswürdig gegenüber dem demokratisch betrachtet u.U. noch legitimen Klassenkampf, der auf E zielt.

Schaubild 12: Der Nutzenmöglichkeitsraum von Pareto-superioren Lösungen

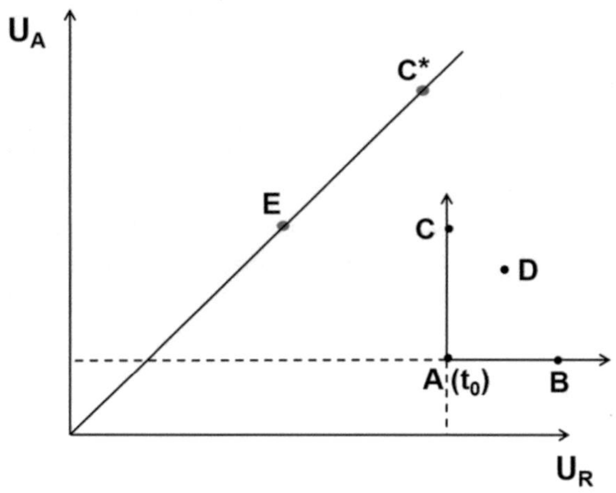

Anhang 5: Kosteneffektivität

Gefragt wird hier nach der wirtschaftlichen/sparsamen Erreichung (Nebenziel) der eigentlichen/finalen Ziele (Hauptziel). Effektivität bezeichnet die Skalierung der effizienten Erzielung (Verwirklichung) sozialpolitischer, z.B. auch gesundheits- und pflegepolitischer Ziele, die gesellschaftlich erwünscht sind als Ergebnisse der institutionellen Arrangements (Versorgungssysteme) zur Allokation der Ressourcen.[9] Gemeint ist somit die Ergebnisqualität als Folge optimaler Prozessqualität auf der Grundlage von Strukturqualität. Für die Maximierung von Ω gilt die Funktion

$$(\Omega \rightarrow max!) = f\{O[LQ]/([o/i] \rightarrow minimax!)\}.$$

Im Sinne der Maximierung der Kosteneffektivität *(Ω)* gilt die *Minimax*-Regel für die Relation von Input *(i)* und Output *(o)* der Optimierung des Outcomes *O* (hier der Lebensqualität *LQ*).

9 Vgl. Kessler u.a., 2019.

Anhang 6: Gemeingüterproblematik

Im Sinne der Sozialökonomik der Gemeinschaftsgüter *(commons)* bedarf es einer Dominanz (hegemonialen Mehrheit) der Altruismus-Gruppe (A-G) gegenüber der Gruppe der Trittbrettfahrer (TBF-G).

Schaubild 13: Die Gemeingüterproblematik

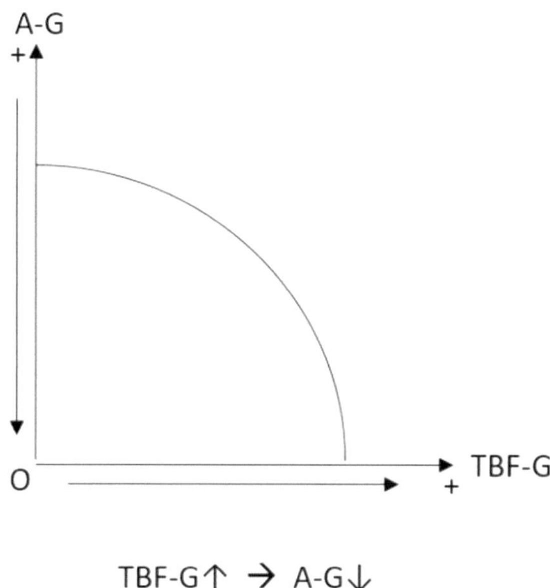

Das altruistische Verhalten der Menschen der A-G zugunsten der sozialen Kohäsion geht, das soll Schaubild 13 zeigen, bei steigender Trittbrettfahrerneigung von TBG-G erst langsam, dann aber deutlicher zurück, wenn die sozial destruktiven Neigungen der TBF-G prägnant ansteigen. Die Produktion von *commons* geht dann signifikant zurück; es kann auch zum absoluten Produktionsausfall kommen:

Wenn die TBF-G steigt ↑, dann → sinkt die A-G ↓ ab.

Die Abnahme des Altruismus kann kognitiv vermittelt sein, wenn die öffentlichen Diskurse die Interpretation des Verhaltens der TBF-G (z.B. massenmedial) katalysieren (Thomas-Theorem in der Soziologie). Das charakterneurotisch verstiegene Verhalten der TBF-G kann auch psychoanalytisch diagnostiziert werden: als *solip-*

sistische Pleonexia und *Alexithymie des homo oeconomicus in einer sozialautistischen Modalität des unproduktiven Narzissmus.*

Anhang 7: Die GKV als redistributive Moralökonomik

Die Gesetzliche Krankenversicherung (GKV; kassenintern und durch den Risikostrukturausgleich des Gesundheitsfonds auch kassenübergreifend) ist eine komplexe Umverteilungsgemeinschaft (inter-personelle, horizontale/vertikale, intrapersonale intertemporale, intergenerationelle etc. Effekte) aus dem moralökonomischen Motiv der Solidarität heraus, die Teil der *oW* ist.

Schaubild 14: Die Gemeingüterproblematik

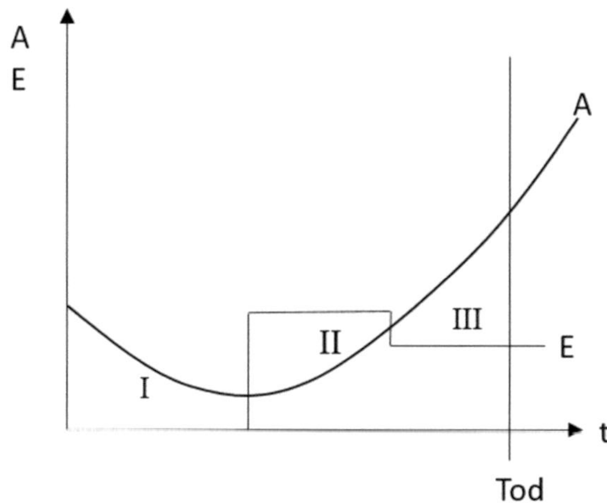

$$II \geq (I + III)\ ?$$

Es kann – theoretisch (logisch) unter unrealistischen bzw. unwahrscheinlichen Modellannahmen – intertemporal/intergenerationell zu einem intraindividuellen wie interindividuellen Ausgleich von Netto-Geber- und Netto-Nehmer-Phasen im Sinne der Logik von Gabesystemen im Reziprozitätsgeschehen kommen. Dann würden sich im Schaubild 14 die Phasen der Differenz von Ausgaben (A) und Einnahmen (E) der Sozialversicherung und die Phasen II (E > A) und (I + III: jeweils A > E) ausgleichen:

$$II = (I + III).$$

Realistisch sind bleibende Umverteilungseffekte innerhalb der Kohorte und zwischen den Kohorten. Und das ist auch der Sinn der GKV. Die Rede von den versicherungsfremden Leistungen der Sozialversicherung ist aus morphologischer Sicht unsinnig.

Der Verlauf von E kann sozialrechtlich gestaltet werden (Eintritt und Austritt aus der Erwerbsphase), kann ebenso arbeitsmarktpolitisch verändert werden durch die Einkommensentwicklung (Dynamik der Sozialabgaben). Der Tod kann sich nach links wie rechts verschieben. Auch kann der Verlauf von A sich verändern, etwa durch Präventionseffekte im Lebenslauf, was epidemiologisch im Lichte der Dynamik der Lebenserwartung kontrovers ist.

Wenn die Freiheit der Entwicklung der Persönlichkeit im Lebenslauf *(F)* ein Grundrecht ist, dann muss die Chancengleichheit *(C)* dazu für alle im Sinne der Inklusion finanziert werden,

$$F = f(C\,[sMÖ]),$$

durch eine solidarische Moralökonomik (*sMÖ*).

Anhang 8: Habitushermeneutik in der qualitativen Sozialforschung

Pierre Bourdieu hat seine in der Ethnologie erlernte Soziologie der französischen Klassengesellschaft als Synthese von Strukturalismus (Soziologie sozialer Relationen) und Hermeneutik (Sinnverstehen des Habitus) bezeichnet. Es ist der Habitus (altgriechisch: *hexis*, übersetzbar als Haltung, als Charakteraufstellung), aus dem heraus sich die symbolischen Formen der Lebensführung als soziale Praxen in verschiedenen sozialen Feldern generieren. Der (ähnlich wie Foucault) an Immanuel Kant geschulte Bourdieu verknüpft das semiotische Denken des Strukturalismus mit der Lehre von der Praxis der symbolischen Ausdrucksformen von Ernst Cassirer. Dergestalt werden die »feinen Unterschiede« der sozialen Distinktionspraktiken der verschiedenen sozialen Klassen im Alltag verschiedener sozialer Felder hermeneutisch erschlossen. Der Habitus ist aber aus Sicht seiner Soziogenese die intraindividuelle Ablagerung des klassenspezifischen Sozialisationsgeschehens. Und der Habitus als Generator erklärt dadurch die kulturelle Vererbungsdynamik als Reproduktion der Klassenlage, der Klassenverhältnisse und somit der Architektur sozialer Ungleichheit. Der (hiermit quasi endokosmogenetisch zu verstehende) Habitus wird semiotisch definiert als inkorporiertes System von Dispositionen, aus denen heraus sich sozialtypische Handlungs- und Deutungsmuster sozialer Wirklichkeit generieren. Die Durkheim'sche Sicht, der zufolge das »Soziale durch das Soziale zu erklären sei«, basiert daher hier nun auf der poststrukturalen Basisannahme des dezentrierten Subjekts als Mitte des sozialen Geschehens. Anders ausgedrückt: Wenn sich das Subjekt als autonomes Subjekt versteht, dann geschieht dies als Folge der Subjektivierungsformung seiner Erziehung: *Paideia* bezeichnet im Altgriechischen die Formung der Person. Daher steht bei Freud eben auch die Familie als Sozialisationsagentur im Mittelpunkt seiner Fallstudien. Die Familie ist wiederum »Keimzelle« der »Ordnung« der »Regierung« der Gesellschaft. Viele qualitative, insbesondere ethnografische Sozialforschungen zu sozialpolitischen Themen (über den ganzen Lebenszyklus hinweg von den frühen Hilfen in der Kinder- und Jugendhilfe bis hin zur gerontologischen Palliative Care) sind heute habitushermeneutisch geprägt. »Wir alle spielen Theater«, schrieb der Mikrosoziologe Erving Goffman, der bahnbrechende Zugänge zum Verstehen der sozialen Interaktionsordnungen, der Rituale, Kulte und sozialen Inszenierungen in Anstalten des Typs sog. »totaler Institutionen« geschaffen hat. Das gilt vor allem in der Professionenforschung, wo es um die Logik der Skripte (Drehbücher der Rollen) geht, wenn die (Performativität und folglich die Qualität der) sozialen Interaktionen in stationären, teilstationären oder ambulanten Settings in den Teilfeldern des Gesundheits-, Pflege- und Sozialwesens verstanden werden sollen. Auch gerade dann, wenn gefragt wird, wie (quasi als Warten auf die innovativen Grenzüberschreitungen des Dionysos) sozialer Wandel als transformativer Kulturwandel anachronistischer sozialpolitischer Praktiken möglich werden kann, bedarf es der Analyse der Haltungen der Akteure und des Programmcodes der Institutionen. Warum sind demenzkranke Patienten in Akutkrankenhäusern unerwünschte Störfaktoren? Weil der in den maskulinen Metaphern des Drachentöters und des Maschinenbauers fassbare Programmcode der Akutmedizin das Problem der Demenz als heillos ausgrenzt und es der in die Kranken- und Altenpflege hinein »verlängerten Mütterlichkeit« als Beruf[10] überantwortet. Was ist der Sinn einer sog. Chefvisite? Sie ist auch ein Ritual und eine Zeremonie sozial inszenierter Reproduktion von hierarchischen Machtverhältnissen zwischen den verschiedenen Berufsgruppen und zwischen den Experten (Professionen) und den Laien (Patienten) im Krankenhaus.

Ökonomische Anreizstrukturen und rechtliche Möglichkeitsräume sind zwar notwendige Voraussetzungen für die Überwindung von Pfadabhängigkeiten der Akteure, Institutionen, Sektoren. Hinreichende Bedingung ist jedoch die kreative Arbeit am eigenen Habitus der zur »exzentrischen Positionalität«, also zur meditativen Metareflexion (in Bezug auf Wohlbedachtheit und Selbstbesinnung) fähigen, von Plastizität geprägten Menschen. Es geht also um soziale Phantasie und Kreativität, um Empathie und Prosozialität, um psychodynamisch definierbare Gleichgewichte von Offenheit und Verschlossenheit, Geben und Nehmen, Nähe und Distanz, Angst und Vertrauen. Deshalb sind entwicklungspsychologische Studien, gerade auch die Resultate der Bindungsforschung, sowie daseinsthematische For-

10 Sachße, 2013.

schungen zu den »personalen Erlebniserfahrungsgeschehensordnungen«[11] so bedeutsam für die lebensweltanalytischen Zugänge zu den sozialpolitischen Problematiken.

11 Wie es der Gerontopsychologe Hans Thomae in seinem Werk entfaltet hat.

Literatur

Adam, N. (2017): Pflegepersonen und demente Pflegeheimbewohner. Springer VS, Wiesbaden.

Adam-Paffrath, R. (2016): Würde und Demütigung aus der Perspektive professioneller Pflege. 2. Aufl. Mabuse, Frankfurt a.M.

Agamben, G. (2002): Homo sacer. Die souveräne Macht und das nackte Leben. Suhrkamp, Frankfurt a.M.

Agamben, G. (2003): Das Offene. Der Mensch und das Tier. 5. Aufl. Suhrkamp, Frankfurt a.M.

Agamben, G. (2008): Die Sprache und der Tod. Ein Seminar über den Ort der Negativität. Suhrkamp, Frankfurt a.M.

Agethen, M. (2018): Vergemeinschaftung, Modernisierung, Verausgabung. Nationalökonomie und Erzählliteratur in der zweiten Hälfte des 19. Jahrhunderts. V&R unipress, Göttingen.

Aggermann, L. u.a. (2015): »Lernen, mit den Gespenstern zu leben.« Das Gespenstige als Figur, Metapher und Wahrnehmungsdispositiv in Theorie und Ästhetik. Neofilis, Berlin.

Agic, G. (2003): Dependence and Autonomy on Old Age. Cambridge University Press, Cambridge.

Albers, I. & Frank, A. (Hg.) (2015): Animismus. Revisionen der Moderne. Diaphanes, Zürich.

Albrecht, P.-A. (Hg.) (2007): Lebenskultur im Alter. BWV, Berlin.

Alexopoulos, S. (2018): Proskynesis. In Reallexikon für Antike und Christentum. Bd. 28, Hiersemann, Stuttgart: Sp. 360-372.

Alisanka, E. (2008): Die Rückkehr des Dionysos. Chthonisches, Postmodernismus, Stille. Athena, Oberhausen.

Alisch, M. & May, M. (Hg.) (2015): »Das ist doch nicht normal ...!« Sozialraumentwicklung, Inklusion und Konstruktionen von Normalität. Barbara Budrich, Opladen u.a.

Allmendinger, J. (2017): Das Land, in dem wir leben wollen. Wie die Deutschen sich ihre Zukunft vorstellen. Pantheon, München.

Altmann, S. (2014): Der letzte Umzug: Der Weg für Pflegebedürftige und ihre Angehörigen. Disserta Verlag, Hamburg.

Amann, A. (2019): Leben – Teilhaben – Altwerden. Vermutungen und Gewissheiten. Springer VS, Wiesbaden.

Amann, A. & Kolland, F. (Hg.) (2014): Das erzwungene Paradies des Alters? Weitere Fragen an eine kritische Gerontologie. Springer VS, Wiesbaden.

Amrhein, L. (2008): Drehbücher des Alter(n)s. Die soziale Konstruktion von Modellen und Formen der Lebensführung und -stilisierung älterer Menschen. VS, Wiesbaden.

Ananiadis, D. (2012): Spinalonga. Verlag Michaelis Toubis, Athen.

Andermann, K. & Eberlein, U. (Hg.) (2011): Gefühle als Atmosphären. Neue Phänomenologie und philosophische Emotionstheorie. De Gruyter, Berlin/New York.

Andree, C. (2008): Rudolf Virchow, Genialität und Menschlichkeit. Ein Lesebuch. Olms, Hildesheim.

Apitsch, U. & Schmidbauer, M. (2010): Care und Migration. Die Ent-Sorgung menschlicher Reproduktionsarbeit entlang der Geschlechter- und Armutsgrenzen. Barbara Budrich, Opladen.

Ariès, P. (1980): Geschichte des Todes. Hanser, München.

Arnaud, S. (2018): Die Erfindung der Hysterie im Zeitalter der Aufklärung (1670-1820). Turia + Kant, Wien.

Arnold, D. (2008): Aber ich muss ja meine Arbeit schaffen! Ein ethnografischer Blick auf den Alltag im Frauenberuf Pflege. Mabuse, Frankfurt a.M.

Arnold, R. (2019): Seit wann haben sie das? Grundlinien eines Emotionalen Konstruktivismus. Carl-Auer, Heidelberg.

Artner, L. u.a. (Hg.) (2017): Pflegedinge. Materialitäten in Pflege und Care. transcript, Bielefeld.

Assmann, D.-C. (2020): Narrative der Deponie. Kulturwissenschaftliche Analysen beseitigter Materialitäten. Springer VS, Wiesbaden.

Assmann, J. (2000a): Herrschaft und Heil. Politische Theologie in Ägypten, Israel und Europa. Hanser, München.

Assmann, J. (2000b): Der Tod als Thema der Kulturtheorie. Todesbilder und Todesriten im Alten Ägypten. 4. Aufl. Suhrkamp, Frankfurt a.M.

Atkinson, A. B. (2016): Soziale Ungleichheit. Klett-Cotta, Stuttgart.

Auden, W. H. (1985): Das Zeitalter der Angst. Ein barockes Hirtengedicht. (1947). Neuausgabe. Heyne, München.

Augard, I., Kunze, S. & Stumpf, T. (Hg.) (2020): Im Dazwischen. Materielle und soziale Räume des Übergangs. Reimer, Berlin.

Ausserer, C. (2003): Menstruation und weibliche Initiationsriten. Lang, Frankfurt a.M.

Baader, M. S., Eßer, F. & Andresen, S. (2014): Kindheiten in der Moderne. Eine Geschichte der Sorge. Campus, Frankfurt a.M./New York.

Balkhausen, I. (2007): Der Staat als Patient. Rudolf Virchow und die Erfindung der Sozialmedizin von 1848. Tectum, Marburg.

Baltes, M. (1996): The Many Faces of Dependency in Old Age. Cambridge University Press, Cambridge.

Barley, N. (1998): Tanz ums Grab. Klett-Cotta, Stuttgart.

Barlösius, E. (2019): Infrastrukturen als soziale Ordnungsdienste. Campus, Frankfurt a.M./New York.

Barthes, R. (1985): Die Sprache der Mode. 10. Aufl. Suhrkamp, Frankfurt a.M.

Barnouw, D. (1996): Elias Canetti zur Einführung. Junius, Hamburg.

Bateson, G. (1996): Ökologie des Geistes. 6. Aufl. Suhrkamp, Frankfurt a.M.

Bauche, M. (2017): Medizin und Herrschaft. Malariabekämpfung in Kamerum, Ostafrika und Ostfriesland (1890-1919). Campus, Frankfurt a.M./New York.

Baum, D. (1988): Bürokratie und Sozialpolitik. Zur Geschichte staatlicher Sozialpolitik im Spiegel der älteren deutschen Staatsverwaltungslehre. Bei Beitrag zu einer Theorie der Bürokratisierung der Sozialpolitik. Duncker & Humblot, Berlin.

Bauman, Z. (2016): Die Angst vor den anderen. Ein Essay über Migration und Panikmache. 5. Aufl. Suhrkamp, Frankfurt a.M.

Beck, T. & Baumeister, B. (Hg.) (2017): Schutz in der häuslichen Betreuung alter Menschen. Hogrefe, Göttingen.

Becker, G. u.a. (1977): Aus der Zeit der Verzweiflung. Zur Genese und Aktualität des Hexenbildes. Suhrkamp, Frankfurt a.M.

Bednarz, A. (2003): Den Tod überleben. Deuten und Handeln im Hinblick auf das Sterben eines Anderen. VS. Wiesbaden.

Behm, J. (1968): Die Handauflegung im Urchristentum. WBG, Darmstadt.

Behringer, W. (2016): Hexen. Glaube, Verfolgung, Vermarktung. 6., durchgeseh. Aufl. Beck, München.

bei der Wieden, B. (2014): Mensch und Schwan. Kulturhistorische Perspektiven zur Wahrnehmung von Tieren. transcript, Bielefeld.

Beine, K. H. (2011): Krankentötungen in Kliniken und Heimen. Aufdecken und Verhindern. Lambertus, Freiburg i.Br.

Belliger, A. & Krieger, D. J. (Hg.) (2013): Ritualtheorien. Ein einführendes Handbuch. Springer VS, Wiesbaden.

Belting, H. (2014): Faces: Eine Geschichte des Gesichts. Beck, München.

Bender, C. & Schnurnberger, M. (2018). Zwischen Sehen und Nicht-Sehen. Ein wahrnehmungs- und lebensweltanalytische Ethnographie zur Situation von Menschen mit Sehbeeinträchtigung im Alter. Juventa in Beltz, Weinheim/Basel.

Benedict, R. (1955): Urformen der Kultur. Reinbek bei Hamburg, Rowohlt.

Benicke, J. (2016): Autorität und Charakter. 2., überarb. Aufl. Springer VS, Wiesbaden.

Bengtson, V. L. u.a. (Hg.) (2008): Handbook of Theories of Aging. 2. Aufl. Springer, Berlin u.a.

Benjamin, W. (2007): Aura und Reflexion. 2. Aufl. Suhrkamp, Frankfurt a.M.

Benkel, T. (Hg.) (2016): Die Zukunft des Todes. Heterotopien des Lebensendes. transcript, Bielefeld.

Bergdolt, K. (2018): Die Pest. Geschichte des schwarzen Todes. 3. Aufl. Beck, München.

Berger, D. (2019): Aura und Anschauung. Walter Benjamins materialistische Wahrnehmungslehre. Rombach, Freiburg i.Br.

Berger, P. & Luckmann, T. (1980): Die gesellschaftliche Konstruktion der Wirklichkeit. 27. Aufl. Fischer, Frankfurt a.M.

Bergler, R. (2009): Psychologie der Hygiene. Steinkopff, Berlin.

Bergmann, S. u.a. (Hg.) (2019): Care: Praktiken und Politiken der Fürsorge. Barbara Budrich, Opladen.

Bergounioux, F. M. & Götz, J. (1960): Die Religionen der vorgeschichtlichen und primitiven Völker. Pattloch, Aschaffenburg.

Berle, W. (2015): »Schluss sag ich!« Von Menschen, die in Würde altern wollen. Osburg Verlag, Hamburg.

Bertelsmann Stiftung (Hg.) (2010): Es braucht ein Dorf, um ein Kind großzuziehen. Familie – Erfolgsfaktor für Gesellschaft und Arbeitswelt. Bertelsmann Stiftung, Gütersloh.

Bettenworth, A. (2004): Gastmahlszenen in der antiken Epik von Homer bis Claudian. Vandenhoeck & Ruprecht, Göttingen.

»Biblische Enzyklopädie«. Bde. 1ff. Kohlhammer, Stuttgart.

Bieritz-Harder, R., Conradi, W. & Thie, S. (Hg.) (2018): Sozialgesetzbuch XII. Sozialhilfe (11. Aufl.). Nomos, Baden-Baden.

Bierl, A. & Braungart, W. (Hg.) (2010): Gewalt und Opfer. Im Dialog mit Walter Burkert. De Gruyter, Berlin/New York.

Bihrer, A., Messner, A. C. & Zimermann, H.-P. (Hg.) (2017): Alter und Selbstbeschränkung. Beiträge aus der Historischen Anthropologie. Böhlau, Wien.

Bilz, R. (1973): Wie frei ist der Mensch? Suhrkamp, Frankfurt a.M.

Bilz, R. (1974): Studien über Angst und Schmerz. Suhrkamp, Frankfurt a.M.

Binder, B. u.a. (Hg.) (2010): Orte – Situationen – Atmosphären. Kulturanalytische Skizzen. Campus, Frankfurt a.M./New York.

Binder, B. u.a. (Hg.) (2019): Care: Praktiken und Politiken der Fürsorge. Budrich, Opladen.

Binswanger, L. (2010): Drei Formen des missglückten Daseins. Verstiegenheit, Verschrobenheit, Maniertheit. (1956). Reprint. De Gruyter, Berlin/New York.

Blank, B. (2019): Lehrbuch Empowerment. Juventa in Beltz, Weinheim/Basel.

Bleidick, U. (1995): Behindertsein als menschliche Bedrohung. Die Geschichte der Bewertung behinderten Lebens in Wissenschaft und Politik. Vierteljahreschrift für Heilpädagogik und ihrer Nebenwissenschaften (3): 301-320.

Block, K. u.a. (2012): Allgemeinmedizin und Pflege in der ambulanten und heimstationären Versorgung. Der weite Weg zur Kooperation. Juventa in Beltz, Weinheim/Basel.

Blonski, H. (Hg.) (2014): Risikomanagement in der stationären Altenhilfe. Schlütersche, Hannover.

Blumenberg, H. (1996): Höhlenausgänge. Suhrkamp, Frankfurt a.M.

Blumenberg, H. (2014): Beschreibung des Menschen. Suhrkamp, Frankfurt a.M.

BMFSFJ (Hg.) (2019): Frauen und Männer in der zweiten Lebenshälfte – Älterwerden im sozialen Wandel. Zentrale Befunde des deutschen Alterssurvey (/DEAS) 1996 bis 207. Berlin.

BMFSFJ & BMG (Hg.) (2019): Charta der Rechte hilfe- und pflegebedürftiger Menschen. Berlin.

Bode, I. & Vogd, W. (Hg.) (2016): Mutationen des Krankenhauses. Springer VS, Wiesbaden.

Böcher, O. (2013): Dämonenfurcht und Dämonenabwehr. Ein Beitrag zur Vorgeschichte der christlichen Taufe. Reprint. Kohlhammer, Stuttgart.

Böhme, G. (2013a): Atmosphäre. Essays zur neuen Ästhetik. 3., erw. Nachaufl. Suhrkamp, Frankfurt a.M.

Böhme, G. (Hg.) (2013b): Pflegenotstand: der humane Rest. Aisthesis, Bielefeld.

Böhme, H. (2006): Fetischismus und Kultur. Eine andere Theorie der Moderne. Rowohlt, Reinbek bei Hamburg.

Bösl, E. (2015): Politiken der Normalisierung. Zur Geschichte der Behindertenpolitik in der Bundesrepublik Deutschland. transcript, Bielefeld.

Boggatz, T. (2019): Betreutes Wohnen. Springer, Berlin.

Bogusz, T. & Delitz, H. (Hg.) (2013): Émile Durkheim. Soziologie – Ethnologie – Philosophie. Camous, Frankfurt a.M./New York.

Bolyki, J. (1998): Jesu Tischgemeinschaft. Mohr Siebeck, Tübingen.

Bolze u.a. (Hg.) (2015): Prozesse des Alterns. Konzepte – Narrative – Praktiken. transcript, Bielefeld.

Bonacker, M. & Geiger, G. (Hg.) (2018): Menschenrechte in der Pflege. Barbara Budrich, Opladen.

Bonnet, C. u.a. (Hg.) (2010): Religionen in der Umwelt des Alten Testaments II. Phönizier, Punier, Aramäer. Kohlhammer, Stuttgart.

Bonnet, H. (2005): Lexikon der ägyptischen Religionsgeschichte. Nikol, Hamburg.

Borowy, I. & Hardy, A. (2008): Of Medicine and Men. Lang, Frankfurt a.M. u.a.

Borrutta, M. (2012): Wissensgenerierung und Wissenszumutung in der Pflege. Systemtheoretische Analyse am Beispiel der Einführung von Expertenstandards in der Altenpflege. Carl Auer, Heidelberg.

Borutta, M. & Ketzer, R. (2009): Die Prüfkonstrukte des Medizinischen Dienstes in der ambulanten und stationären Pflege. Eine genealogische Analyse der MDK-Prüfrichtlinien. Tectum, Marburg.

Bose, K. v. (2017): Klinisch rein. Zum Verhältnis von Sauberkeit, Macht und Arbeit im Krankenhaus. transcript, Bielefeld.

Biss, M. (2017): Psychoanalyse und Daseinsanalytik. Fischer, Frankfurt a.M.

Boss, U., Elsaghe, Y. & Heiniger, F. (Hg.) (2018): Matriarchatsfiktionen. Johann Jakob Bachofen und die deutsche Literatur des 20. Jahrhunderts. Schwabe, Basel.

Bourdieu, P. (1979): Entwurf einer Theorie der Praxis auf der ethnologischen Grundlage der kabylischen Gesellschaft. 5. Aufl. Suhrkamp, Frankfurt a.M.

Bourdieu, P. (2000): Die zwei Gesichter der Arbeit. Interdependenzen von Zeit- und Wirtschaftsstrukturen am Beispiel einer Ethnologie der algerischen Übergangsgesellschaft. UVK, Konstanz.

Bourdieu, P. (2002): Das Elend der Welt. Zeugnisse und Diagnosen alltäglichen Leidens an der Gesellschaft. 2. Aufl. UVK, Konstanz.

Bourgeois, L. (2020): Solidarität. Suhrkamp, Berlin.

Bovenschen, S. (1997): Die Listen der Mode. Suhrkamp, Frankfurt a.M.

Bouyer, L. (1964): Mensch und Ritus. Matthias-Grünewald, Mainz.

Braches-Chyrek, R. u.a. (Hg.) (2020): Handbuch frühe Kindheit. Opladen. Barbara Budrich.

Brachtendorf, J. & Herzberg, S. (Hg.) (2014): Vergebung. Philosophische Perspektiven auf ein Problemfeld der Ethik. mentis, Paderborn.

Brakensiek, S. & Marx, C. (Hg.) (2017): Wagnisse. Risiken eingehen, Risiken analysieren, von Risiken erzählen. Campus. Frankfurt a.M./New York.

Brandenburg, H. (2019): Einige Bemerkungen zur Theoriediskussion in der Pflegewissenschaft. Pflege & Gesellschaft 24 (2): 43-54.

Brandenburg, H. & Güther, H. (Hg.) (2015): Gerontologische Pflege. Hogrefe, Bern.

Brandenburg, H. & Schulz-Nieswandt, F. (2015): Auf dem Weg zu einer neuen Kultur der stationären Altenhilfe. In: Brandenburg, H., Güther, H. & Proft, I. (Hg.): Kosten contra Menschlichkeit. Herausforderungen an eine gute Pflege im Alter. Grünewald, Ostfildern: 283-299.

Brantz, D. & Mauch, C. (Hg.) (2009): Tierische Geschichte. Die Beziehung von Mensch und Tier in der Kultur der Moderne. Schöningh, Paderborn.

Braun, C. v. (1990): Nichtich. Logik – Lüge – Libido. 3. Aufl. neue kritik, Frankfurt a.M.

Braun, C. v. (1996): Zum Begriff der Reinheit. mentis. Zeitschrift für historische Frauenforschung und feministische Praxis 6 (11): 6-25.

Braun, C. v. (2004): Die Macht des Reinen: zum Begriff der Reinheit. Werk, Bauen + Wohnen 91 (5): 4-9.

Braun, K.-H., Elze, M. & Wetzel, K. (2016): Sozialreportage als Lernkonzept. Springer VS, Wiesbaden.

Brauner, K.-D. (1986): Kultur und Symptom. Über wissenschaftstheoretische und methodologische Grundlagen von George Devereux‹ Konzeption einer Ethnopsychoanalyse und Ethnopsychiatrie. Lang, Frankfurt a.M. u.a.

Brehme, S. (2006): Krankheit und Geschlecht: Syphilis und Menstruation in den frühen Krankenjournalen (1801-1809) Samuel Hahnemanns. Tectum, Marburg.

Briesen, D. (2010): Das gesunde Leben. Ernährung und Gesundheit seit dem 18. Jahrhundert. Campus, Frankfurt a.M./New York.

Brisch, K. H., Sperl, W. & Kruppa, K. (Hg.) (2019): Early Life Care. Klett-Cotta, Stuttgart.

Braun, M. (2019): Von Menschen und Mikroben. Malaria und Pest in Stalins Sowjetunion, 1929-1841. Harrassowitz, Wiesbaden.

Brendebach, C. M. (2000): Gewalt gegen alte Menschen in der Familie. Mabuse, Frankfurt a.M.

Brentari, C. (2016): Jakob von Uexküll. Springer, Berlin u.a.

Briese, O. (2003): Angst im Zeitalter der Cholera. De Gruyter, Berlin/New York.

Brisch, K. H., Sperl, W. & Kruppa, K. (Hg.) (2019): Early Life Care. Klett-Cotta, Stuttgart.

Bronfen, E. (2008): Tiefer als der Tag gedacht. Eine Kulturgeschichte der Nacht. Hanser, München.

Brown, B. u.a. (2008): The habitus of hygiene: Discourses of cleanliness and infection control in nursing work. Social Science & Medicine 67 (7): 1047-1055.

Brunett, R. (2009): Die Hegemonie symbolischer Gesundheit. Eine Studie zum Mehrwert von Gesundheit im Postfordismus. transcript, Bielefeld.

Buber, M. (2006): Das dialogische Prinzip. 14. Aufl. Gütersloher Verlagshaus, Gütersloh.

Buchner, T., Pfahl, L. & Traue, B. (2015): Zur Kritik der Fähigkeiten: Ableism als neue Forschungsperspektive der Disability Studies und ihrer Partner_innen. Zeitschrift für Inklusion-online.net: http://inklusion-online.net/article/view/273 (Tag des Zugriffs: 2. März 2020).

Bude, H. & Willisch, A. (Hg.) (2007): Exklusion. Die Debatte über die »Überflüssigen«. 3. Aufl. Suhrkamp, Frankfurt a.M.

Buhr, L., Hammer, S. & Schölzel, H. (Hg.) (2018): Staat, Internet und digitale Gouvernementalität. Springer VS, Wiesbaden.

Bultmann, R. (1962): Das Urchristentum im Rahmen der antiken Religionen. Rowohlt, Hamburg.

Bultmann, R. (1975): Jesus Christus und die Mythologie. Furche, Hamburg.

Bundesregierung (2019a): Antwort der Bundesregierung auf die kleine Anfrage der FDP »Einsamkeit und die Auswirkung auf die öffentliche Gesundheit« vom 23.05.09. BT-Drs. 19/10456.

Bundesregierung (2019b): Antwort der Bundesregierung auf die kleine Anfrage der Linke »Einsamkeit im Alter – Auswirkungen und Entwicklungen« vom 05.10.2019. BT-Drs. 19/4760.

Burghardt, D. & Zirfas, J. (Hg.) (2019): Pädagogische Heterotopien. Von A bis Z. Juventa in Beltz, Weinheim/Basel.

Burkart, G. (2009): Weg ins Heim. Lebensläufe und Alltag von Bewohnerinnen in der stationären Altenhilfe. VS, Wiesbaden.

Burke, P. (2004): Die Geschichte der »Annales«. Die Entstehung der neuen Geschichtsschreibung. Wagenbach, Berlin.

Burkert, W. (1992): Homo Necans. Interpretationen altgriechischer Opferriten und Mythen. De Gruyter, Berlin/New York.

Burkert, W. (1998): Kulte des Altertums. Biologische Grundlagen der Religion. Beck, München.

Burnet, F. M. (2016): Naturgeschichte der Infektionskrankheiten des Menschen. Fischer, Frankfurt a.M.

Burschel, P. (2014): Die Erfindung der Reinheit. Eine andere Geschichte der frühen Neuzeit. Wallstein, Göttingen.

Busch, P. (2006): Magie in neutestamentlicher Zeit. Vandenhoeck & Ruprecht, Göttingen.

Buske, T. (1973): Der forensische Raum. Morphologie der Gesellschaft I. Schmidt, Neustadt an der Aisch.

Buytendijk, F. J. J. (1970): Mensch und Tier. Rowohlt, Hamburg.

Caduff, C. (2017): Warten auf die Pandemie. Ethnographie einer Katastrophe, die nie stattfand. Konstanz University Press, Konstanz.

Canetti, E. (1980): Masse und Macht. 34. Aufl. Fischer, Frankfurt a.M.

Canetti, E. (2015): Das Buch gegen den Tod. Fischer, Frankfurt a.M.

Canguilhm, G. (2004): Gesundheit – eine Frage der Philosophie. Merve, Berlin.

Castel, R. & Dörre, K. (Hg.) (2009): Prekarität, Abstieg, Ausgrenzung. Die soziale Frage zu Beginn des 21. Jahrhunderts. Campus, Frankfurt a.M./New York.

Castro Varela, D. M. & Mecheril, P. (Hg.) (2016): Die Dämonisierung der Anderen. transcript, Bielefeld.

Certeau, M. de (2014): Kunst des Handelns. Merve, Berlin.

Cesana, A. (1983): Johann Jakob Bachofens Geschichtsdeutung. Birkhäuser, Basel u.a.

Cheung, W. T. (2020): Stimmung und Zeit in Heideggers Deutung der Seinsfrage. Traugott Bautz, Nordhausen.

Chivers, S. & Kriebernegg, U. (Hg.) (2017): Care Home Stories. Aging, Disability, and Long-Term Residential Care. transcript, Bielefeld.

Choron, J. (1967): Der Tod im abendländischen Denken. Klett, Stuttgart.

Christov, V. (2016): Gemeinschaft und Schweigen im Pflegeheim. Eine ethnologische Annäherung. Mabuse, Frankfurt a.M.

Cicourel, A. v. (1970): Methode und Messung in der Soziologie. Suhrkamp, Frankfurt a.M.

Ciompi, L. (1988): Außenwelt – Innenwelt. Die Entstehung von Zeit, Raum und psychischen Strukturen. Vandenhoeck & Ruprecht, Göttingen.

Ciompi, L. (2002): Gefühle, Affekte, Affektlogik. Ihr Stellenwert in unserem Menschen- und Weltverständnis. Picus, Wien.

Claessens, D. (1979): Familie und Wertsystem. 4., durchgeseh. Aufl. Duncker & Humblot, Berlin.

Claßen, K. u.a. (2014): Umwelten des Alterns. Wohnen, Mobilität, Technik und Medien. Stuttgart: Kohlhammer.

Clear, M. (1999): The »Normal« and the Monstrous in Disability Research. Disabilty & Society 14 (4): 435-448.

Collier, P. (2019): Sozialer Kapitalismus! Siedler, München.

Confurius, G. (2017): Architektur und Geistesgeschichte. Der intellektuelle Ort der europäischen Baukunst. transcript, Bielefeld.

Conrad, B. (2004): Gelehrtentheater. Bühnenmetaphern in der Wissenschaftsgeschichte zwischen 1870 und 1914. De Gruyter, Berlin/New York.

Corbin, A. (2005): Pesthauch und Blütenduft. Eine Geschichte des Geruchs. Wagenbach, Berlin.

Croce, I. (2017): Hygiene für Pflegeassistenz und Sozialbetreuungsberufe. 4., aktual. Aufl. Facultas, Wien.

Crüsemann, F. u.a. (Hg.) (2009): Sozialgeschichtliches Wörterbuch zur Bibel. Gütersloher Verlagshau, Gütersloh.

Czollek, L. C. u.a. (2019): Praxishandbuch Social Justice and Diversity. 2., völlig überarb. u. erw. Aufl. Juventa in Beltz, Weinheim/Basel.

Dabrowski, M. & Wolf, J. (Hg.) (2016): Menschenwürde und Gerechtigkeit in der Pflege. Schöningh, Paderborn.

Dahl, N. (2016): Kodokushi – Lokale Netzwerke gegen Japans einsame Tode. transcript, Bielefeld.

Dahm, U. (2006): Opfer (AT). Das wissenschaftliche Bibellexikon im Internet (WiBiLex). www.bibelwissenschaft.de/stichwort/24240.

Dalferth, I. U. (2011): Umsonst. Eine Erinnerung an die kreative Passivität des Menschen. Mohr Siebeck, Tübingen.

Dalferth, M. (2000): Enthospitalisierung heute. Winter, Heidelberg.

Dammert, M. (2009): Angehörige im Visier der Pflegepolitik. Wie zukunftsfähig ist die subsidiäre Logik der deutschen Pflegeversicherung? VS, Wiesbaden.

Danz, C. (2013): Grundprobleme der Christologie. Mohr Siebeck (UTB), Tübingen.

Darms, S. (2019): Strukturen des Affektiven. transcript, Bielefeld.

Day, J. (1989): Molech. A god of human sacrifice in the Old Testament. Cambridge University Press, Cambridge.

Daxelmüller, C. (1993): Zauberpraktiken. Eine Ideengeschichte der Magie. Artemis & Winkler, München/Zürich.

Davenport, G. M. (2009): »Giftige« Alte. Schwierige alte Menschen verstehen und konstruktiv mit ihnen umgehen. Hogrefe, Göttingen.

Facis, P. (2010): Myth, Matriarchy and Modernity. Johann Jakob Bachofen in German Culture 1860-1945. De Gruyter, Berlin/New York.

Degener, T. & Miquel, M. v. (Hg.) (2019): Aufbrüche und Barrieren. Behindertenpolitik und Behindertenrecht in Deutschland und Europa seit den 1970er-Jahren. transcript, Bielefeld.

Degens, P. (2019): Geld als Gabe. Zur sozialen Bedeutung lokaler Geldformen. transcript, Bielefeld.

Deleuze, G. (2000): Die Falte. Leibniz und der Barock. 7. Aufl. Suhrkamp, Frankfurt a.M.

Dellwing, M. & Harbusch, M. (Hg.) (2013): Krankheitskonstruktionen und Krankheitstreiberei. Springer VS, Wiesbaden.

De Marchi, L. (1988): Der Urschock. Unsere Psyche, die Kultur und der Tod. Luchterhand, Darmstadt.

Denninger, T. (2018): Blicke auf Schönheit und Alter. Körperbilder alternder Menschen. Springer VS, Wiebaden.

Denninger, T. u.a. (2014): Leben im Ruhestand. Zur Neuverhandlung des Alters in der Aktivgesellschaft. transcript, Bielefeld.

Depner, A. (2015): Dinge in Bewegung – zum Rollenwechsel materieller Objekte. Eine ethnographische Studie über den Umzug ins Altersheim. transcript, Bielefeld.

Devereux, G. (1982): Normal und anormal. Suhrkamp, Frankfurt a.M.

Dieckmann, P. (2011): Biosecurity. Biomedizinisches Wissen zwischen Sicherheit und Gefährdung. transcript, Bielefeld.

Diehl, J. F. & Witte, M. (Hg.) (2008): Israeliten und Phönizier. Ihre Beziehungen im Spiegel der Archäologie und der Literatur des Alten Testaments und seiner Umwelt. Vandenhoeck & Ruprecht, Göttingen.

Dieterich, A. u.a. (Hg.) (2019): Geld im Krankenhaus. Eine kritische Bestandsaufnahme des DRG-Systems. Springer VS, Wiesbaden.

Dihle, A. (1962): Die Goldene Regel. Eine Einführung in die Geschichte der antiken und frühchristlichen Vulgärethik. Vandenhoeck & Ruprecht, Göttingen.

Dingeldein, S. & Emrich, M. (Hg.) (2015): Texte und Tabu. Zur Kultur von Verbot und Übertretung von der Spätantike bis zur Gegenwart. transcript, Bielefeld.

Dinges, S. (2009): Freiwillige dringend gesucht. Ehrenamtliches Engagement in Altenpflegeheimen. Schlütersche, Hannover.

Dinzelbacher, P. (2012): Europäische Mentalitätsgeschichte. 2., durchgeseh. u. erg. Aufl. Kröner, Stuttgart.

DIP & Malteser Deutschland GmbH (Hg.) (2017): Versorgung von Patienten mit Demenz im Malteser Krankenhaus – Evaluation einer Special Care Unit (Station Silvia). Abschlussbericht. Köln.

Ditfurth, H. v. (Hg.) (1972): Aspekte der Angst. Kindler, München.

Dodds, E. R. (1992): Heiden und Christen in einem Zeitalter der Angst. Suhrkamp, Frankfurt a.M.

Dörner, K. (2012): Leben und sterben, wo ich hingehöre. Dritter Sozialraum und neues Hilfesystem. 7. Aufl. Die Brücke Neumünster, Neumünster.

Dörner, K. (2014): Helfensbedürftig. Heimfrei ins Dienstleistungsjahrhundert. 3. Aufl. Die Brücke Neumünster, Neumünster.

Dörner, K. (Hg.) (2015): Ende der Veranstaltung. Anfänge der Chronisch-Kranken-Psychiatrie. Die Brücke Neumünster, Neumünster.

Dörrenbächer, J. & Plüm, K. (Hg.) (2016): Beseelte Dinge. Design aus Perspektive des Animismus. transcript, Bielefeld.

Douglas, M. (1985): Reinheit und Gefährdung. Eine Studie zu Vorstellungen von Verunreinigung und Tabu. Reimer, Berlin.

Douglas, M. (1986): Ritual, Tabu und Körpersymbolik. 4. Aufl. Fischer, Frankfurt a.M.

Douglas, M. (1991): Wie Institutionen denken. Suhrkamp, Frankfurt a.M.

Drewermann, E. (1991): Tiefenpsychologie und Exegese. Bd. II. Walter, Olten/Freiburg i.Br.

Drews, A.-C. & Martin, K. D. (Hg.) (2017): Innen-Außen-Anders. Körper im Werk von Gilles Deleuze und Michel Foucault. transcript, Bielefeld.

Dowideit, A. (2012): Endstation Altenheim. Alltag und Missstände in der deutschen Pflege. Redline, München.

Dücker, B. (2007): Rituale. Formen – Funktionen – Geschichte. Metzler, Stuttgart.

Durkheim, E. (1983): Der Selbstmord. 14. Aufl. Suhrkamp, Frankfurt a.M.

Dyk, S. v. & Lessenich, S. (Hg.) (2009): Die jungen Alten. Campus. Frankfurt a.M./New York.

Echterhölter, A. & Därmann, I. (Hg.) (2013): Konfigurationen. Gebrauchsweisen des Raumes. Diaphanes, Zürich.

Eckart, W. & Jütte, R. (2014): Medizingeschichte. Eine Einführung. 2., überarb. u. erg. Aufl. Böhlaus (UTB), Köln u.a.

Eco, U. (2006): Die Geschichte der Schönheit. dtv, München.

Eco, U. (2007): Die Geschichte der Häßlichkeit. 2. Aufl. Hanser, München.

Eder, J. (2013): Die Figur im Film. Grundlinien einer Figurenanalyse. Schüren, Marburg.

Eggert, M. K. H. (2014): Aura. In: Samida, S., Eggert, M. K. H. & Hahn, H. P. (Hg.): Handbuch Materielle Kultur. Metzler, Stuttgart/Weimar: 178-181.

Eggert, S., Sulmann, D. & und Teubner, C. (2018): Vereinbarkeit von Beruf und Pflege. Berlin: Zentrum für Qualität in der Pflege.

Eggert, S., Schnapp, P. & und Sulmann, D. (2018): Aggression und Gewalt in der informellen Pflege. Berlin: Zentrum für Qualität in der Pflege.

Ehni, H.-J. (Hg.) (2018): Medizinische und gesellschaftliche Zukunftshoffnungen der Lebensphase Alter. Campus, Frankfurt a.M./New York.

Ehrenberg, A. (2019): Die Mechanik der Leidenschaften. Gehirn, Verhalten, Gesellschaft. Suhrkamp, Berlin.

Ehrenreich, B. (2018): Wollen wir ewig leben? Wellness-Epidemie, die Gewissheit des Todes und unsere Illusion von Kontrolle. Kunstmann, Bad Kissingen.

Eibl-Eibesfeldt, I. (1993): Der Mensch – das riskierte Wesen. Zur Naturgeschichte menschlicher Unvernunft. 5. Aufl. Piper, München/Zürich.

Eibl-Eibesfeldt, I. (1997): Die Biologie des menschlichen Verhaltens. Grundriß der Humanethologie. 3., überarb. u. erw. Aufl. Seehamer, Weyarn.

Eick, D. (2006): Drehbuchtheorien. UVK, Konstanz.

Eickhoff, H. (1993): Himmelsthron und Schaukelstuhl. Die Geschichte des Sitzens. Hanser, München/Wien.

Eisch-Angus, K. (2019): Absurde Angst – Narrationen der Sicherheitsgesellschaft. Springer VS, Wiesbaden.

Elias, N. (1983): Engagement und Distanzierung. Suhrkamp, Frankfurt a.M.

Elias, N. (2002): Über die Einsamkeit der Sterbenden in unseren Tagen/Humano conditio. Suhrkamp, Frankfurt a.M.

Emmendörffer, M. (1998): Der ferne Gott. Eine Untersuchung der alttestamentlichen Volksklagelieder vor dem Hintergrund der mesopotamischen Literatur. Mohr Siebeck, Tübingen.

Endter, C. & Kienitz, S. (2017): Alter(n) als soziale und kulturelle Praxis. transcript, Bielefeld.

Engfer, K., Patrut, I.-K. & Uerlings, H. (2013): Inklusion/Exklusion und Kultur. Theoretische Perspektiven und Fallstudien von der Antike bis zur Gegenwart. Böhlau, Köln u.a.

Enzensberger, H. M. (Hg.) (1997): Ekel und Allergie. Kursbuch 129. Rowohlt, Reinbek bei Hamburg.

Erbel, G. (1971): Das Sittengesetz als Schranke der Grundrechte. Ein Beitrag zur Auslegung des Art. 2 Abs. 1 des Grundgesetzes. Duncker & Humblot, Berlin.

Erikson, E. H. (1992): Der vollständige Lebenszyklus. 2. Aufl. Suhrkamp. Frankfurt a.M.

Erlemeier, N. (2011): Suizidalität und Suizidprävention im höheren Lebensalter. Kohlhammer, Stuttgart.

Ernst, G. (Hg.) (2016): Philosophie als Lebenskunst. Antike Vorbilder, moderne Perspektiven. Suhrkamp, Frankfurt a.M.

Ernst, W. (2013): Gehirn und Zauberspruch. Archaische und mittelalterliche psychoformative Heilspruchstexte und ihre natürlichen Wirkkomponenten. Eine interdisziplinäre Studie. Lang, Frankfurt a.M.

Eschenbruch, M. u.a. (Hg.) (2009): Arzneimittel des 20. Jahrhunderts. transcript, Bielefeld.

Escudero, J. A. (2010): Heideggers Phänomenologie der Stimmungen: Zur welterschließenden Funktion der Angst, der Langweile und der Verhaltenheit. Heidegger Studies 26: 83-95.

Essler, M. (2017): Zauber, Magie und Hexerei. Eine etymologische und wortgeschichtliche Untersuchung sprachlicher Ausdrücke des Sinnbezirks Tauber und Magie in indogermanischen Sprachen. Books on Demand, Norderstedt.

Etzemüller, T. (2007): Der ewig währende Untergang. Der apokalyptische Bevölkerungsdiskurs im 20. Jahrhundert. transcript, Bielefeld.

Evans, S. (2011): Sowjetisch wohnen. Eine Literatur- und Kulturgeschichte der Kommunalka. transcript, Bielefeld.

Evans-Pritchard, E. E. (1988): Hexerei, Orakel und Magie bei den Zande. 2. Aufl. Suhrkamp, Frankfurt a.M.

Ewald, F. (1993): Der Vorsorgestaat. Suhrkamp, Frankfurt a.M.

Exner, I. (2017): Schmutz. Ästhetik und Epistemologie eines Motivs in Literaturen und Kulturtheorien der Karibik. Fink. Paderborn.

Eylmann, C. (2015): Es reicht ein Lächeln als Dankeschön. Habitus in der Altenpflege. V&R unipress, Göttingen.

Faller, H. & Lang, H. (Hg.) (1996): Das Phänomen Angst. Pathologie, Genese und Therapie. 2. Aufl. Suhrkamp, Frankfurt a.M.

Fangerau, H. (2007): Alterskulturen und Potenziale des Alter(n)s. De Gruyter, Berlin/New York.

Favret-Saada, J. (1979): Die Wörter, der Zauber, der Tod. Der Hexenglaube im Hainland von Westfrankreich. Suhrkamp, Frankfurt a.M.

Feldmann, K. (2010): Tod und Gesellschaft. 2. überarb. Aufl. VS, Wiesbaden.

Ferreira, B. (2002): Stimmung bei Heidegger. Springer Netherland, Berlin u.a.

Filipp, S.-H. & Aymanns, P. (2018): Kritische Lebensereignisse und Lebenskrisen. 2., aktual. Aufl. Kohlhammer, Stuttgart.

Filitz, J. E. (2018): Masken im Altertum. Philipp von Zabern in WBG, Darmstadt.

Finsterbusch, K. (2007): JHWH als Lehrer der Menschen. Ein Beitrag zur Gottesvorstellung der Hebräischen Bibel. Vandenhoeck & Ruprecht, Göttingen.

Finzen, A. (2018): Normalität. Die ungezähmte Kategorie in Psychiatrie und Gesellschaft. Psychiatrie Verlag, Köln.

Fischer, E. P. (2017): Durch die Nacht. Eine Naturgeschichte der Dunkelheit. Pantheon, Münchn.

Fischer, H. (2015): Wer später stirbt, ist länger alt. Lauinger, Karlsruhe.

Fischer, J. (2016): Exzentrische Positionalität. Velbrück, Weilerswist.

Fischer, P. & Walter, H. (2017): Angst und Furcht. Vandenhoeck & Ruprecht, Göttingen.

Fischer-Lichte, E. (2016): Performativität. Eine Einführung. 3. Aufl. transcript, Bielefeld.

Fix, E. & Kurzke-Maasmeier, S. (Hg.) (2009): Das Menschenrecht auf gute Pflege. Lambertus, Freiburg i.Br.

Flaiz, B. (2018): Die professionelle Identität von Pflegefachpersonen. Mabuse, Frankfurt a.M.

Flashar, H. (2016): Hippokrates. Meister der Heilkunst. Beck, München.

Fleisch, N. H. (2020): Das Quartett der Persönlichkeit. Das Riemann-Thomann-Modell in Beziehungen und Konflikten. Haupt, Bern.

Flügel, A. (2012): Public Health und Geschichte. Historischer Kontext, politische und soziale Implikationen der öffentlichen Gesundheitspflege im 19. Jahrhundert. Juventa in Beltz, München/Weinheim.

Flügel, J. C. (1929): Symbolik und Ambivalenz in der Kleidung. Internationale Zeitschrift für Psychoanalyse 15 (2-3): 306-318.

Fögen, M. T. (Hg.) (1991): Fremde der Gesellschaft. Historische und sozialwissenschaftliche Untersuchungen zur Differenzierung von Normalität und Fremdheit. Klostermann, Frankfurt a.M.

Fögen, M. T. (1997): Die Enteignung der Wahrsager. Studien zum kaiserlichen Wissensmonopol in der Spätantike. Suhrkamp, Frankfurt a.M.

Förschler, S., Keim, C. & Schönhagen, A. S. (Hg.) (2019): Heim/Tier. Tier-Mensch-Beziehungen im Wohnen. transcript, Bielefeld.

Fonagy, P. u.a. (2017): Affektregulierung, Mentalisierung und die Entwicklung des Selbst. 6. Aufl. Klett-Cotta, Stuttgart.

Forster, A. (2017): Visite! Kommunikation auf Augenhöhe im interdisziplinären Team. Springer, Berlin.

Foucault, M. (1977): Überwachen und Strafen. Die Geburt des Gefängnisses. 20. Aufl. Suhrkamp, Frankfurt a.M.

Foucault, M. (1988): Die Geburt der Klinik. Eine Archäologie des ärztlichen Blicks. Fischer, Frankfurt a.M.

Foucault, M. (2005): Schriften in vier Bänden: Dits et Ecrits. Suhrkamp, Frankfurt a.M.

Foucault, M. (2015): Die Strafgesellschaft. Suhrkamp, Frankfurt a.M.

Foucault, M. (2017): Theorien und Institutionen der Strafe. Suhrkamp, Frankfurt a.M.

Foundational Economy Collective (2019): Die Ökonomie des Alltags. Für eine neue Infrastrukturpolitik. Suhrkamp, Frankfurt a.M.

Frank, A. (2017): Pflegenotstand? Doch nicht bei uns! 99 Geschichten aus dem Alltag einer Krankenschwester. Twentysix, Norderstedt.

Franke, A. (2012): Modelle von Gesundheit und Krankheit. 3., überarb. Aufl. Hogrefe, Göttingen.

Frankl, V. E. (2018): Der leidende Mensch. Anthropologische Grundlagen der Psychotherapie. 4. Aufl. Hogrefe, Göttingen.

Franzmann, A. (2012): Die Disziplin der Neugierde. transcript, Bielefeld.

Frazer, J. G. (1994): Der Goldene Zweig. Das Geheimnis von Glauben und Sitten der Völker. Rowohlt. Reinbek bei Hamburg.

Freud, A. (1964): Das Ich und seine Abwehrmechanismen. (1936). Kindler, München.

Freud, S. (1970): Totem und Tabu. Fischer, Frankfurt a.M.

Freud, S. (1997): Der Mann Moses und die monotheistische Religion. Fischer, Frankfurt a.M.

Frewer, A. u.a. (Hg.) (angekündigt 2020): Gute Behandlung im Alter? Menschenrechte und Ethik zwischen Ideal und Realität. transcript, Bielefeld.

Frey-Anthes, H. (2007): Unheilsmächte und Schutzgenien, Antiwesen und Grenzgänger. Vorstellungen von »Dämonen« im alten Israel, Vandenhoeck & Ruprecht/Academic Press Fribourg, Göttingen/Freiburg (CH).

Friedrich, K. (2015): Zuhause. Eine architekturtheoretische und lebensnahe Beschreibung von Dingen und Gefühlen. epubli, Hamburg.

Friesacher, H. (2008): Theorie und Praxis pflegerischen Handelns. Begründung und Entwurf einer kritischen Theorie der Pflegewissenschaft. V&R unipress, Göttingen.

Friesacher, H. (2010): Zur normativen Umcodierung des Patienten. In: Balzer, S. u.a. (Hg.): Wege kritischen Denkens in der Pflege. Mabuse, Frankfurt: 22-27.

Friese, H.-G. (2011): Die Ästhetik der Nacht. Eine Kulturgeschichte. Rowohlt, Reinbek bei Hamburg.

Fromm, E. (2005): Die Pathologie des Normalen. Ullstein, Berlin.

Fromm, S. u.a. (2019): Unterstützung in der Nachbarschaft. Springer VS, Wiesbaden.

Fuchs, T. (2012): Psychopathologie von Leib und Raum. Phänomenologisch-empirische Untersuchungen zu depressiven und paranoiden Erkrankungen. Steinkopff, Stuttgart.

Fuchs, T. & Berher, M. (Hg.) (2013): Affektive Störungen. Schattauer, Stuttgart/New York.

Fuchs-Heinritz, W. & Feldmann, K. (Hg.) (1995): Der Tod ist ein Problem der Lebenden. Beiträge zur Soziologie des Todes. Suhrkamp, Frankfurt a.M.

Fuchs, W. (1973): Todesbilder in der modernen Gesellschaft. Suhrkamp, Frankfurt a.M.

Fücker, S. (2020): Vergebung. Zu einer Soziologie der Nachsicht. Campus, Frankfurt a.M./New York.

Füssel, M. (2018): Zur Aktualität von Michel de Certeau. Springer VS, Wiesbaden.

Galli, G. (2017): Der Mensch als Mit-Mensch. Aufsätze zur Gestalttheorie in Forschung, Anwendung und Dialog. Krammer, Wien.

Galvan, E. (1996): Zur Bachofen-Rezeption in Thomas Manns »Joseph«-Roman. Klostermann, Frankfurt a.M.

Gawande, A. (2017): Sterblich sein. Was am Ende zählt. Über Würde, Autonomie und eine angemessene medizinische Versorgung. 3. Aufl. Fischer, Frankfurt a.M.

Gebhard, B. u.a. (Hg.) (2019): Frühförderung wirkt – von Anfang an. Kohlhammer, Stuttgart.

Gebhardt, J. H. (2016): Das Drehbuch als fiktionaler Erzähltest. Kovač, Hamburg.

Geertz, C. (1987): Dichte Beschreibung. Beiträge zum Verstehen kultureller Systeme. 13. Aufl. Suhrkamp, Frankfurt a.M.

Geest, S. v. d. & Finkler, K. (2004): Hospital ethnography: introduction. Social Science & Medicine 59 (10): 1995-2001.

Gehring, P. (2013): Theorien des Todes zur Einführung. 3. Aufl. Junius, Hamburg.

Geisenhanslüke, A. & Mein, G. (Hg.) (2009): Monströse Ordnungen. Zur Typologie und Ästhetik des Anormalen. transcript, Bielefeld.

Geiss, I. (2006): Geschichte im Überblick. Daten, Fakten und Zusammenhänge der Weltgeschichte. Neuausgabe. Rowohlt, Reinbek bei Hamburg.

George, L. & Ferraro,K. (Hg.) (2015): Handbook of Aging and the Social Sciences. 8. Aufl. Elsevier, Amsterdam u.a.

Genz, C. (2020): Wohnen, Alter und Protest. Eine Ethnographie städtischer Protest- und Netzwerkpraktiken von Senior_innen. Springer VS, Wiesbaden.

Gerhardt, V. (2019): Humanität. Über den Geist der Menschheit. Beck, München.

Gerlach, H. & Schupp, M. (2016): Lebenslagen, Partizipation und gesundheitlich-/pflegerische Versorgung älterer Lesben und Schwuler in Deutschland. Expertise zum Siebten Altenbericht der Bunderegierung. https://www.siebter-altenbericht.de/expertisen-zum-siebten-altenbericht/ (Tag des Zugriffs: 21. Februar 2020).

Gerlach, H. & Schupp, M. (2018): Homosexualitäten in der Langzeitpflege. Eine Theorie der Anerkennung. Lang, Frankfurt a.M.

Gerste, R. D. (2019): Wie Krankheiten Geschichte machen. Von der Antike bis heute. Klett-Cotta, Stuttgart.

Gerstenberger, E. S. (2001): Theologien im Alten Testament. Kohlhammer, Stuttgart.

Gestrich, A. & Raphael, L. (Hg.) (2008): Inklusion/Exklusion. Studien zu Fremdheit und Armut von der Antike bis zur Gegenwart. Lang, Frankfurt a.M.

Geuss, R. (2013): Privatheit. Eine Genealogie. Suhrkamp, Frankfurt a.M.

Geyer, D. (2014): Trübsinn und Raserei. Die Anfänge der Psychiatrie in Deutschland. Beck, München.

Gianonne, A. (2005): Kleidung als Zeichen. Ihre Funktion im Alltag und ihre Rolle im Film westlicher Gesellschaften. Eine kultursemiotische Abhandlung. Weidler, Berlin.

Giel, K., Obermeier, O.-P. & Reusch, S. (Hg.) (2016): Der Andere, der Fremde. Der Blaue Reiter. Journal für Philosophie. Der blaue reiter Verlag für Philosophie, Hannover.

Girard, R. (1994): Das Heilige und die Gewalt. Fischer, Frankfurt a.M.

Gleixner, W. (2018): Krank-Sein als existenzielle Gestalt. Tectum, Marburg.

Gloy, K. (2019): Alterität. Das Verhältnis von Ich und dem Anderen. Fink, Paderborn.

Göckenjan, G. (1985): Kurieren und Staat machen. Gesundheit und Medizin in der bürgerlichen Welt. Suhrkamp, Frankfurt a.M.

Görgen, A. & Halling, T. (Hg.) (2014): Verortungen des Krankenhauses. Steiner, Stuttgart.

Goesmann, C. (2016): Wertschätzung ehrenamtlicher Arbeit. transcript, Bielefeld.

Görlach, A. (2019): Homo Empathicus. Von Sündenböcken, Populisten und der Rettung der Demokratie. Herder, Freiburg i.Br.

Götze, B. u.a. (2001/Stand 2019): Sozialgesetzbuch IX. Erich Schmidt Verlag, Berlin.

Goffman, E. (1973): Asyle. Über die soziale Situation psychiatrischer Patienten und anderer Insassen. 21. Aufl. Suhrkamp, Frankfurt a.M.

Goffman, E. (1975): Stigma. Über Techniken der Bewältigung beschädigter Identität. 24. Aufl. Suhrkamp, Frankfurt a.M.

Goldbrunner, J. (1949a): Heiligkeit und Gesundheit. 2. Aufl. Herder, Freiburg i.Br.

Goldbrunner, J. (1949b): Individuation – die Tiefenpsychologie von Carl Gustav Jung. Erich Wewel, Freiburg i.Br.

Goldbrunner, J. (1954): Personale Seelsorge. Herder, Freiburg i.Br.

Goodman, F. (1991): Ekstase, Besessenheit, Dämonen – die geheimnisvolle Seite der Religion. Gütersloher Verlagshaus, Gütersloh.

Goschler, C. (2009): Rudolf Virchow. Mediziner – Anthropologe – Politiker. Böhlau, Köln u.a.

Goslar, T.-F. (2020): Gelebte Geschichte, narrative Identität. Zur Hermeneutik zwischen Rhetorik und Poetik bei Hans Blumenberg und Paul Ricoeur. Alber, Freiburg i.Br./München.

Gottschlich, A. (2014): Tiere im Pflegeheim. Dr. med. Mabuse 207: 52-54.

Graef, A. (2016): Woran erkenne ich ein gutes Altenheim? Pflegeheimqualität erkennen lernen. Books on Demand, Norderstedt.

Graefe, S. (2019): Resilienz im Krisenkapitalismus. transcript, Bielefeld.

Graf, F. (1998): Hygieia I: Der Neue Pauly (DNP). Bd. 5, Metzler: Sp. 777f.

Graf, S. (2013): Leistungsfähig, attraktiv, erfolgreich, jung und gesund: der fitte Körper in postfordistischen Verhältnissen. Body Politics 1 (81): 139-157.

Grapow, H. (1954): Grundriß der Medizin der alten Ägypter. Akademie Verlag, Berlin.

Grasekamp, G. (2017): Binäre Codierung und das System der Krankenbehandlung. Velbrück, Weilerswist.

Grebe, A. (2016): Fotografische Normalisierung. Zur sozio-medialen Konstruktion von Behinderung am Beispiel des Fotoarchivs der Stiftung Liebenau. transcript, Bielefeld.

Grimmer, B. (2018): Folgsamkeit herstellen. Eine Ethnographie der Arbeitsvermittlung im Jobcenter. transcript, Bielefeld.

Groebner, V. (2019): Wer redet von der Reinheit? Eine kleine Begriffsgeschichte. Passagen, Wien.

Gröning, K. u.a. (Hg.) (2012): Pflegegeschichten. Mabuse, Frankfurt a.M.

Groll, G. (1953): Magie des Films. Kritische Notizen über Film, Zeit und Welt. Süddeutscher Verlag, München.

Gronemeyer, M. (2014): Das Leben als letzte Gelegenheit. Sicherheitsbedürfnisse und Zeitknappheit. wbg Academic in WBG, Darmstadt.

Gronemeyer, R. & Jurk, C. (Hg.) (2017): Entprofessionalisieren wir uns! Ein kritisches Wörterbuch über die Sprache in Pflege und sozialer Arbeit. transcript, Bielefeld.

Gross, C. S. (2001): Der ansteckende Tod. Eine ethnologische Studie zum Sterben im Altersheim. Campus, Frankfurt a.M./New York.

Gruen, A. (2002): Der Fremde in uns. 6. Aufl. Klett-Cotta, Stuttgart.

Gruen, A. (2017): Der Wahnsinn der Normlität: Realismus als Krankheit: eine Theorie der menschlichen Destruktivität. 21. Aufl. dtv, München.

Grütter, H. T. & Stottrop, U. (Hg.) (2019): Mensch & Tier im Revier. Klartext, Essen.

Güther, H. (2018): Anerkennungskonflikte in der gerontologischen Pflege. Grundlagen für ein partnerschaftliches Verhältnis. Springer, Wiesbaden.

Haarmann, H. (1992): Die Gegenwart der Magie. Campus, Frankfurt a.M./New York.

Haas, E. T. (2009): Das Rätsel des Sündenbocks. Zur Entschlüsselung einer grundlegenden kulturellen Figur. Psychosozial-Verlag, Gießen.

Haas, H. (2012): Spiegel der Arznei. Ursprung, Geschichte und Idee der Heilmittelkunde. (1956). Springer, Berlin.

Hacker, J. (2003): Menschen, Seuchen und Mikroben. Beck, München.

Hänseler, M. (2009): Metaphern unter dem Mikroskop. Die epistemische Rolle der Metaphorik in den Wissenschaften und in Robert Kochs Bakteriologie. Chronos, Zürich.

Hahn, A. (1982): Zur Soziologie der Beichte und anderer Formen institutionalisierter Bekenntnisse: Selbstthematisierung und Zivilisationsprozeß. Kölner Zeitschrift für Soziologie und Sozialpsychologie 34 (3): 407-434.

Hahn, A. (2010): Soziologie der Emotionen. (Workingpaper des Soziologischen Seminars, 02/2010). Luzern: Universität Luzern, Kultur- und Sozialwissenschaftliche Fakultät, Soziologisches Seminar. https://nbn-resolving.org/urn:nbn:de:0168-ssoar-371647.

Hahn, A. (2017): Architektur und Lebenspraxis. Für eine phänomenologisch-hermeneutische Architekturtheorie. transcript, Bielefeld.
Hahn, B. (2016): Endlose Nacht. Träume im Jahrhundert der Gewalt. Suhrkamp, Berlin.
Hahn, W. (2011): Ein neues Zuhause? Eine ethnographische Studie in einem Altenpflegeheim. Lang, Frankfurt a.M.
Halbwachs, M. (1985): Das Gedächtnis und seine sozialen Bedingungen. 6. Aufl. Suhrkamp, Frankfurt a.M.
Halbwachs, M. (2001a): Kollektive Psychologie. UVK, Konstanz.
Halbwachs, M. (2001b): Entwurf einer Psychologie sozialer Klassen. UVK, Konstanz.
Haltaufderheide, J., Otte, I. & Weber, P. (Hg.) (2019): Raum und Würde. transcript, Bielefeld.
Hammann, K. (2016): Rudolf Bultmann und seine Zeit. Biographische und theologische Konstellationen. Mohr Siebeck, Tübingen.
Hampe, M. (2009): Wissenschaft und Kritik. In: Jaeggi, R. & Wesche, T. (Hg.): Was ist Kritik? Suhrkamp, Frankfurt a.M.: 353-371.
Han, B.-C. (1996): Heideggers Herz. Zum Begriff der Stimmung bei Martin Heidegger. Fink, München.
Handke, P. (1969): Die Innenwelt der Außenwelt der Innenwelt. 2. Aufl. Suhrkamp, Frankfurt a.M.
Hank, K., Schulz-Nieswandt, F., Wagner, M. & Zank, S. (Hg.) (2019): Alternsforschung. Handbuch für Wissenschaft und Praxis. Nomos, Baden-Baden.
Hansmann, L. & Kriss-Rettenbeck, L. (1977): Amulett und Talismann. Erscheinungsformen und Geschichte. Callwey, München.
Hansmann, L. & Kriss-Rettenbeck, L. (1999): Amulett, Magie, Talisman. Nikol, Hamburg.
Harbusch, M. (2018): Eine Poetik der Exklusion. Narrative irritierter Zugehörigkeit. Springer VS, Wiesbaden.
Hardy, A. I. (2005): Ärzte, Ingenieure und städtische Gesundheit. Medizinische Theorien in der Hygienebewegung des 19. Jahrhunderts. Campus, Frankfurt a.M./New York.
Harrison, A. K. (2018): Ethnography. Oxford University Press, New York.
Harrison, R. (2003): Die Herrschaft des Todes. Hanser, München/Wien.
Hasenfratz, H.-P. (1982): Die toten Lebenden. Eine religionsphänomenologische Studie zum sozialen Tod in archaischen Gesellschaften. E. F. Brill, Leiden.
Hasenfratz, H.-O. (1983): Zum sozialen Tod in archaischen Gesellschaften. Saeculum 34 (2): 126-137.
Haubl, R. (2018): Wahrhaftig wahre Geschichten: Erzählen in Organisationen. Kassel University Press, Kassel.

Haubner, T. (2017): Die Ausbeutung der sorgenden Gemeinschaft. Laienpflege in Deutschland. Campus. Frankfurt a.M./New York.

Hauschild, T. (1982): Der Böse Blick. Ideengeschichtliche und sozialpsychologische Untersuchungen. Verlag Mensch und Leben, Berlin.

Heidegger, M. (2001): Sein und Zeit. 18. Aufl. Niemeyer, Tübingen.

Heider, F. C. (1985): The Cult of Molek. A Reassessment, Department of Biblical Studies. The University of Sheffield, Sheffield.

Heidinger, I. (2010): Das Prinzip Mütterlichkeit – geschlechterübergreifende soziale Ressource. VS, Wiesbaden.

Heiler, F. (1921): Das Gebet. Eine religionsgeschichtliche und religionspsychologische Untersuchung. 3. Aufl. Reinhardt, München.

Heiler, F. (1979): Erscheinungsformen und Wesen der Religion. 2. Aufl. Kohlammer, Stuttgart u.a.

Heimerdinger, T. (Hg.) (2015): Igitt. Ekel als Kultur. Innsbruck University Press. Innsbruck.

Heinisch, B. & Schug, A. (Hg.) (2009): Satt und sauber? Eine Altenpflegerin kämpft gegen den Pflegenotstand. Rowohlt, Reinbek bei Hamburg.

Heinlein, M. u.a. (Hg.) (2016): Der Körper als soziales Gedächtnis. Springer VS. Wiesbaden.

Helting, H. (1999): Heideggers Auslegung von Hölderlins Dichtung des Heiligen. Duncker & Humblot, 1999.

Heinrichs, H.-J. (Hg.) (2018): Das Fremde verstehen. Psychosozial-Verlag, Gießen.

Heinrichs, H.-J. (2019): Fremdheit. Geschichten und Geschichte der großen Aufgabe unserer Gegenwart. Kunstmann, München.

Heinsohn, G. (1997): Die Erschaffung der Götter. Das Opfer als Ursprung der Religion. Rowohlt, Reinbek bei Hamburg.

Heinz, A. (2018): Der Begriff der psychischen Krankheit. Suhrkamp, Berlin.

Helmrich, C. (2017): Die Verfassungsbeschwerden gegen den Pflegenotstand. Dokumentationen und interdisziplinäre Analysen. Nomos, Baden-Baden.

Hemel, U., Fritzsche, A. & Manemann, J. (Hg.) (2012): Habituelle Unternehmensethik. Von der Ethik zum Ethos. Nomos, Baden-Baden.

Hempel, W. (1997): Ein Vorbild für Kafkas Türhüter? Zeitschrift für Germanistik 7 (1): 154-157.

Hengel, M. (2006): Studien zur Christologie. Mohr Siebeck, Tübingen.

Henke, F. (2006): Fixierungen in der Pflege. Kohlhammer, Stuttgart.

Henkel, A. u.a. (Hg.) (2016): Dimensionen der Sorge. Nomos, Baden-Baden.

Herbert, O. (2011): Todeszauber und Mikroben. Krankheitskonzepte auf Karkar Island, Papua-Neuguinea. Reimer, Berlin.

Hering, S. & Maierhof, G. (2002): Die unpässliche Frau. Sozialgeschichte der Menstruation und Hygiene. Mabuse, Frankfurt a.M.

Herklotz, F. (2007): Prinzeps und Pharao. Der Kult des Augustus in Ägypten. Vandenhoeck & Ruprecht, Göttingen.

Herlihy, D. (2007): Der Schwarze Tod und die Verwandlung Europas. Wagenbach, Berlin.

Herrmann, W. (2004): Theologie des Alten Testaments. Kohlhammer, Stuttgart.

Hertz, R. (2007): Das Sakrale, die Sünde und der Tod. UVK, Konstanz.

Herwald, H. (2019): Infektionskrankheiten. Geschichte, Medizin, Wissenschaft, Wirtschaft, Politik und ihre Wechselwirkungen. Springer, Berlin.

Herwig, H. (2014): Merkwürdige Alte. Zu einer literarischen und bildlichen Kultur des Alter(n)s. transcript, Bielefeld.

Herzog, M. (2006): Höllen-Fahrten. Geschichte und Aktualität eines Mythos. Kohlhammer, Stuttgart.

Hess, V. (2000): Der wohltemperierte Mensch. Wissenschaft und Alltag des Fiebermessens (1850-1900). Campus, Frankfurt a.M./New York.

Heudorf, U. & Hentschel, W. (2000): Infektionshygienische Überwachung von Altenpflegeheimen durch das Gesundheitsamt – Erfahrungen aus dem Gesundheitsamt in Frankfurt a.M. von 1989 bis 1998. Gesundheitswesen (62): 670-677.

Heudorf, U. & Hentschel, W. (2002): Überwachung der Hygiene in Alten- und Pflegeheimen – Aufgabe der Gesundheitsämter. Hygiene und Medizin (27): 32-33.

Hentschel, W. & Heudorf, U. (2007): Das Hygiene-Ranking der Frankfurter Altenpflegeheime – Konzept und erste Erfahrungen. Gesundheitswesen (69): 233-239.

Hieke, T. (2011): Das Verbot der Übergabe von Nachkommen an den »Molech« in Lev 12 und 20: ein neuer Deutungsversuch. Die Welt des Orients 41 (2): 147-167.

Hilber, M. (2012): Institutionalisierte Geburt. Eine Mikrogeschichte des Gebärhauses. transcript, Bielefeld.

Hillebrandt, F. (2018): Soziologisch denken. Springer VS, Wiesbaden.

Hirschauer, S. & Amann, K. (Hg.) (1997): Die Befremdung der eigenen Kultur. Zur ethnographischen Herausforderung soziologischer Empirie. Suhrkamp, Frankfurt a.M.

Hirschman, A. O. (1997): Tischgemeinschaft. Passagen, Wien.

Hoffer, K. (2008): Die Nähe des Fremden. Droschl, Graz.

Hofheinz, M. & Coors, M. (Hg.) (2016): Die Moral von der Geschicht‹ ... Ethik und Erzählung in Medizin und Pflege. EVA, Leipzig.

Hofmann, M. (2016): Gesundheitswesen in der Schule. Schulhygiene in der deutschsprachigen Schweiz im 19. und 20. Jahrhundert. transcript, Bielefeld.

Hohage, K. (1998): Menstruation: eine explorative Studie zur Geschichte und Bedeutung eines Tabus. Kovač, Hamburg.

Holleis, H (2017): Die vergebliche Gabe. Paradoxe Entgrenzung im ethischen Werk von Jaques Derrida. transcript, Bielefeld.

Holme, H. (2018): Die Sorge um sich – die Sorge um die Welt. Martin Heidegger, Michel Foucault und Hannah Arendt. Campus, Frankfurt a.M./New York.

Holzem, A. & Lorenz-Lindemann, K (2001): Klage. Vandenhoeck & Ruprecht, Göttingen.

Hoops, W. (2013): Pflege als Performance. Zum Darstellungsproblem des Pflegerischen. transcript, Bielefeld.

Hoppach, I. (2015): Die Fixierung in der Altenpflege aus strafrechtlicher Sicht. Tectum, Marburg.

Hoppe, T. (2018): Sozialstrukturelle Rahmenbedingungen der physischen (In)Aktivität von Pflegeheimbewohner/innen. Kovač, Hamburg.

Honegger, C. (Hg.) (1978): Die Hexen der Neuzeit. Studien zur Sozialgeschichte eines kulturellen Deutungsmusters. Suhrkamp, Frankfurt a.M.

Horneber, M., Püllen, R. & Hübner, J. (Hg.) (2019): Das demenzsensible Krankenhaus. Kohlhammer, Stuttgart.

Huber, I. (2005): Rituale der Seuchen- und Schadensabwehr im Vorderen Orient und Griechenland. Steiner, Stuttgart.

Huber, I. u.a. (2005): Autonomie im Alter. Leben und Pflegen im Pflegeheim – wie Pflegende die Autonomie von alten und pflegebedürftigen Menschen fördern. Schlütersche, Hannover.

Hubrich, M. (2012): Körperbegriff und Körperpraxis. Perspektiven für die soziologische Theorie. Springer VS, Wiesbaden.

Hudemann-Simon, C. (2000): Die Eroberung der Gesundheit. 1750-2000. 2. Aufl. Fischer, Frankfurt a.M.

Hülsen-Esch, A. v. (Hg.) (2015): Alter(n) neu denken. Konzepte für eine neue Alter(n)skultur. transcript, Bielefeld.

Hülsen-Esch, A. v., Seidler, M. & Tagsold, C. (Hg.) (2014): Methoden der Alter(n)sforschung. transcript, Bielefeld.

Hüntelmann, A. C. (2008): Hygiene im Namen des Staates. Das Reichsgesundheitsamt 1876-1933. Wallstein, Göttingen.

Hunziger-Rodewald, R. (2001): Hirt und Herde. Ein Beitrag zum alttestamentlichen Gottesverständnis. Kohlhammer, Stuttgart.

Huszla, V. (2018): Rent a Grandsma: aktivierte Alterskraft. utzverlag, München.

IDW (Hg.) (2019): IDW-Report 22/2019: Einsamkeit in Deutschland. Köln.

Illich, I. (2007): Die Nemesis der Medizin. Die Kritik der Medikalisierung des Lebens. 5. Aufl. Beck, München.

Illies, J. (1976): Adolf Portmann. Ein Biologe vor dem Geheimnis des Lebendigen. Herder, Freiburg i.Br. u.a.

Ingensieb, H. W. u.a. (Hg.) (2016): Hygieneaufklärung im Spannungsfeld zwischen Medizin und Gesellschaft. Alber, Freiburg i.Br./München.

Jack, R. (1998): Residential versus Community Care. The Role of Institutions in Welfare Provision. Macmillan Education in Springer Nature, Basel.

Jacobsen, J. (2012): Schatten des Todes. Die Geschichte der Seuchen. Philipp von Zabern in WBG, Darmstadt.

Jäger, M. (2016): Konzepte der Psychopathologie – von Karl Jaspers zu den Ansätzen des 21. Jahrhunderts. Kohlhammer, Stuttgart.

Jaeggi, R. (2005): Entfremdung. Zur Aktualität eines sozialphilosophischen Problems. Campus, Frankfurt a.M./New York.

Jahn, E. (1994): Die Cholera in Medizin und Pharmazie. Im Zeitalter des Hygienikers Max von Pettenkofer. Steiner, Stuttgart.

Jahn, R. & Nolten, A. (2018): Berufe machen Kleider. Dem Geheimnis berufsspezifischen Anziehens auf der Spur. Vandenhoeck & Ruprecht, Göttingen.

James, E. O. (1960): Religionen der Vorzeit. Dumont, Köln.

James, J. u.a. (2019): Menschen mit Demenz im Krankenhaus versorgen. Hogrefe, Basel.

Jamesion, K. R. (1999): Wenn es dunkel wird. Zum Verständnis des Selbstmordes. Siedler, Berlin.

Jankélévitch, V. (2005): Der Tod. 2. Aufl. Suhrkamp, Frankfurt a.M.

Jankowiak, T. (2010): Architektur und Tod. Zum architektonischen Umgang mit Sterben, Tod und Trauer. Eine Kulturgeschichte. Fink, München.

Janowski, B. & Welker, M. (Hg.) (2000): Opfer. Theologische und kulturelle Kontexte. Suhrkamp, Frankfurt a.M.

Jansen, H. H. (Hg.) (2013): Der Tod in Dichtung, Philosophie und Kunst. Steinkopff, Darmstadt.

Janus, L. (2009): Menschheitsgeschichte als psychologischer Entwicklungsprozess. Arbeiten zur Psychohistorie. Mattes, Heidelberg.

Jellinghaus, L. (2006): Zwischen Daseinsvorsorge und Infrastruktur. Zum Funktionswandel von Verwaltungswissenschaften und Verwaltungsrecht in der zweiten Hälfte des 19. Jahrhunderts. Klostermann, Frankfurt a.M.

Jentsch, T. (2006): Da/zwischen. Eine Typologie radikaler Fremdheit. Winter, Heidelberg.

Jettenberger, M. (2017): Ekel – professioneller Umgang mit Ekelgefühlen in Gesundheitsfachberufen. Springer, Berlin.

John, R. & Langhof, A. (Hg.) (2014): Scheitern – ein Desiderat der Moderne? Springer VS, Wiesbaden.

Jung, C. G. (1995): Gesammelte Werke. Sonderausgabe. Walter, Düsseldorf.

Jung, I. K. (2014): 65 – die Entsorgung der Alten. Autumnus Verlag, Berlin.

Junge, M. & Lechner, G. (Hg.) (2004): Scheitern. Aspekte eines sozialen Phänomens. VS, Wiesbaden.

Jütte, R. (2013): Krankheit und Gesundheit in der Frühen Neuzeit. Kohlhammer, Stuttgart.

Jungbluth, R. (2011): Im Himmel wie auf Erden: Dimensionen von Königsherrschaft im Alten Testament. Kohlhammer, Stuttgart.

Käppeli, S. (2001): Pflegekonzepte. Phänomene im Erleben von Krankheiten und Umfeld. 2. Aufl. Hogrefe, Göttingen.

Käser, R. & Schappach, B. (Hg.) (2014): Krank geschrieben. Gesundheit und Krankheit im Diskursfeld von Literatur, Geschlecht und Medizin. transcript, Bielefeld.

Kahla-Witzsch, H. A. & Platzer, O. (2018): Risikomanagement für die Pflege. 2., überarb. Aufl. Kohlhammer, Stuttgart.

Kahlow, S. (2019): Archäologie des Hospitals. Lang, Frankfurt a.M.

Kaiser, O. (1993-2003): Der Gott des Alten Testaments. Theologie des Alten Testaments. Wesen und Wirkung, Bd. 1: Grundlegung, 1993. Bd. 2: Jahwe, der Gott Israels, Schöpfer der Welt und des Menschen, 1998. Bd. 3: Jahwes Gerechtigkeit, 2003. Vandenhoeck & Ruprecht (UTB), Göttingen.

Kaltenegger, J. (2016): Lebensqualität in stationären Pflegeeinrichtungen fördern. Konzepte und Methoden in der Praxis. Kohlhammer, Stuttgart.

Kampmann, S. (2020): Bilder des Alterns. Greise Körper in Kunst und visueller Kultur. Reimer, Berlin.

Kappelhoff, H. u.a. (Hg.) (2020): Emotionen. Ein interdisziplinäres Handbuch. Metzler in Springer, Berlin.

Karakayali, J. (2010): Transnational Haushalten. Biographische Interviews mit »care workers« aus Osteuropa. VS, Wiesbaden.

Kast, V. (2017): Wider Angst und Hass. Das Fremde als Herausforderung zur Entwicklung. Patmos, Ostfildern.

Kaul, P. D. (2011): Die Transzendenz des Anderen. Mitsein als Kristallisationspunkt transzendentalphilosophischen Denkens in »Sein und Zeit«. Lang, Frankfurt a.M.

KDA (Hg.) (2007): Tiere öffnen Welten. Ideen – Projekte – Leitlinien für den fachgerechten Einsatz von Hunden, Katzen und Kaninchen in der Altenhilfe, KDA, Köln.

KDA (Schulz-Nieswandt, F. u.a.: Hg.) ProAlter 51 (3) 2019a: Hygiene in der stationären Pflege. medhochzwei, Heidelberg.

KDA (Schulz-Nieswandt F u.a.: Hg.) ProAlter 51 (4) 2019b: Einsamkeit und Alter. medhochzwei, Heidelberg.

Keck, W. (2012): Die Vereinbarkeit von häuslicher Pflege und Beruf. Hogrefe, Bern.

Kegler, K. R., Minta, A. & Naehrig, N. (Hg.) (2018): RaumKleider. Verbindungen zwischen Architekturen, Körper und Kleid. transcript, Bielefeld.

Kekulé, A. S. (2009): Was wir aus der Schweinegrippe lernen können. Aus Politik und Zeitgeschichte (52) 2009: 41-46

Keller, R. & Meuser, M. (Hg.) (2017): Alter(n) und vergängliche Körper. Springer VS, Wiesbaden.

Kellner, A. (2011): Von Selbstlosigkeit zur Selbstsorge. Eine Genealogie der Pflege. LIT, Berlin.

Kerényi, K. (1948): Der göttliche Arzt. Studien über Asklepios und seine Kultstätte. Ciba AG, Basel.

Kerényi, K. (1952): Die antike Religion. Eugen Diederichs Verlag, Düsseldorf/Köln.

Kernberg, O. F. (2016): Hass, Wut, Gewalt und Narzissmus, 2. Aufl. Kohlhammer, Stuttgart.

Kernberg, O. F. (2019): Wut und Hass. 4. Aufl. Klett-Cotta, Stuttgart.

Kersten, J., Neu, C. & Vogel, B. (2019): Politik des Zusammenhalts. Über Demokratie und Bürokratie. Hamburger Edition, Hamburg.

Kersting, K. (2019): Coolout in der Pflege. Eine Studie zur moralischen Desensibilisierung. Mabuse, Frankfurt a.M.

Kessl, F. & Plößer, M. (Hg.) (2010): Differenzierung, Normalisierung, Andersheit. Soziale Arbeit als Arbeit mit den Anderen. VS, Wiesbaden.

Kessl, F. & Reutlinger, C. (Hg.) (2019): Handbuch Sozialraum. 2. Aufl. Springer VS, Wiesbaden.

Kick, H. A. (Hg.) (2003): Ekel. Darstellung und Deutung in den Wissenschaften und Künsten. Pressler, Stuttgart.

Kielholz, A. (1934): Rätsel und Wunder der Heilung. Imago 20 (2): 173-190.

Kippenberg, H. G. (1991): Die vorderasiatischen Erlösungsreligionen in ihrem Zusammenhang mit der antiken Stadtherrschaft. Suhrkamp, Frankfurt a.M.

Kippenberg, H. G. & Luchesi, B. (Hg.) (1978): Magie. Die sozialwissenschaftliche Kontroverse über das Verstehen fremden Denkens. Suhrkamp, Frankfurt a.M.

Kirchberger, S. (1982): Anspruchsverhalten und Neurose – zur Entstehung und Funktion einer sozialpolitischen Argumentationsfigur. Zeitschrift für Sozialreform 28 (2): 65-89.

Kirchschläger, W. u.a. (1995): Art. Dämon, I. Begriffsgeschichtlich. II. Religionsgeschichtlich. III. Altes Testament – Judentum – Neues Testament. IV. Historisch-theologisch. VI. Kulturhistorisch. VII. Kunsthistorisch. VIII. Religionspädagogisch. LThK, Bd.: 1-6.

Klafki, A. (2017): Risiko und Recht. Risiken und Katastrophen im Spannungsfeld von Effektivität, demokratischer Legitimation und rechtsstaatlichen Grundsätzen am Beispiel von Pandämien. Mohr Siebeck, Tübingen.

Klie, Th. (2019): Wen kümmern die Alten? Auf dem Weg in eine sorgende Gesellschaft. Droemer, München.

Klingenfeld, H. (1999): Heimübersiedlung und Lebenszufriedenheit älterer Menschen. Lang, Frankfurt a.M.

Kloft, H. (2019): Mysterienkulte der Antike. 5. Aufl. Beck, München.

Kniejska, P. (2016): Migrant Care Workers aus Polen in der häuslichen Pflege. Zwischen familiärer Nähe und beruflicher Distanz. Springer VS, Wiesbaden.

Knor, S. W. (Projektleitung) (o.J.): »Die Würde des Menschen – unantastbar?!? Ein FotoKunstProjekt in Institutionen der Altenhilfe. o. O.

Koch, K. (2002): Der König als Sohn Gottes in Ägypten und Israel. In: Otto, E. & Zenger, E. (Hg.): »Mein Sohn bis du« (Ps 2,7). Studien zu den Königspsalmen. Katholisches Bibelwerk, Stuttgart: 1-32.

Koch-Straube, U. (2002): Fremde Welt Pflegeheim. Eine ethnologische Studie. 2. korr. Aufl. Hogrefe, Göttingen.

Kodalle, K.-M. (2013): Verzeihung denken. Die verkannte Grundlage humaner Verhältnisse. Fink, München.

Koebner, T. (2007): Filmgenres: Science Fiction. Reclam, Stuttgart.

König, H.-D. (2019): Die Welt als Bühne mit doppeltem Boden. Tiefenhermeneutische Rekonstruktion kultureller Inszenierungen. Springer VS, Wiesbaden.

König, K. (2007): Abwehrmechanismen. 4. Aufl. Vandenhoeck & Ruprecht, Göttingen.

König, O. (1975): Urmotiv Auge. Neuentdeckte Grundzüge menschlichen Verhaltens. Piper, München/Zürich.

König, O. & Schattenhofer, K. (2018): Einführung in die Gruppendynamik. Carl Auer, Heidelberg.

König, R. (2014): Menschheit auf dem Laufsteg. Die Mode im Zivilisationsprozeß. (1999). VS, Wiesbaden.

Königshofen, M (2015): Daseinsvorsorge in Zeiten des demographischen Umbruchs. wvb, Berlin.

Körtner, U H. J. (1996): Bedenken wir, daß wir sterben müssen. Sterben und Tod in Theologie und medizinischer Ethik. Beck, München.

Köster-Lösche, K. (1995): Die großen Seuchen. Von der Pest bis Aids. Insel, Leipzig/Frankfurt a.M.

Köstler, U. (2018): Seniorengenossenschaften. Ein morphologischer Überblick zu gemeinwirtschaftlichen Gegenseitigkeits-Gebilden der sozialraumorientierten Daseinsvorsorge. Nomos, Baden-Baden.

Kohlen, H. & Remmers, H. (Hg.) (2019): Bioethics, Care and Gender. Herausforderungen für Medizin, Pflege und Politik. V&R unipress, Göttingen.

Kolland, F. u.a. (2018): Wohnmonitor Alter 2018. Wohnbedürfnisse und Wohnvorstellungen im dritten und vierten Lebensalter in Österreich. Studien Verlag, Innsbruck

Kollewe, C. & Jahnke, K. (Hg.) (2009): Falten Reich. Vom Älterwerden in der Welt. Reimer, Berlin.

Kollewe, C. & Schenkel, E. (Hg.) (2011): Alter: unbekannt. transcript, Bielefeld.

Kolnai, A. (2007): Ekel, Hochmuth, Haß. Zur Phänomenologie feindlicher Gefühle. Suhrkamp, Frankfurt a.M.

Koltan, J. (2012): Der Mitmensch. Könighausen & Neumann.

Kompatscher, G., Spanning, R. & Schachinger, K. (2017): Human-Animal-Studies. Wasmann, Münster (UTB).

Konrad, E.-M. (2014): Dimensionen der Fiktionalität. Analyse eines Grundbegriffs der Literaturwissenschaft. mentis, Münster.

Kouba, P. (2012): Geistige Störung als Phänomen. Perspektiven des heideggerschen Denkens auf dem Gebiet der Psychopathologie. Königshausen & Neumann, Würzburg.

Kouba, P. (2014): The Phenomenon of Mental Disorder. Perspectives of Heidegger's Thought in Psychopathology. Springer International Publishing. Berlin u.a.

Kowarowsky, G. (2019): Der schwierige Patient. 3., erw. u. aktual. Aufl. Kohlhammer, Stuttgart.

Krafft-Krivanec, J. (2003): Todesbilder und Sterbensbewältigung. Ein kulturanthropologischer Versuch. Passagen, Wien.

Kraft, H. (2004): Tabu. Magie und soziale Wirklichkeit. Walter, Düsseldorf.

Krahmer, U. & Plantholz, M. (Hg.) (2018): Sozialgesetzbuch XI. Soziale Pflegeversicherung. 5. Aufl. Nomos. Baden-Baden.

Krasemann, B. (2017): Lernen aus biographischer Perspektive. Untersuchung zu gemeinschaftlichen Wohnformen alter Menschen. Springer VS, Wiesbaden.

Krause, M. (2007): Spektakel der Normalisierung. Fink, München.

Kremp, W. (2013): Politik und Tod. Von der Endlichkeit und vom politischen Handeln. VS, Wiesbaden.

Krey, H. (2015): Ekel ist okay. Ein Lern- und Lehrbuch zum Umgang mit Emotionen in Pflegeausbildung und Pflegealltag. Mabuse, Frankfurt a.M.

Kriegler, L. (2019): Die Sozialontologie ökonomischer Kooperation. Metropolis, Marburg.

Krisch, M. (2018): Die Verräumlichung des Evangeliums im Geist des Kapitalismus. Springer, Wiesbaden.

Kristeva, J. (1982): Powers of Horror. An Essay on Abjection. Columbia University Press, New York.

Kristeva, J. (1990): Fremde sind wir uns selbst. Suhrkamp, Frankfurt a.M.

Krön, A., Rüßler, H. & Just, M. (2019): Teilhaben und Beteiligen auf Quartiersebene. Barbara Budrich, Opladen u.a.

Krug, A. (1985): Heilkunst und Heilkult. Medizin in der Antike. Beck, München.

Kruse, A. (2017): Lebensphase hohes Alter. Verletzlichkeit und Reife. Springer, Berlin.

Kruse, A. & Martin, M. (Hg.) (2014): Enzyklopädie der Gerontologie. Huber, Bern u.a.

Kügler, J. (1997): Pharao oder Christus? Philo, Bodenheim.

Kugler, R. (1967): Philosophische Aspekte der Biologie Adolf Portmanns. EVZ-Verlag, Zürich.

Kuhn, B. (2008): Kirke. In: Moog-Grünewald, M. G. (Hg.): Mythenrezeption. Die antike Mythologie in Literatur, Musik und Kunst von den Anfängen bis zur Gegenwart. Metzler, Stuttgart/Weimar: 396-403.

Kuhnle, T. R. (1996): Der Ernst des Ekels. Archiv für Begriffsgeschichte 39: 268-325.

Kujala, A. & Danielsbacka, M. (2019): Reciprocity in Human Societies. From Ancient Times to the Modern Welfare State. Palgrave Macmillan in Springer, Cham (CH).

Kuhlmey, A., Blüher, S. & Dräger, D. (Hg.) (2015): Interdisziplinäre Perspektiven auf Multimorbidität und Alter. Hogrefe, Göttingen.

Kuhlmey, A. & Schaeffer, D. (Hg.) (2008): Alter, Gesundheit und Krankheit. Huber, Bern.

Kupke, C., Kurth, C. & Rosenmüller, S. (2020): Leute zuRechtmachen. Praktiken der Formierung in der politischen Gegenwart. Parodos Verlag, Berlin.

Labisch, A. (1992): Homo Hygienicus. Campus, Frankfurt a.M./New York.

Landmesser, C. (Hg.) (2017): Bultmann Handbuch. Mohr Siebeck, Tübingen.

Landsberg, P. L. (2009): Die Erfahrung des Todes. Matthes & Seitz, Berlin.

Lang, B. (2002): Jahwe der biblische Gott. Beck, München.

Lange, A., Lichtenberger, H., Römheld, K. F. D. (2003): Die Dämonen – Demons. Die Dämonologie der israelitisch-jüdischen und frühchristlichen Literatur im Kontext ihrer Umwelt. Mohr Siebeck, Tübingen.

Langer, G. (1928): Zur Funktion der jüdischen Türpfostenrolle. Imago 14 (4): 457-468.

Latour, B. (2009): Das Parlament der Dinge. Für eine politische Ökologie. 4. Aufl. Suhrkamp, Frankfurt a.M.

Latour, B. (2010): Eine neue Soziologie für eine neue Gesellschaft. 4. Aufl. Suhrkamp, Frankfurt a.M.

Le Bon, G. (1982): Psychologie der Massen. 15. Aufl. Kröner, Bonn.

Leeuw, G. van der (1977): Phänomenologie der Religion. Mohr Siebeck, Tübingen.

LeGuérer, A. (1999): Die Macht der Gerüche. Eine Philosophie der Nase. Klett-Cotta, Stuttgart.

Lehn, D. v. (2012): Harold Garfinkel. UVK, Konstanz.

Lemke, T. (2019): Eine Kritik der politischen Vernunft. Foucaults Analyse der modernen Gouvernementalität. Argument Verlag mit Ariadne, Hamburg.

Lengwiler, M. & Madarász, J. (Hg.) (2010): Das präventive Selbst. Eine Kulturgeschichte moderner Gesundheitspolitik. transcript, Bielefeld.

Leroi-Gourhan, A. (1995): Hand und Wort. Die Evolution von Technik, Sprache und Kunst. 2. Aufl. Suhrkamp, Frankfurt a.M.

Lersch, P. (1941): Der Aufbau des Charakters. 2., überarb. u. erw. Aufl. Barth, Leipzig.

Lersch, P. (1970): Aufbau der Person. 11. Aufl. Barth, München.

Leuzinger, P. (2013): Katharsis. VS, Wiesbaden.

Lichau, K. (2000): Die offene Maske – zur Inszenierung des Körpers durch »häßliche Gesichter«. Logos, Berlin.

Lichtenthaeler, C. (1984): Der Eid des Hippokrates. Ursprung und Bedeutung. Deutscher Ärzte-Verlag, Köln.

Likar, R. u.a. (Hg.) (2019): Ethische Herausforderungen des Alters. Kohlhammer, Stuttgart.

Linton, D. (2019): Men and Menstruation. A Social Transaction. Lang, New York.

Lobenwein, E. u.a. (Hg.) (2017): Orte des Alters und der Pflege. Hospitäler, Heime und Krankenhäuser. Leipziger Universitäts-Verlag, Leipzig.

Lob-Hüdepohl, A. & Eurich, J. (Hg.) (2020): Personenzentrierung – Inklusion – Enabling Community. Kohlhammer, Stuttgart.

Locher, W. G. (2018): Max von Pettenkofer. Pionier der wissenschaftlichen Hygiene. Pustet, Regensburg.

Löffler, C. (2014): Gewohnte Dinge. Materielle Kultur und institutionelles Wohnen im Pflegeheim. Tübinger Vereinigung für Volkskunde, Tübingen.

Löhr, M., Meißnest, B. & Volmar, B. (Hg.) (2019): Menschen mit Demenz im Allgemeinkrankenhaus. Kohlhammer, Stuttgart.

Löwith, K. (2016): Das Individuum in der Rolle des Mitmenschen. 2. Aufl. Alber, Freiburg i.Br./München.

Lohmeier, A.-M. (2012): Hermeneutische Theorie des Films. Reprint. De Gruyter, Berlin/New York.

Lorenz, K. (1980): Das sogenannte Böse. Zur Naturgeschichte der Aggression. 7. Aufl. dtv. München.

Lotmann, J. M. (2010a): Die Innenwelt des Denkens. 2. Aufl. Suhrkamp, Frankfurt a.M.

Lotmann, J. M. (2010b): Kultur und Explosion. Suhrkamp, Frankfurt a.M.

Lotz, J. B. (1976): Tod als Vollendung. Von der Kunst und Gnade des Sterbens. Knecht, Frankfurt a.M.

Lotz, M. (2000): Zur Sprache der Angst. Eine Studie zur Interaktion im pflegerischen Aufnahmegespräch. Mabuse, Frankfurt a.M.

Lück, H. E. (1996): Die Feldtheorie und Kurt Lewin. Eine Einführung. Psychologie Verlags Union, Weinheim.

Luhmann, M. & Bücker, S. (2019): Einsamkeit und soziale Isolation im hohen Alter. Projektbericht im Auftrag des BMFSFJ. Ruhr-Universität Bochum.

Luther, S., Röder, J. & Schmidt, E. D. (Hg.) (2015): Wie Geschichten Geschichte schreiben. Frühchristliche Literatur zwischen Faktualität und Fiktionalität. Mohr Siebeck, Tübingen.

Lutterer, W. (2009): Gregory Bateson. Eine Einführung in sein Denken. 2., erw. Aufl. Carl Auer, Heidelberg.

Lutz, H. (2018): Die Hinterbühne der Care-Arbeit. Transnationale Perspektiven auf Care-Migration im geteilten Europa. Juventa in Beltz, Weinheim/Basel.

Lutz, H., Schiebel, M. & Tuider, E. (Hg.) (2018): Handbuch Biographieforschung. 2., korr. Aufl. Springer VS, Wiesbaden.

Lutz, P. u.a. (Hg.) (2003): Der (im-)perfekte Mensch. Metamorphosen von Normalität und Abweichung. Böhlau, Köln u.a.

Macho, T. (2017): Das Leben nehmen. Suizid in der Moderne. 2. Aufl. Suhrkamp, Berlin.

Magerski, C. (2005): Die Wirkungsmacht des Symbolischen. Von Cassirers Philosophie der symbolischen Formen zu Bourdieus Soziologie der symbolischen Fommen. Zeitschrift für Soziologie 34 (3): 112-127.

Mahr, C. (2016): »Alter« und »Altern« – eine begriffliche Klärung mit Blick auf die gegenwärtige wissenschaftliche Debatte. transcript, Bielefeld.

Mahr, E.-M. (2019): Literatur als Selbstexegese. Eine ethnographische Poetik der Transgression. Königshausen & Neumann, Würzburg.

Malinar, A. & Vöhler, M. (Hg.) (2009): Un/Reinheit im Kulturvergleich. Fink, München.

Malinowski, B. (1951): Kultur und Freiheit. Humboldt, Wien/Stuttgart.

Malinowski, B. (1973): Magie, Wissenschaft und Religion. Fischer, Frankfurt a.M.

Malinowski, B. (1975): Eine wissenschaftliche Theorie der Kultur. Suhrkamp, Frankfurt a.M.

Mallon, S. (2018): Das Ordnen der Dinge. Aufräumen als soziale Praktik. Campus, Frankfurt a.M./New York.

Marcel, G. (1957): Die Erniedrigung des Menschen. Knecht, Frankfurt a.M.

McNeill, W. H. (1987): Seuchen machen Geschichte. Geißeln der Völker. Udo Pfriemer Verlag, München.

Mason, P. (2018): Postkapitalismus. Grundrisse einer kommenden Ökonomie. Suhrkamp, Berlin.

Massumi, B. (2010): Ontomacht. Kunst, Ästhetik und das Ereignis des Politischen. Merve, Berlin.

Matolycz, E. (2016): Pflege von alten Menschen. 2. Aufl. Springer, Berlin.

Matthwig, F. u.a. (Hg.) (2015): Macht der Fürsorge? Moral und Macht im Kontext von Medizin und Pflege. TVZ, Zürich.

Mau, S. (2019): Lütten Klein. Leben in der ostdeutschen Transformationsgesellschaft. 3. Aufl. Suhrkamp, Berlin.

Maus, I. (2018): Justiz als gesellschaftliches Über-Ich. Suhrkamp, Frankfurt a.M.

May, M. u.a. (Hg.) (2019): Den Drachen denken. Liminale Geschöpfe als das Andere der Kultur. transcript, Bielefeld.

Meier zu Biesen, C. (2013): Globale Epidemien – lokale Antworten. Eine Ethnographie der Heilpflanze Artemesia annua in Tansania. Campus, Frankfurt a.M./New York.

Meireis, T. (2015): Altern in Würde. Das Konzept der Würde im vierten Lebensalter. TVZ, Zürich.

Mell, U. (2011): Der eine Gott und die Geschichte der Völker. Studien zur Inklusion und Exklusion im biblischen Monotheismus. Vandenhoeck & Ruprecht, Göttingen.

Menninghaus, W. (2002): Ekel. Theorie und Geschichte einer starken Empfindung. 2. Aufl. Suhrkamp, Frankfurt a.M.

Mentzos, S. (2015): Hysterie. Zur Psychodynamik unbewusster Inszenierungen. 11., unveränd. Aufl. Vandenhoeck & Ruprecht, Göttingen.

Mentzos, S. (2017): Lehrbuch der Psychodynamik. 8. Aufl. Vandenhoeck & Ruprecht, Göttingen.

Merz, A. & Theißen, G. (2011): Der historische Jesus. 4. Aufl. Vandenhoeck & Ruprecht. Göttingen.

Messner, I. (2017): Geschichte der Pflege. Facultas, Wien.

Mewes, J. S. (2018): Alltagswerkstatt. Alltagsbewältigungspraktiken in der psychiatrischen Ergotherapie. transcript, Bielefeld.

Meyer, H. (2014): Der Mensch und das Pferd. Zur Geschichte und Gegenwart einer Mensch-Tier-Beziehung. Kovač, Hamburg.

Meyer-Kühing, I. (2016): Bedürfnisbefriedigung in der stationären Altenpflege. Eine qualitative Studie zum »Ich sein Dürfen« von Pflegeheimbewohnen. Tectum, Marburg.

Meyer-Sickendiek, B. (2005): Affektpoetik. Eine Kulturgeschichte literarischer Emotionen. Königshausen & Neumann, Würzburg.

Meier-Sickendiek, B. & Reents, F. (Hg.) (2013): Stimmung und Methode. Mohr Siebeck, Tübingen.

Mielck, A. & Bloomfield, K. (Hg.) (2001): Sozial-Epidemiologie. Juventa in Beltz, München/Weinheim/Basel.

Miethke, I. (2017): Giorgio Agambens Homo-Sacer-Projekt im Völkerrechtsschrifttum. Duncker & Humblot, Berlin.

Miggelbrink, R. (2015): Der zornige Gott. Die Bedeutung einer anstößigen biblischen Tradition. WBG, Darmstadt.

Milanovic, B. (2017): Haben und Nichthaben. Eine kurze Geschichte der Ungleichheit. wbg Theiss in WBG, Darmstadt.

Mildenberger, F. (2007): Umwelt als Vision. Leben und Werk Jakob von Uexkülls (1864-1944). Franz Steiner, Stuttgart.

Mildenberger, F. & Herrmann, B. (Hg.) (2014): Ueküll. Umwelt und Innenwelt der Tiefe. Springer, Berlin.

Moebius, F. (2008): Wohnung, Tempel, Gotteshaus. Beobachtungen zur Anthropologie religiösen Verhaltens. Schnell & Steiner, Regensburg.

Moebius, S. (2006): Marcel Mauss. UVK, Konstanz.

Moenikes, A. (2011): Der sozial-egalitäre Impetus der Bibel Jesu und das Liebesgebot als Quintessenz der Tora. Echter, Würzburg.

Mohan, R. (2018): Die Ökonomisierung des Krankenhauses. Eine Studie über den Wandel pflegerischer Arbeit. transcript, Bielefeld.

Molzberger, K. (2020): Autonomie und Kalkulation. Zur Praxis gesellschaftlicher Ökonomisierung im Gesundheits- und Krankenhauswesen. transcript, Bielefeld.

Moscovici, S. (1986): Das Zeitalter der Massen: Eine historische Abhandlung über die Massenpsychologie. Fischer, Frankfurt a.M.

Moser, U. (2013): Theorie der Abwehrprozesse. Die mentale Organisation psychischer Störungen. Brandes & Apsel, Frankfurt a.M.

Moser, U. (2018): Schwindsucht. Eine andere deutsche Gesellschaftsgeschichte. Matthes & Seitz, Berlin.

Müller, K. E. (1996): Der Krüppel. Ethnologia passionis humanae. Beck, München.

Müller, K. E. (2010): Die Siedlungsgemeinschaft. V&R press, Göttingen.

Müller, P. (2003): Sohn und Sohn Gottes – Übergänge zwischen Metapher und Titel – Verbindungslinien zwischen Metaphorik und Titelchristologie am Beispiel des Sohnestitels. In: Frey, J. (Hg.): Metaphorik und Christologie. De Gruyter, Berlin/New York: 75-92.

Müller, R. (2003): Theorie der Pointe. Mentis, Paderborn.

Müller, S. (2013): Die Cholera in Deutschland 1831/32. Friedrich, Bonn.

Müller, U. B. (1996): »Sohn Gottes« – ein messianischer Hoheitstitel Jesu. Zeitschrift für die neutestamentliche Wissenschaft und die Kunde der älteren Kirche 87: 1-32.

Müller-Funk, W. (2016): Theorie des Fremden. Francke, Tübingen (UTB).

Mütze, K. (2006): Kinder, helft uns! Der stumme Schrei aus Pflegeheimen. Bella-Vista, Bad Schwartau.

Muhle, M. (2013): Eine Genealogie der Biopolitik. Zum Begriff des Lebens bei Foucault und Canguilhem. Fink, München.

Negel, J. (2005): Ambivalentes Opfer. Studien zur Symbolik, Dialektik und Aporetik eines theologischen Fundamentalbegriffs. Schöningh, Paderborn.

Neiman, S. (2004): Das Böse denken. Eine andere Geschichte der Philosophie. Suhrkamp, Frankfurt a.M.

Neumann, D. (2016): Das Ehrenamt nutzen. Zur Entstehung einer staatlichen Engagementpolitik in Deutschland. transcript, Bielefeld.

Neumann, E. (1964): Tiefenpsychologie und Ethik. Kindler, München.

Newton, V. L. (2016): Everyday Discources of Menstruation. Cultural and Social Perspectives. Palgrave Macmillan, Basingstoke/Hampshire.

Niedecken, D. (2003): Namenlos. Geistig Behinderte verstehen. Beltz, Weinheim/Basel.

Niederhametner, P. (2016): Verletzungen von Menschenrechten vermeiden. Prävention am Beispiel von Pflegeheimen und psychiatrischen Abteilungen. Facultas, Wien.

Niederhausen, R. (2020 angekündigt): Gemeinsam wohnen. Kulturwissenschaftliche Blicke auf ein Alter im Umbruch. Chronos, Zürich.

Niehr, H. (1990): Der höchste Gott. Alttestamentlicher JHWH-Glaube im Kontext syrisch-kanaäischer Religion des 1. Jahrtausends v. Chr. De Gruyter, Berlin/New York.

Niephaus, Y. (2018): Ökonomisierung. Diagnose und Analyse auf der Grundlage feldtheoretischer Überlegungen. Springer VS, Wiesbaden.

Nigg, M.-L. (2017): Gehen. Raumpraktiken in Literatur und Kunst. Kadmos, Berlin.

Nilsson, M. P. (1950a): Griechischer Glaube. Francke, Bern.

Nilsson, M. P. (1950b): Geschichte der griechischen Religion. Beck, München.

Novy, A. u.a. (Hg.) (2019): Die Finanzialisierung der Welt. Karl Polanyi und die neoliberale Transformation der Weltwirtschaft. Juventa in Beltz, Weinheim/Basel.

Nolte, K. (2003): Gelebte Hysterie. Erfahrung, Eigensinn und psychiatrische Diskurse im Anstaltsalltag um 1900. Campus, Frankfurt a.M./New York.

Nothnagel, D. (1989): Der Fremde im Mythos. Kulturvergleichende Überlegungen zur gesellschaftlichen Konstruktion einer Sozialfigur. Lang, Frankfurt a.M.

Nover, S. U. (2020): Theoriegeleitete Forschungswege in der Pflegewissenschaft. Methdodologie und Forschungspraxis bei Praxeologie, Hermeneutik und Ethnographie. Springer VS, Wiesbaden.

Nussbaum, M. (1998): Gerechtigkeit oder das gute Leben. 10. Aufl. Suhrkamp, Frankfurt a.M.

Oberzaucher, E. (2017): Homo urbanus. Ein evolutionsbiologischer Blick in die Zukunft der Städte. Springer, Berlin.

Obinger, H. & Schmidt, M. G. (Hg.) (2019): Handbuch Sozialpolitik. Springer VS, Wiesbaden.

Oelke, U., Scheller, I. & Ruwe, G. (2017): Tabuthemen als Gegenstand szenischen Lernens in der Pflege. Hogrefe, Göttingen.

Oeser, E. (2016): Die Angst vor dem Fremden. Die Wurzeln der Xenophobie. 2., durchgeseh. u. erw. Aufl. Theiss in WBG, Darmstadt.

Oeser, E. (2017a): Hund und Mensch. Die Geschichte einer Beziehung. wbg Academic in WBG, Darmstadt.

Oeser, E. (2017b): Katze und Mensch. Die Geschichte einer Beziehung. wbg Academic in WBG, Darmstadt.

Oettl, B. (2019): Existenzielle Grenzerfahrungen. Tabubruch als Strategie in der zeitgenössischen Kunst. transcript, Bielefeld.

Olbrich, E. & Jinas, I. (1998): Ein Plädoyer für die Tierhaltung in Alten- und Pflegeheimen. KDA, Köln.

Olbrich, E. & Otterstedt, C. (2003): Menschen brauchen Tiere. Grundlagen und Praxis der tiergestützten Pädagogik und Therapie. Kosmos, Stuttgart.

Opitz, S. (2014): Zur Soziologie der Affekte: Resonanzen epidemischer Angst. In: Fischer, J. & Moebius, S. (Hg.): Kultursoziologie im 21. Jahrhundert. Springer VS, Wiesbaden: 269-284.

Oswald, W. (2009): Staatstheorie im Alten Testament. Kohlhammer, Stuttgart.

Otto, B.-C. (2011): Magie. De Gruyter, Berlin/New York.

Otto, E. (2002): Gottes Recht als Menschenrecht. Rechts- und literaturhistorische Studien zum Deuteronomium. Harrassowitz, Wiesbaden.

Otto, R. (1997): Das Heilige. Beck, München.

Quensel, S. (2017): Hexen, Satan, Inquisition. Die Erfindung des Hexen-Problems. Springer VS, Wiesbaden.

Quensel, S. (2018): Irre, Anstalt, Therapie. Der Psychiatrie-Komplex. Springer VS, Wiesbaden.

Palm, G. & Bogert, B. (2011): Hausgemeinschaften. Ein Ausweg aus dem Irrweg für die stationäre Altenhilfe. Tectum, Marburg.

Pank-Kochinke, B. (2018): Krankenschwesterromane (1914-2018). Kontexte – Muster – Perspektiven. Mabuse, Frankfurt a.M.

Pantel, J. (2018): Heimversorgung. In: Jessen, F. (Hg.): Handbuch Alzheimer-Krankheit. Grundlagen – Diagnostik – Therapie – Versorgung – Prävention. De Gruyter, Berlin/Boston: 591-602.

Pari, P. u.a. (1985): Die Weißen denken zuviel. Psychoanalytische Untersuchungen bei den Dogon in Westafrika. 3., überarb. Aufl. Fischer, Frankfurt a.M.

Parin, P. u.a. (1991): Fürchte deinen Nächsten wie dich selbst. Psychoanalyse und Gesellschaft am Modell der Agni in Westafrika. 2. Aufl. Suhrkamp, Frankfurt a.M.

Parthe, E.-M. (2011): Authentisch leben? Erfahrung und soziale Pathologien in der Gegenwart. Campus, Frankfurt a.M./New York.

Parzinger, H. (2014): Die Kinder des Prometheus. Eine Geschichte der Menschheit vor der Erfindung der Schrift. Beck, München.

Paul, J. (2018): Der binäre Code. Leitfaden zur Analyse herabsetzender Texte und Aussagen. Wochenschau Verlag, Frankfurt a.M.

Paula, H. (2017): Patientensicherheit und Risikomanagement in der Pflege. 2., überarb. Aufl. Springer, Berlin.

Pawalk, B. (2013): Die Transformation der modernen Macht. Der Übergang zur Biomacht in Kafkas »Strafkolonie« und Döblins »Berge, Meere und Giganten«. AVA, München.

Pé, S. (2020): Wir dürfen alte Menschen nicht allein lassen! Wie wir den Pflegenotstand beenden. Rowohlt, Reinbek bei Hamburg.

Penning, L. M. (1984): Kulturgeschichtliche und sozialwissenschaftliche Aspekte des Ekels. Diss. Universität Mainz.

Pépin, C. (2019): Sich selbst vertrauen. Kleine Philosophie der Zuversicht. 3. Aufl. Hanser, München.

Pernlochner-Kügler, C. (2004): Körperscham und Ekel – wesentlich menschliche Gefühle. LIT, Münster.
Perschel, A. (2019): »S ist noch nicht P«. Eine kritische Würdigung von Ernst Blochs Philosophie der Utopie. wvb, Berlin.
Peterich, E. (1958): Götter und Helden der Griechen. Fischer, Frankfurt a.M./Hamburg.
Petermann, W. (2004): Die Geschichte der Ethnologie. Hammer, Wuppertal.
Peters, M. (2018): Das Trauma von Flucht und Vertreibung. Klett-Cotta, Stuttgart.
Peters, S.-K. (2004): Rudolf Bilz (1898-1976). Leben und Wirken in der medizinischen Psychologie. Königshausen & Neumann, Würzburg.
Pethes, N. (2013): Kulturwissenschaftliche Gedächtnistheorien. 2., überarb. Aufl. Junius, Hamburg.
Petzhold, L. (2016): Magie. Weltbild, Praktiken.
Pfahler, G. (1964): Der Mensch und seine Vergangenheit. 5. Aufl. Klett, Stuttgart.
Pfaller, L. (2016): Anti-Aging als Form der Lebensführung. Springer VS, Wiesbaden.
Pfaller, R. (2008): Das schmutzige Heilige und die reine Vernunft. Symptome der Gegenwartskultur. 5. Aufl. Fischer, Frankfurt a.M.
Pfeiffer, T. (Hg.) (2010): Zauber und Magie. Winter, Heidelberg.
Phillip, C. (2019): EU und Daseinsvorsorge. utzverlag, München.
Pfister, O. (1940): Lösung und Bindung von Angst und Zwang in der israelitisch-christlichen Religionsgeschichte. Internationale Zeitschrift für Psychoanalyse 25 (2): 206-213.
Philip, T. S. (2005): Menstruation and Childbirth in the Bible. Fertility and Impurity. Lang, New York.
Philippsen, C. (2014): Soziale Netzwerke in gemeinschaftlichen Wohnprojekten. Eine empirische Analyse von Freundschaften und sozialer Unterstützung. Budrich UniPress, Opladen.
Philonlenko, M. (2002): Vaterunser. Vom Gebet Jesu zum Gebet der Jünger. Mohr Siebeck (UTB), Tübingen.
Piaget, J. (1958): Das Wachsen des logischen Denkens von der Kindheit bis zur Pubertät. Klett, Stuttgart.
Piechotta-Henze, G. & Dibelius, O. (angekündigt 2020): Menschenrechtsbasierte Pflege. Hogrefe, Göttingen.
Ploder, A. & Scherke, K. (2014): Qualitative Forschung als strenge Wissenschaft? Zur Rezeption der Phänomenologie Husserls in der Methodenliteratur. UVK, Konstanz.
Poczka, I. (2017): Die Regierung der Gesundheit. Fragmente einer Genealogie liberaler Gouvernementalität. transcript, Bielefeld.
Pöschel, K. G. (2013): Die Auswirkungen der Risikopotenzialanalyse auf ein Alten- und Pflegeheim als Totale Institution. Bd. 1. Studie und Ergebnisse. Diss. Universität Osnabrück.

Pola, T. (2007): Gott fürchten und lieben. Studien zur Gotteserfahrung im Alten Testament. 2. Aufl. Vandenhoeck & Ruprecht, Göttingen.

Polanyi, M. (1985): Implizites Wissen. Suhrkamp, Frankfurt a.M.

Poplutz, U. u.a. (Hg.) (2019): Beten. Vandenhoeck & Ruprecht, Göttingen.

Portmann, A. (1956): Zoologie und das neue Bild des Menschen. Rowohlt, Hamburg.

Poskocil, R. (2012): Katzenhaltung in Alters- und Pflegeheimen. Ethologische Strategien, Effizienz für die Senioren, tierschutzrelevante Aspekte. Kovač, Hamburg.

Prainsack, B. & Buyx, A. (2016): Das Solidaritätsprinzip. Ein Plädoyer für eine Renaissance in Medizin und Bioethik. Campus, Frankfurt a.M./New York.

Przyrembel, A. (2011): Verbote und Geheimnisse. Das Tabu und die Genese der europäischen Moderne. Campus. Frankfurt a.M./New York.

Puhlmann, J. (2019): Depression und Lebenswelt. Eine phänomenologische Untersuchung. Logos, Berlin.

Pulver, M. (1999): Tribut der Seuche oder: Seuchenmythen als Quelle sozialer Kalibrierung. Eine Rekonstruktion des AIDS-Diskurses vor dem Hintergrund von Studien zur Historizität des Seuchendispositivs. Lang, Frankfurt a.M.

Raab, J. (1998): Die soziale Konstruktion olfaktorischer Wahrnehmung. Eine Soziologie des Geruchs. Diss. Universität Konstanz.

Radeiski, B (2011): Seuchen, Ängste und Diskurse. Massenkommunikation als diskursives Rollenspiel. De Gruyter, Berlin/New York.

Radkau, J. (1998): Das Zeitalter der Nervosität. Hanser, München.

Radt, P. (2018): Das Absurde als Normalität. Über die absurde Welt des ganz normalen Kapitalismus. Shaker, Aachen.

Rakoczy, T. (1996): Böser Blick, Macht der Augen und der Neid der Götter. Gunter Narr, Tübingen.

Radzey, B. (2014): Lebenswelt Pflegeheim. Eine nutzerorientierte Bewertung von Pflegeheimbauten für Menschen mit Demenz. Mabuse, Frankfurt a.M.

Raphael, L. & Uerlings, H. (Hg.) (2008): Zwischen Ausschluss und Solidarität. Modi der Inklusion/Exklusion von Fremden und Armen in Europa seit der Spätantike. Lang, Frankfurt a.M.

Raslan, K. J. (2019): Patientenorientierte Zentren zur Primär- und Langzeitversorgung. Robert Bosch Stiftung, Stuttgart.

Rattner, J. (1995): Thomas Szacz. In: Rattner, J.: Klassiker der Psychoanalyse. 2. Aufl. Beltz, Weinheim: 800-829.

Rau, E. (2013): Perspektiven des Lebens Jesu. Kohlhammer, Stuttgart.

Rauh, A. (2012): Die besondere Atmosphäre. Ästhetische Feldforschungen. transcript, Bielefeld.

Razac, O. (2003): Politische Geschichte des Stacheldrahts. Prärie, Schützengraben, Lager. Diaphanes, Zürich.

Redecker, E. v. (2018): Praxis und Revolution. Eine Sozialtheorie radikalen Wandels. Campus, Frankfurt a.M./New York.
Reichert, M. (2018): Die Kapsel. Aids in der Bundesrepublik. Suhrkamp, Frankfurt a.M.
Reichmayr, J. (2003): Einführung in die Ethnopsychoanalyse. Vollst. überarb. Neuaufl. Psychosozial-Verlag, Gießen.
Reik, T. (1915): Georg Wilke: Mythische Vorstellungen und symbolische Zeichen aus indoeuropäischer Vorzeit. Zeitschrift für internationale Psychoanalyse 3 (4): 244-245.
Reindell, A. (1985): Die Affekte als Spiegel internalisierter Objektbeziehungen. Zeitschrift für Psychosomatische Medizin und Psychoanalyse 31 (4): 304-319.
Reitzenstein, R. (1967): Die Vorgeschichte der christlichen Taufe. (1929). WBG, Darmstadt.
Remmers, H. (Hg.) (2011): Pflegewissenschaft im interdisziplinären Dialog. V&R unipress, Göttingen.
Rengeling, D. (2017): Vom geduldigen Ausharren zur allumfassenden Prävention. Grippe-Pandemien im Spiegel von Wissenschaft, Politik und Öffentlichkeit. Nomos, Baden-Baden.
Reuter, A. (2003): Voodoo und andere afro-amerikanische Religionen. Beck, München.
Rhomberg, H.-P. (2015): Das Hospital – Heil- und Pflegeanstalten im Wandel der Zeit. Fink, München.
Richter, S. (2018): Infrastruktur. Ein Schlüsselkonzept der Moderne und die deutsche Literatur 1848-1914. Matthes & Seitz, Berlin.
Ricœur, P, (2002): Symbolik des Bösen: Phänomenologie der Schuld 2. 3. Aufl. Alber, Freiburg i.Br./München.
Riemann, F. (2013): Grundformen der Angst. 41. Aufl. Reinhardt Verlag, München.
Ringel, D. (2017): Ekel in der Pflege. Eine »gewaltige« Emotion. 5. Aufl. Mabuse, Frankfurt a.M.
Ringel, E. (1999): Das Leben wegwerfen? Reflexionen über den Selbstmord. Molden, Wien.
Röder, B., Jong, W. de & Alt, K. W. (Hg.) (2012): Alter(n) anders denken. Kulturelle und biologische Perspektiven. Böhlau, Köln.
Rölli, M. & Nigro, R. (Hg.) (2017): Vierzig Jahre »Überwachen und Strafen«. Zur Aktualität der Foucault'schen Machtanalyse. transcript, Bielefeld.
Rogojanu, A. (2019): Kollektives Bauen und Wohnen in Wien. Eine ethnographische Untersuchung zweier gemeinschaftsorientierter Wohnprojekte. Böhlau, Wien.
Rokkan, S. (2000): Staat, Nation und Demokratie in Europa. 3. Aufl. Suhrkamp.
Rolf, T. (1999): Normalität. Ein philosophischer Grundbegriff des 20. Jahrhunderts. Fink, München.

Rosenberg, K. & Vallentin, R. (Hg.) (2012): Norm und Normalität. Beiträge aus Linguistik, Soziologie, Literatur- und Kulturwissenschaften. Logos, Berlin.

Rosenfeld, J. M. (2020): Jenseits der Exklusion. Lernen vom Erfolg – auf dem Weg zur Gegenseitigkeit. Barbara Budrich, Opladen u.a.

Rosenkranz, F. (1990): Ästhetik des Häßlichen. Reclam, Leipzig.

Roskamm, N. (2011): Dichte. Eine transdisziplinäre Dekonstruktion. Diskurse zu Stadt und Raum. transcript, Bielefeld.

Rothe, V., Kreutzner, G. & Gronemeyer, R. (2015): Im Leben bleiben. Unterwegs zu demenzfreundlichen Kommunen. transcript, Bielefeld.

Rothacker, E. (1966): Die Schichten der Persönlichkeit. 7. Aufl. Barth, Leipzig.

Rothermund, K. & Mayer, A.-K. (Hg.) (2009): Altersdiskriminierung. Kohlhammer, Stuttgart.

Roudinesco, E. (1996): Jacques Lacan. Bericht über ein Leben, Geschichte eines Denksystems. Kiepenheuer & Witsch, Köln.

Ruckstuhl, B. & Ryter, E. (2017): Von der Seuchenpolizei zu Public Health. Öffentliche Gesundheit in der Schweiz seit 1750. Chronos, Zürich.

Rüth, A. (2005): Erzählte Geschichte. Narrative Strukturen in der französischen »Annales«-Geschichtsschreibung. De Gruyter, Berlin/New York.

Sachße, C. (2013): Mütterlichkeit als Beruf. Sozialarbeit, Sozialreform und Frauenbewegung 1871-1929. 2. Aufl. VS, Wiesbaden.

Sander, K. (2015): Organismus als Zellenstaat. Rudolf Virchows Körper-Staat-Metapher zwischen Medizin und Politik. Springer Fachmedien, Berlin.

Sander, T. (2014): Habitussensibilität. Eine neue Anforderung an professionelles Handeln. Springer VS, Wiesbaden.

Sarasin, P. (2001): Reizbare Maschinen. Eine Geschichte des Körpers 1765-1914. 4. Aufl. Suhrkamp, Frankfurt a.M.

Sarasin, P. u.a. (Hg.) (2006): Bakteriologie und Moderne. Suhrkamp, Frankfurt a.M.

Sarasin, P. (2019): Darwin und Foucault. Genealogie und Geschichte im Zeitalter der Biologie. Suhrkamp, Berlin.

Sartre, J.-P. (1975): Der Ekel. 60. Aufl. Rowohlt, Reinbek bei Hamburg.

Sartre, J.-P. (1987): Geschlossene Gesellschaft. 56. Aufl. Rowohlt, Reinbek bei Hamburg.

Satre, J.-P. (2005): Das Sein und das Nichts. Versuch einer phänomenologischen Ontologie. 11. Aufl. Rowohlt, Reinbek bei Hamburg.

Schäfer, A. (2017): Einführung in die Erziehungsphilosophie. 2. Aufl. Juventa in Beltz, Weinheim/Basel.

Schäfer, S. & Thompson, C. (Hg.) (2018): Angst. Schöningh, Paderborn.

Schaps, E. (1982): Hysterie und Weiblichkeit. Wissenschaftsmythen über die Frau. Campus, Frankfurt a.M./New York.

Schäfer-Biermann, B. u.a. (2016): Foucaults Heterotopien als Forschungsinstrument. Eine Anwendung am Beispiel Kleingarten. Springer VS, Wiesbaden.

Schauer, H. & Lepper, M. (Hg.) (2018): Distanzierung und Engagement. Wie politisch sind die Geisteswissenschaften? Works & Nights, Berlin.

Scheiber, K. (2006): Vergebung. Eine systematisch-theologische Untersuchung. Mohr Siebeck, Tübingen.

Cheve, C. v. (2009): Emotionen und soziale Strukturen. Die affektiven Grundlagen sozialer Ordnung. Campus, Frankfurt a.M./New York.

Schinerl, P. W. (1992): Dämonenfurcht und böser Blick. Studien zum Amulettwesen. Alano, Aachen.

Schild, W. (1995): Bilder von Recht und Gerechtigkeit. Dumont, Köln.

Schildmann, U. (2013): Normalität, Behinderung und Geschlecht. Ansätze und Perspektiven der Forschung. VS, Wiesbaden.

Schilling, W. (1957): Religion und Recht. Kohlhammer, Stuttgart.

Schimmele, C. (2019): Zur Organisation demokratischer Unternehmen. Eine Studie erfolgreicher Produktivgenossenschaften in den USA. Springer VS, Wiesbaden.

Schipperges, H. (1999): Krankheit und Kranksein im Spiegel der Geschichte. Springer, Berlin.

Schlesier, R. (1990): Apotropäisch. In: Cancik, H. u.a. (Hg.): Handbuch religionswissenschaftlicher Grundbegriffe. Bd. 2. Kohlhammer, Stuttgart: 41-45.

Schlesier, R. (2015): Kulte, Mythen und Gelehrte. Anthropologie der Antike seit 1800. Fischer, Frankfurt a.M.

Schlette, M., Fuchs, T. & Kirchner, A. M. (Hg.) (2017): Anthropologie der Wahrnehmung. Universitätsverlag Winter, Heidelberg.

Schmid, S. u.a. (2019): Eine Geschichte des gemeinschaftlichen Wohnens. Modelle des Zusammenlebens. Birkhäuser in de Gruyter, Berlin/New York.

Schmidhuber, M. u.a. (Hg.) (2019): Menschenrechte für Personen mit Demenz. Soziale und ethische Perspektiven. transcript, Bielefeld.

Schmidt, B. (2016): Häusliche Pflege und Paternalismus. Mabuse, Frankfurt a.M.

Schmidt, M. (2016): Wampum und Biber: Fetischgeld im kolonialen Nordamerika. transcript, Bielefeld.

Schmitt, R. (2008): Apotropäische Riten. Das wissenschaftliche Bibellexikon im Internet (WiBiLex). www.bibelwissenschaft.de/stichwort/13553.

Schmitt, T. (2015): Die Bedarfsplanung von Infrastrukturen als Regulierungsinstrument. Mohr Siebeck, Tübingen.

Schmitz, H. (2014): Atmosphären. Alber, Freiburg i.Br./München.

Schmoll, F. & Bayer, D. (Hg.) (2002): Grauzone. Ethnographische Variationen über die letzten Lebensabschnitte. Tübinger Vereinigung für Volkskunde, Tübingen.

Schnabel, M. (2018): Macht und Subjektivierung. Eine Diskursanalyse am Beispiel der Demenzdebatte. Springer, Wiesbaden.

Schneider, H. (2019): Autonomie und Abhängigkeit in der Altenpflege. Springer VS, Wiesbaden.

Schneider, C. (2005): Gewalt in Pflegeeinrichtungen. Schlütersche, Hannover.

Schnell, M. W., Schneider, W. & Kolbe, H. (Hg.) (2013): Alterswelten. Eine Ethnographie. Springer VS, Wiesbaden.

Schöttler, P. (2015): Die »Annales«-Historiker und die deutsche Geschichtswissenschaft. Mohr Siebeck, Tübingen.

Schott, H. & Tölle, R. (2006): Geschichte der Psychiatrie. Beck, München.

Schrems, B. M. (2020): Vulnerabilität in der Pflege. Juventa in Beltz, Weinheim/Basel.

Schriever, C. (2018): Der Andere als Herausforderung. Konzeptionen einer neuen Verantwortungsethik bei Lévianas und Butler. transcript, Bielefeld.

Schroeder, J. (2012): Schulen für schwierige Lebenslagen. Studien zu einem Sozialatlas der Bildung. Waxmann, Münster u.a.

Schröder, J. (Hg.) (2019): Gewalt in Pflege, Betreuung und Erziehung. Juventa in Beltz, Weinheim/Basel.

Schröer, W. u.a. (Hg.) (2013): Handbuch Übergänge. Beltz-Juventa, Basel/München.

Schroeter, K. R. (2004): Figurative Felder. Ein gesellschaftstheoretischer Entwurf zur Pflege im Alter. DUV, Wiesbaden.

Schroeter, K. R. (2005): Das soziale Feld der Pflege. Juventa in Beltz, Weinheim/Basel.

Schroeter, K. R., Vogel, C. & Künemund, H. (Hg.) (i. V. 2020): Handbuch Soziologie des Alter(n)s. Springer VS, Wiesbaden.

Schubert, C. (2005): Der hippokratische Eid. Medizin und Ethik von der Antike bis heute. wbg Academic in WBG, Darmstadt.

Schübel, T. (2016): Grenzen der Medizin. Zur diskursiven Konstruktion medizinischen Wissens über Lebensqualität. Springer VS, Wiesbaden.

Schütze, L. (2019): Schwul sein und älter werden. Selbstbeschreibungen älterer schwuler Männer. Springer VS, Wiesbaden.

Schützendorf, E. & Wallrafen-Dreisow, H. (1991): In Ruhe verrückt werden dürfen. Für ein anderes Denken in der Altenpflege. Fischer, Frankfurt a.M.

Schüz, P. (2016): Mysterium tremendum. Zum Verhältnis von Angst und Religion nach Rudolf Otto. Mohr Siebeck, Tübingen.

Schulz-Nieswandt, F. (1989): Die Lehre vom öffentlichen Gesundheitswesen bei Lorenz von Stein. Quellen zur Verwaltungsgeschichte Nr. 6. Lorenz-von-Stein-Institut für Verwaltungswissenschaften. Universität zu Kiel, Kiel.

Schulz-Nieswandt, F. (1999): Die Konzeption der »medizinischen Polizey« bei Johann Peter F. (1745-1821) im Kontext seiner Zeit. In: Müller, H.-P. (Hg.): Sozialpolitik der Aufklärung. Waxmann, Münster u.a.: 89-99.

Schulz-Nieswandt, F. (2001): Die Gabe. Der gemeinsame Ursprung der Gesellung und des Teilens im religiösen Opferkult und in der Mahlgemeinschaft. Zeitschrift für Sozialreform 47 (1): 75-92.

Schulz-Nieswandt, F. (2003): Herrschaft und Genossenschaft. Duncker & Humblot, Berlin.

Schulz-Nieswandt, F. (2010a): Die (psychisch) kranken alten Menschen und die Gesellschaft. In: Stoppe, G. (Hg.): Die Versorgung psychisch kranker alter Menschen. Bestandsaufnahme und Herausforderung für die Versorgungsforschung. Deutscher Ärzteverlag, Köln: 255-261.

Schulz-Nieswandt, F. (2010b): Wandel der Medizinkultur? Duncker & Humblot, Berlin.

Schulz-Nieswandt, F. (2010c): Eine Ethik der Achtsamkeit als Normmodell der dialogischen Hilfe- und Entwicklungsplanung in der Behindertenhilfe. Josefs-Gesellschaft, Köln.

Schulz-Nieswandt, F. (2011): Öffentliche Daseinsvorsorge und Existenzialismus. Eine gouvernementale Analyse unter besonderer Berücksichtigung der Wasserversorgung. Nomos, Baden-Baden.

Schulz-Nieswandt, F. (2012a): Der homo patiens als Outsider der Gemeinde. Zur kulturellen und seelischen Grammatik der Ausgrenzung des Dämonischen. Zeitschrift für Gerontologie und Geriatrie 45 (7): 593-602.

Schulz-Nieswandt, F. (2012b): »Europäisierung« der Sozialpolitik und der sozialen Daseinsvorsorge? Eine kultursoziologische Analyse der Genese einer solidarischen Rechtsgenossenschaft. Duncker & Humblot, Berlin.

Schulz-Nieswandt, F. (2012c): Gemeinschaftliches Wohnen im Alter in der Kommune. Das Problem der kommunalen Gastfreundschaftskultur gegenüber dem *homo patiens*. Duncker & Humblot, Berlin.

Schulz-Nieswandt, F. (2013a): Der inklusive Sozialraum. Psychodynamik und kulturelle Grammatik eines sozialen Lernprozesses. Nomos, Baden-Baden.

Schulz-Nieswandt, F. (2013b): Der leidende Mensch in der Gemeinde als Hilfe- und Rechtsgenossenschaft. Duncker & Humblot, Berlin.

Schulz-Nieswandt, F. (2014): Onto-Theologie der Gabe und das genossenschaftliche Formprinzip. Nomos, Baden-Baden.

Schulz-Nieswandt, F. (2015a): »Sozialpolitik geht über den Fluss«. Zur verborgenen Psychodynamik in der Wissenschaft von der Sozialpolitik. Nomos, Baden-Baden.

Schulz-Nieswandt, F. (2015b): Metamorphosen zur gemeinwirtschaftlichen Genossenschaft. Grenzüberschreitungen in subsidiärer Geometrie und kommunaler Topologie. Nomos, Baden-Baden.

Schulz-Nieswandt, F. (2016a): Inclusion and Local Community Building in the Context of European Social Policy und International Human Social Right. Nomos, Baden-Baden.

Schulz-Nieswandt, F. (2016b): Sozialökonomie der Pflege und ihre Methodologie. Nomos, Baden-Baden.

Schulz-Nieswandt, F. (2016c): Im alltäglichen Labyrinth der sozialpolitischen Ordnungsräume des personalen Erlebnisgeschehens. Eine Selbstbilanz der Forschungen über drei Dekaden. Duncker & Humblot, Berlin.

Schulz-Nieswandt, F. (2016d): Hybride Heterotopien. Metamorphosen der »Behindertenhilfe«. Ein Essay. Nomos, Baden-Baden.

Schulz-Nieswandt, F. (2017a): Personalität, Wahrheit, Daseinsvorsorge. Spuren eigentlicher Wirklichkeit des Seins. Königshausen & Neumann, Würzburg.

Schulz-Nieswandt, F. (2017b): Menschenwürde als heilige Ordnung. Eine dichte Re-Konstruktion der sozialen Exklusion im Lichte der Sakralität der personalen Würde. transcript, Bielefeld.

Schulz-Nieswandt, F. (2017c): Heterotope Überstiege in der Sozialpolitik im Namen des *homo patiens*. Überlegungen zu einer onto-theologischen Rechtfertigung des Menschen in der Rolle des Mitmenschen. In: Jähnichen, T. u.a. (Hg.): Rechtfertigung – folgenlos? Jahrbuch Sozialer Protestantismus. Bd. 10. EVA, Leipzig: 187-208.

Schulz-Nieswandt, F. (2017d): Erhart Kästner (1904-1974). Griechenlandsehnsucht und Zivilisationskritik der »konservativen Revolution«. transcript, Bielefeld.

Schulz-Nieswandt, F. (2018a): Metaphysik der Sozialpolitik. Königshausen & Neumann, Würzburg.

Schulz-Nieswandt, F. (2018b): Zur Metaphysikbedürftigkeit empirischer Alter(n)ssozialforschung. Nomos, Baden-Baden.

Schulz-Nieswandt, F. (2018c): Morphologie und Kulturgeschichte der genossenschaftlichen Form. Eine Metaphysik in praktischer Absicht unter besonderer Berücksichtigung der Idee des freiheitlichen Sozialismus. Nomos, Baden-Baden.

Schulz-Nieswandt, F. (2018d): Lokale generische Strukturen der Sozialraumbildung. § 20h SGB V und § 45d SGB XI im Kontext kommunaler Daseinsvorsorge. Nomos, Baden-Baden.

Schulz-Nieswandt, F. (2019a): Das Gemeindeschwester^{plus}-Experiment in Modellkommunen des Landes Rheinland-Pfalz. Der Evaluationsbericht im Diskussionskontext. Nomos, Baden-Baden.

Schulz-Nieswandt, F. (2019b): Daseinsvorsorge. In: Ross, F., Rund, M. & Steinhaußen, J. (Hg.): Alternde Gesellschaften gerecht gestalten. Stichwörter für die partizipative Praxis. Barbara Budrich, Opladen u.a.: 219-227.

Schulz-Nieswandt, F. (2019c): Die Formung zum *Homo Digitalis*. Ein tiefenpsychologischer Essay zur Metaphysik der Digitalisierung. Königshausen & Neumann, Würzburg.

Schulz-Nieswandt, F. (2019d): Die unvollkommene Paideia. Eine psychomotorische Hermeneutik meiner Odyssee zwischen Schicksal und Freiheit. Königshausen & Neumann, Würzburg.

Schulz-Nieswandt, F. (2019e): Person – Selbsthilfe – Genossenschaft – Sozialversicherung – Neo-Korporatismus – Staat. Nomos, Baden-Baden.

Schulz-Nieswandt, F. (2019f): Zum Framing der Alter(n)sdiskurse durch die Blickweise der Altenberichtskommissionen. Medien & Altern (14): 16-27.

Schulz-Nieswandt, F. (2019g): Gestalt-Fiktionalitäten dionysischer Sozialpolitik. Eine Metaphysik der Unterstützungstechnologien im Kontext von Krankenhausentlassung und der Idee eines präventiven Hausbesuchs als Implementationssetting. Nomos, Baden-Baden.

Schulz-Nieswandt, F. (2020a): Der Sektor der stationären Langzeitpflege im sozialen Wandel. Eine querdenkende sozialökonomische und ethnomethodologische Expertise. Springer VS, Wiesbaden.

Schulz-Nieswandt, F. (2020b): Siegfried Katterle (1933-2019). Sein Werk im Lichte der politischen Theologie von Paul Tillich. Duncker & Humblot, Berlin.

Schulz-Nieswandt, F. (2020c): Schulz-Nieswandt F (2020) Digitalisierung der Selbsthilfe. Sozialrechtliche Fragen und ethische Dimensionen ihrer öffentlich-rechtlichen Förderung. Nomos, Baden-Baden.

Schulz-Nieswandt, F. (2020d): Sozialraumorientierung. Senioren und chronisch kranke Menschen. Mit Glossar als Anhang. Studienbrief im Studiengang Berufspädagogik (M.A.). HFH Hamburg, Hamburg.

Schulz-Nieswandt, F. (2020e): Pflegepolitik gesellschaftspolitisch radikal neu denken. Gestaltfragen einer Reform des SGB XI. Grundlagen, Kontexte, Eckpunkte, Dimensionen und Aspekte. Berlin: KDA: www.kda.de

Schulz-Nieswandt, F. (2020f): Gefahren und Abwege der Sozialpolitik im Zeichen von Corona. Zur affirmativen Rezeption von Corona in Kultur, Geist und Seele der »Altenpolitik«. Berlin: KDA: www.kda.de.

Schulz-Nieswandt, F. (2020g): Der alte Mensch als Verschlusssache. Corona und die Verdichtung der Kasernierung in Pflegeheimen. transcript, Bielefeld (i. V.).

Schulz-Nieswandt, F. (2020h): Sozialrechtliche Möglichkeiten der Sozialraumorientierung In: Wegner, G. & Lämmlin, G. (Hg.): Kircher im Quartier: die Praxis. Evangelische Verlagsanstalt, Leipzig: 273-282.

Schulz-Nieswandt ,F. (2020i): Der Gewährleistungsstaat zwischen Wächterfunktion und Innovationsinkubator. Springer, Wiesbaden (i. V.).

Schulz-Nieswandt, F. (2020j): Selbsthilfeförderung im ländlichen Raum. Das Fallbeispiel der KISS in der Trägerschaft von »Soziales Netzwerk Lausitz«. Nomos, Baden-Baden.

Schulz-Nieswandt, F. (2020k): Heinrich Federer (1866–1928). Soziogramm und Psychoanalyse eines leidvollen Lebens. Königshausen & Neumann, Würzburg.

Schulz-Nieswandt, F., Köstler, U. & Mann, K. (2019): Evaluation des Beratungsansatzes der Beratungs- und Prüfbehörden nach dem Landesgesetz über Wohnformen und Teilhabe des Landes Rheinland-Pfalz (LWTG). Abschlussbericht. https://msagd.rlp.de/fileadmin/msagd/19.03.31_Abschlussbericht_Beratungsansatz_BP-LWTG.pdf (Tag des Zugriffs: 21. Februar 2020).

Schulz-Nieswandt, F., Köstler, U. & Mann, K. (2020): Kommunale Pflegepolitik als Gesellschaftspolitik. Poetik der Gesellschaftsgestaltung des sozialen Miteinanders radikal neu anders denken. Kohlhammer, Stuttgart (i. V.).

Schulz-Nieswandt, F. u.a. (2009): Generationenbeziehungen. Netzwerke zwischen Gabebereitschaft und Gegenseitigkeitsprinzip. LIT, Berlin.

Schumacher, M. (1996): Sündenschmutz und Herzensreinheit. Studien zur Metaphorik der Sünde in lateinischer und deutscher Literatur des Mittelalters. Fink, München.

Schuppener, B. (2019): Seelennot. Essay über die Philosophie der Depressionen. Königshausen & Neumann, Würzburg.

Schuppli, M. (2016): Herstellung gleichwertiger Lebensverhältnisse. Mohr Siebeck, Tübingen.

Schwarte, J. (2015): Die Plastizität des Menschen. 2., aktual. Aufl. Nomos, Baden-Baden.

Schwarz, K. (2020 angekündigt): Autismusbilder. Zur Geschichte der Autismusforschung. Juventa in Beltz, Weinheim/Basel.

Schwarz, J. S. (2016): Globalisierte(s) Sorge. »24-Stunfden-Pflege« und Transnationale Care Work. utzverlag, München.

Schwarzer, B. (2018): Pflegeheime in der Einwanderungsgesellschaft. Kassel University Press, Kassel.

Schweer, T. u.a. (2008): »Das da draußen ist ein Zoo, und wir sind die Dompteure«. Polizisten im Konflikt mit ethnischen Minderheiten und sozialen Randgruppen. VS, Wiesbaden.

Schweighart, M. (Hg.) (2009): Zonen. Fünf Essays zur Kritik des Lagers. Passagen, Wien.

Scott, J. C. (2019): Die Mühlen der Zivilisation. Eine Tiefengeschichte der frühesten Staaten. Suhrkamp, Berlin.

Seelmeyer, U. (2007): Das Ende der Normalisierung? Soziale Arbeit zwischen Normativität und Normalität. Juventa in Beltz, München/Weinheim/Basel.

Segal, H. (1983): Melanie Klein. Eine Einführung in ihr Werk. Fischer, Frankfurt a.M.

Seidler, E. (1966): Geschichte der Pflege des kranken Menschen. Kohlhammer, Stuttgart u.a.

Seidler, E. & Leven, K.-H. (2003): Geschichte der Medizin und der Krankenpflege. 7., überarb. u. erw. Aufl. Kohlhammer, Stuttgart.

Seibel, W. (2017): Verwaltung verstehen. Eine theoriegeschichtliche Einführung. Suhrkamp, Frankfurt a.M.

Seidler, G. H. (2001): Hysterie heute. Metamorphosen eines Paradiesvogels. Psychosozial-Verlag, Gießen.

Seidler, M. (2010): Figurenmodelle des Alters in der deutschsprachigen Gegenwartsliteratur. Narr Francke Attempto, Tübingen.

Seiwert, H. (1983): Ausgrenzung der Dämonen – am Beispiel der chinesischen Religionsgeschichte. Saeculum 34 (3-4): 316-334.

Selbmann, R. (2009): Eine Kulturgeschichte des Fensters. Von der Antike bis zur Moderne. Reimer, Berlin.

Selbmann, S. (1995): Mythos Wasser, Symbolik und Kulturgeschichte. Badenia, Karlsruhe.

Seelmeyer, U. (2007): Das Ende der Normalisierung? Soziale Arbeit zwischen Normativität und Normalität? Juventa in Beltz, Weinheim/Basel.

Seligmann, S. (1914): Die Angst vor dem Blick. Zeitschrift für Augenheilkunde (31): 341-347, 513-519.

Seligmann, S. (1980): Die Zauberkraft des Auges und das Berufen. Ein Kapitel aus der Geschichte des Aberglaubens. (1922). Couvreur, Den Haag.

Seligmann, S. (1985): Der Böse Blick und Verwandtes. Eine Geschichte des Aberglaubens aller Zeiten und Völker. (1910). Olms, Hildesheim.

Senge, K. & Schützeichel, R. (Hg.) (2013): Hauptwerke der Emotionssoziologie. Springer VS, Wiesbaden.

Settersten, R. A. & Angel, J. L. (Hg.) (2012): Handbook of Sociology of Aging. Springer, New York.

Signori, G. (2007): Wunder. Eine historische Einführung. Campus, Frankfurt a.M./New York.

Sirmasac, H. (2019): Philosophische Distinktionen und wissenschaftliche Analytik nach Louis Althusser. Nomos, Baden-Baden.

Sirsch, E. (2019): Entscheidungsfindung zum Schmerzassessment bei Menschen mit Demenz im Krankenhaus. Juventa in Beltz, Weinheim/Basel.

Sitzmann, F. (2007): Hygiene daheim. Professionelle Hygiene in der stationären und häuslichen Alten- und Langzeitpflege. Hogrefe, Göttingen.

Sixtus, F. u.a. (2019): Teilhabeatlas Deutschland. Berlin Institut für Bevölkerung und Entwicklung, Berlin.

Skoruppa, D. (2019): Freiwilligendienst auf Augenhöhe? Eine machtkritische Analyse von weltwärts Süd-Nord. Nomos, Baden-Baden.

Sloterdijk, P. (1983): Kritik der zynischen Vernunft. 2 Bde. Suhrkamp, Frankfurt a.M.

Sloterdijk, P. (1987): Der Zauberbaum. Die Entstehung der Psychoanalyse im Jahr 1785. Ein epischer Versuch zur Philosophie der Psychologie. Suhrkamp, Frankfurt a.M.

Sobel, H. (1990): Hygieia. Die Göttin der Gesundheit. WBG, Darmstadt.

Sörries, R. (2016): Herzliches Beileid. Eine Kulturgeschichte der Trauer. WBG, Darmstadt.

Sommer, M. (2008): Die Phönizier. Beck, München.

Sontag, S. (2003): Krankheit als Metapher. Aids und seine Metaphern. Fischer, Frankfurt a.M.

Spanknebel, S. & Schürmann, E. (2017): Die apotropäischen Kräfte des Bildermachens. In: Fuchs, T. u.a. (Hg.): Fremde Spiegelungen: interdisziplinäre Zugänge zur Sammlung Prinzhorn. Fink, Paderborn: 55-76.

Specht-Tomann, M. & Tropper, D. (2011): Hilfreiche Gespräche und heilsame Berührungen im Pflegealltag. 4,. Aufl. Springer, Berlin.

Spellerberg, A. (2018): Neue Wohnformen – gemeinschaftlich und genossenschaftlich. Erfolgsfaktoren im Entstehungsprozess gemeinschaftlichen Wohnens. Springer VS, Wiesbaden.

Spinney, L. (2018): 1918 – die Welt im Fieber. Wie die Spanische Grippe die Gesellschaft veränderte. 2. Aufl. Hanser, München.

Spitzer, M. (1989): Was ist Wahn? Untersuchungen zum Wahnproblem. Springer, Berlin.

Spreen, D. (2015): Upgradekultur. Der Körper in der Enhancement-Gesellschaft. transcript, Bielefeld.

Staats, R. (1991): Die Reichskrone. Geschichte und Bedeutung eines europäischen Symbols. Vandenhoeck & Ruprecht, Göttingen.

Steffen, P. (2009): Anspruchsniveaureduktion und Entschuldigungstendenz bei Krankenhauspatienten. LIT, Berlin.

Stegbauer, C. (2010): Reziprozität. Einführung in soziale Formen der Gegenseitigkeit. 2. Aufl. VS, Wiesbaden.

Stegemann, W. & DeMaris, R. E. (Hg.) (2015): Alte Texte in neuen Kontexten. Wo steht die sozialwissenschaftliche Bibelexegese? Kohlhammer, Stuttgart.

Steger, F. (2016): Asklepios. Medizin und Kult. Steiner, Stuttgart.

Stemberger, G. (2009): Junius F. Brown (1902-1970) – »Radikaler Feldtheoretiker« – Brückenbauer zwischen Gestaltpsychologie, Psychoanalyse und marxistischer Gesellschaftstheorie. Phänomenal. Zeitschrift für Gestalttheoretische Psychotherapie 1 (1): 38-41.

Stemberger, G. (2018): Die Feldtheorie Kurt Lewins. In: Kubon-Gilke, G. (Hg.): Gestalten der Sozialpolitik. Theoretische Grundlegungen und Anwendungsbeispiele. Bd. 1. Metropolis, Marburg: 553-556.

Stern, W. (1950): Allgemeine Psychologie auf personalistischer Grundlage. 2. Aufl. Nijhoff, Den Haag.

Sternberger, D. (1981): Über den Tod. Suhrkamp, Frankfurt a.M.

Steuding, H. (1890): Hygieia. In: Roscher, W. H. (Hg.): Ausführliches Lexikon der griechischen und römischen Mythologie. Band 1, 2. Teubner, Leipzig: Sp. 2772-2792.

Steuer, W., Ertelt, G. & Stahlhacke, M. (2005): Hygiene in der Pflege. 2., vollst. überarb. u. erw. Aufl. Kohlhammer, Stuttgart.

Stiglitz, J. (2017): Reich und Arm. Die wachsende Ungleichheit in unserer Gesellschaft. Pantheon, München.

Stille, G. (1994): Krankheit und Arznei. Die Geschichte der Medikamente. Springer, Berlin.

Stille, G. (2015): Kräuter, Geister, Rezepturen. Eine Kulturgeschichte der Arznei. wbg Academic in WBG, Darmstadt.

Stöckl, C., Kicker-Frisinghelli, K. & Finnker, S. (Hg.) (2016): Die Gesellschaft des langen Lebens. Soziale und individuelle Herausforderungen. transcript, Bielefeld.

Stoessel, M. (1983): Aura. Das vergessene Menschliche. Zur Sprache und Erfahrung bei Walter Benjamin. 2. Aufl. Hanser, München.

Stollberg, M. (2003): Homo patiens. Krankheits- und Körpererfahrung in der frühen Neuzeit. Böhlau, Köln u.a.

Storck, T. (2018): Triebe. Kohlhammer, Stuttgart.

Straub, J. (2019): Die Macht negativer Affekte. Psychosozial-Verlag, Gießen.

Strößner, C. (2014): Die Logik der Normalität. Untersuchungen zur Semantik von Normalitätsurteilen. De Gruyter, Berlin/New York.

Strohm, H. (2008): Mithra. Oder: Warum ›Gott Vertrag‹ beim Aufgang der Sonne in Wehmut zurückblickte. Fink, München.

Struppek, D. (2010): Patientensouveränität im Pflegeheim. Hogrefe, Göttingen.

Stützle-Hebel, M. & Antons, K. (2017): Einführung in die Praxis der Feldtheorie. Carl Auer, Heidelberg.

Suber, D. (2011): Émile Durkheim. UVK, Konstanz.

Sütterlin, C. (1992): Im Banne der Angst. Zur Natur- und Kunstgeschichte menschlicher Abwehrsymbolik. Gemeinsam mit I. Eibl-Eibesfeldt. Piper, München.

Sütterlin, C. (1993a): Fratzen, Monster, Entblösser. Dämonenplastik aus ethologischer Sicht. In: Michel, P. (Hg.): Spinnenfuß und Krötenbauch. Tetralogie und Symbolik der Mischwesen von der Antike bis ins 21. Jahrhundert. Pano Verlag, Zürich: 411-425.

Sütterlin, C. (1993b): Angst und Angstbewältigung. In: Schiefenhövel, W. u.a. (Hg.): Im Spiegel der Anderen. Aus dem Lebenswerk des Verhaltensforschers I. Eibl-Eibesfeldt. Realis Verlag, München: 146-151.

Suter, S. (2017): Im Namen der Gesundheit. Gesundheitsförderung an Schulen. Disziplinierung und Ermächtigung. transcript, Bielefeld.

Swaan, A. de (1993): Der sorgende Staat. Campus, Frankfurt a.M./New York.

Szasz, T. (1997): Grausames Mitleid. Über die Aussonderung unerwünschter Menschen. Fischer, Frankfurt a.M.

Szacz, T. (2013): Geisteskrankheit – ein moderner Mythos. Carl Auer-Verlag, Heidelberg.

Tanner, L. J. (2018): Berührungen und Beziehungen bei Menschen mit Demenz. Hogrefe, Göttingen.

Taureck, B. H. F. (2004): Philosophieren: Sterben können? Versuch einer ikonologischen Modernisierung unserer Kommunikation über Tod und Sterben. Suhrkamp, Frankfurt a.M.

Taussig, M. (2018): Mimesis und Alterität. Eine eigenwillige Geschichte der Sinne. Konstanz University Press, Konstanz.

Teidelbaum, L. (2013): Obdachlosenhass und Sozialdarwinismus. Unrast Verlag, Münster.

Tellenbach, H. (2011): Melancholie. Problemgeschichte, Endogenität, Typologie, Pathogenese, Klinik. 4. Aufl. (1984). Springer, Berlin.

Thelen, T. (2014): Care/Sorge. Konstruktion, Reproduktion und Auflösung bedeutsamer Bindungen. transcript, Bielefeld.

Thießen, M. (Hg.) (2014): Infiziertes Europa. Seuchen im langen 20. Jahrhundert. De Gruyter/Oldenbourg, Berlin/New York/München/Wien.

Thimm, W. (2008): Das Normalisierungsprinzip. Bundesvereinigung Lebenshilfe, Marburg.

Thissen, R. (1969): Die Entwicklung der Terminologie auf dem Gebiet der Sozialhygiene und Sozialmedizin im deutschen Sprachgebiet bis 1930. VS, Wiesbaden.

Thomsen, M. (2019): Fixierungen vermeiden. Alternativen zu freiheitsentziehenden Maßnahmen in der Pflege. 2. Aufl. Springer, Berlin.

Thorwald, J. (1974): Macht und Geheimnis der frühen Ärzte.Droemer-Knaur, München/Zürich.

Thraemer, E. (1886): Asklepios. In: Roscher, W. H. (Hg.): Ausführliches Lexikon der griechischen und römischen Mythologie. Band 1, 1. Teubner, Leipzig: Sp.615-641.

Thomae, H. (1996): Das Individuum und seine Welt. 3. Aufl. Hogrefe, Göttingen.

Tietjen, R. R. (2019): Am Abgrund. mentis, Paderbon.

Tillich, P. (1975): Wesen und Wandel des Glaubens. Ullstein, Frankfurt a.M. u.a.

Tillich, P. (1987): Religiöse Reden. In der Tiefe ist Wahrheit. Das Neue Sein. Das Ewige im Jetzt. De Gruyter, Berlin/New York.

Tillich, P. (2015): Der Mut zum Sein. 2. Aufl. De Gruyter, Berlin/New York.

Titze, H. (2019): Generationen und sozialer Wandel von 1770 bis heute. Juventa in Beltz, Weinheim/Basel.

Tölle, R. (2008): Wahn. Seelische Krankheiten, Geschichtliche Vorkommnisse, Literarische Themen. Schattauer, Stuttgart.

Tömmel, T. N. (2013): Wille und Passion. Der Liebesbegriff bei Heidegger und Arendt. Suhrkamp, Frankfurt a.M.

Tour, M. de la (2016): Gabe im Anfang. Grundzüge des metaphysischen Denkens von Ferdinand Ulrich. Kohlhammer, Stuttgart.

Triebsch, D. (2016): »Sie wollen mich doch vergiften!« Der ganz normale Wahnsinn in der Altenpflege. Verlag an der Ruhr, Mühlheim an der Ruhr.

Trunkenpolz, K. (2018): Lebensqualität von Pflegeheimbewohnern mit Demenz. Eine psychoanalytisch orientierte Einzelfallstudie. Budrich UniPress, Opladen u.a.

Tubb, J. N. (1998): Völker im Land Kanaan. Theiss, Stuttgart.

Tümmers, H. (2017): AIDS. Autopsie einer Bedrohung im geteilten Deutschland. Wallstein, Göttingen.

Udsching, P. & Schütze, B. (Hg.) (2018): SGB XI. Soziale Pflegeversicherung. Kommentar. 5. Aufl. Beck, München.

Uexküll, J. v. (1928): Theoretische Biologie. 2., gänzl. neu bearb. Aufl. Springer, Berlin.

Uexküll, J. v. (1973): Theoretische Biologie. Mit einem Vorwort von Rudolf Bilz. Suhrkamp, Frankfurt a.M.

Uexküll, J. v. (1956): Streifzüge durch die Umwelten von Tieren und Menschen. Rowohlt, Hamburg.

Uexküll, T. v. (1963): Grundfragen der psychosomatischen Medizin. Rowohlt, Reinbek bei Hamburg.

Ulrich, F. (2015): Gabe und Vergebung. Ein Beitrag zur biblischen Ontologie. 2. Aufl. Johannes Verlag, Einsiedeln (CH).

UNICEF (Hg.) (2018): UNICEF-Report 2018. Die Chance auf Bildung. Mit allen Daten zur Situation der Kinderin der Welt. Fischer, Frankfurt a.M.

Unterthurner, G. & Kadi, U. (Hg.) (2011): Wahn. Philosophische, psychoanalytische und kulturwissenschaftliche Perspektiven. Turia + Kant, Wien.

Uzarewicz, C. (2016): Kopfkissenperspektiven. Fragmente zum Raumerleben in Krankenhäusern und Heimen. Alber, Freiburg i.Br./München.

Uzarewicz, C. & Uzarewicz, M. (2005): Das Weite suchen. Einführung in die phänomenologische Anthropologie der Pflege. Lucius & Lucius, Stuttgart.

Uzarewicz, M. (2011): Der Leib und die Grenzen der Gesellschaft. Eine neophänomenologische Soziologie des Transhumanen. Lucius & Lucius, Stuttgart.

Vaassen, B. (2012): Die narrative Gestalt(ung) der Wirklichkeit. Grundlinien einer postmodern orientierten Epistemologie der Sozialwissenschaften. (1996). Vieweg & Teubner, Wiesbaden.

Valderrama, P. (2020): Demokratie versus Markt. Politik und Ökonomie bei Friedrich Hayek und Karl Polanyi. Metropolis, Marburg.

Vasold, M. (2008): Grippe, Pest und Cholera. Eine Geschichte der Seuchen in Europa. Steiner, Stuttgart.

Vasold, M. (2015): Rudolf Virchow. Der große Arzt und Politiker. Fischer, Frankfurt a.M.

Verne, M. (1999): Alltägliche Zauberei. Über Sinn und Symbolik magischen Handelns bei den Hausa in Niger. Köppe, Köln.

Vetter, A. (1966): Personale Anthropologie. Alber, Freiburg i.Br./München.

Vice, J. (1993): From Patients to Persons. The Psychiatric Critiques of Thomas Szacz, Peter Sedgwick and R. D. Laing. Lang, New York.

Vietta, E. (1938): Der Tanz. Eine kleine Metaphysik. Societäts-Verlag, Frankfurt a.M.

Vigarello, G. (1992): Wasser und Seife, Puder und Parfüm. Geschichte der Körperhygiene seit dem Mittelalter. Campus, Frankfurt a.M./New York.

Virilio, P. (2007): Die panische Stadt. Passagen, Wien.

Vögele, J. & Woelk, W. (Hg.) (2000): Stadt, Krankheit und Tod. Geschichte der städtischen Gesundheitsverhältnisse während der Epidemiologischen Transition (vom 18. bis ins frühe 20. Jahrhundert). Duncker & Humblot, Berlin.

Vöhler, M. & Seidensticker, B. (Hg.) (2007): Katharsiskonzeptionen vor Aristoteles. Zum kulturellen Hintergrund des Tragödienansatzes. De Gruyter, Berlin/New York.

Waechter, K. (2008): Verwaltungsrecht im Gewährleistungsstaat. Mohr Siebeck, Tübingen.

Wahl, H.-W. (2017): Die neue Psychologie des Alterns. 3. Aufl. Kösel, München.

Wahl, S. (2000): Selbst- und weltbezogene Wissenskomponenten von Weisheit. Kovač, Hamburg.

Wahl, H.-W. & Heyl, V. (2015): Gerontologie – Einführung und Geschichte. 2., vollst. überarb. Aufl. Kohlhammer, Stuttgart.

Wahl, H.-W., Tesch-Römer, C. & Ziegelmann, H. P. (Hg.) (2012): Angewandte Gerontologie. 2., vollst. überarb. u. erw. Aufl. Kohlhammer, Stuttgart.

Waldenfels, B. (2012): Hyperphänomene. Modi hyberbolischer Erfahrung. Suhrkamp, Frankfurt a.M.

Waldenfels, B. (2019): Erfahrung, die zur Sprache drängt. Studien zur Psychoanalyse und Psychotherapie aus phänomenologischer Sicht. Suhrkamp, Frankfurt a.M.

Wallerstein, I. (2019): Welt-System-Analyse. Eine Einführung. Springer VS, Wiesbaden.

Walther, A. u.a. (Hg.) (2020): Reflexive Übergangsforschung. Theoretische Grundlagen und methodologische Herausforderungen. Barbara Budrich, Opladen u.a.

Warstat, M. (2018): Soziale Theatralität. Die Inszenierung der Gesellschaft. Fink, Paderborn.

Wedel-Parlow, U. v., Flitzner, H. & Nehen, H. G. (2004): Demenzkarrieren soziologisch betrachtet. DUV, Wiesbaden.

Weber, H.-J. (1994): Der soziale Tod. Lang, Frankfurt a.M.

Weder, C. (2007): Erschriebene Dinge. Fetisch, Amulett, Talisman um 1800. Rombach, Freiburg i.Br.

Wegner, G. (2013): Die Entdeckung der Generativität. In: Jähnichen, T. u.a. (Hg.): Jahrbuch Sozialer Protestantismus. Bd. 6. Gütersloher Verlagshaus, Gütersloh: 135-166.

Wegner, G. (2020): Der »inklusive Sozialraum«. Eine neue Qualität des Sozialstaats? Kirche und Gesellschaft Nr. 467 (Grüne Reihe), hg. von der Katholischen Sozialwissenschaftlichen Zentralstelle. Mönchengladbach.

Wehler, H.-U. (1980): Geschichte als Historische Sozialwissenschaft. 2. Aufl. Suhrkamp, Frankfurt a.M.

Wehler, H.-U. (2013): Die neue Umverteilung. Soziale Ungleichheit in Deutschland. 4. Aufl. Beck, München.

Weidmann, R. (2001): Rituale im Krankenhaus. Eine Studie zur Dynamik des Lebens in einer Organisation. 3. Aufl. Urban & Fischer in Elsevier, München.

Weinwurm-Krause, E.-M. (1998): Autonomie im Heim. Auswirkungen des Heimalltags auf die Selbstverwirklichung von Menschen mit Behinderung. Winter, Heidelberg.

Weiß, G. & Zirfas, J. (Hg.) (2020): Handbuch Bildungs- und Erziehungsphilosophie. Springer VS, Wiesbaden.

Weiß, H. (2016): Hass, Wut, Gewalt und Narzissmus. 2. Aufl. Kohlhammer, Stuttgart

Weiß, H. (2018): Trauma, Schuldgefühl und Wiedergutmachung. 2. Aufl. Klett-Cotta, Stuttgart.

Weiß, J. (Hg.) (2001): Die Jemeinigkeit des Mitseins. Die Daseinsanalytik Martin Heideggers und die Kritik der soziologischen Vernunft. UVK, Konstanz.

Weiß, W. (Hg.) (2012): Der eine Gott und das gemeinschaftlich Mahl. Inklusion und Exklusion biblischer Vorstellungen von Mahl und Gemeinschaft im Kontext antiker Festkultur. Vandenhoeck & Ruprecht, Göttingen.

Weißl, M. (1998): Torgottheiten. Studien zum sakralen und magischen Schutz von griechischen Stadt- und Burgtoren unter Einbeziehung der benachbarten Kulturen. Diss. Universität Köln, Köln.

Weizsäcker, V. v. (1997): Der Gestaltkreis. Suhrkamp, Frankfurt a.M.

Wellek, A. (1966): Die Polarität im Aufbau des Charakters: System der konkreten Charakterkunde. 3., neubearb. u. wesentl. erw. Aufl. Francke, Bern.

Welti, F. (2005): Behinderung und Rehabilitation im sozialen Rechtsstaat. Freiheit, Gleichheit und Teilhabe behinderter Menschen. Mohr Siebeck, Tübingen.

Wendt, W. R. (2017): Soziale Bewirtschaftung von Gesundheit. Gesundheitswirtschaft im Rahmen sozialer Versorgungsgestaltung. Springer VS, Wiesbaden.

Wengst, K. (2013): Der wirkliche Jesus. Kohlhammer, Stuttgart.

Wernhart, K. R. (2004): Ethnische Religionen. Universale Elemente des Religiösen. Topos, Kevelaer.

Werren, M. (2019): Würde und Demenz. Grundlegung einer Pflegeethik. Nomos, Baden-Baden.

Wesel, U. (1985): Juristische Weltkunde. Eine Einführung in das Recht. 15. Aufl. Suhrkamp, Frankfurt a.M.

Wesenberg, S. u.a. (Hg.) (2016): Tierische Tandems. Theorie und Praxis tiergestützter Arbeit mit älteren und demenzerkrankten Menschen. dgvt-Verlag, Tübingen.

Wetzel, D. J. (2009): Maurice Halbwachs. UVK, Konstanz.

Weyer-von Schoultz, M. (2005): Max von Pettenkofer (1818-1901). Die Entstehung der modernen Hygiene aus den empirischen Studien menschlicher Lebensgrundlagen. Lang, Frankfurt a.M.

Wichmann, M.-H. (2013): Möblierte Vergangenheit, gelebte Gegenwart oder gewohnte Zukunft? Die Bedeutung und Nutzung der Dinge des Wohnbereichs und ihr Stellenwert im individualbiographischen Lebensverlauf. Lang, Frankfurt a.M.

Wick, P. (2007): Die urchristlichen Gottesdienste. 2. Aufl. Kohlhammer, Stuttgart.

Widengren, G. (1969): Religionsphänomenologie. De Gruyter, Berlin/New York.

Wiesehöfer, J. (2001): Proskynesis. In: Der Neue Pauly. Bd. 10. Metzler, Stuttgart: Sp. 443-444.

Wiesing, L. (2015): Das Mich der Wahrnehmung. Suhrkamp, Frankfurt a.M.

Wilhelm, H. J. (2013): Gefangene ihrer Wahrheit: Wahrheit, Wirklichkeit und Normalität in der stationären Altenpflege. Athena, Oberhausen.

Willems, H. (Hg.) (2017): Das Wasser der Gesellschaft. Springer VS, Wiesbaden.

Willems, H. (Hg.) (2019): Wissen vom Wasser. Springer VS, Wiesbaden.

Willenberg, U. (2019): Daseinsvorsorge und politisches Vertrauen. Kommunal- und Schulverlag, Wiesbaden.

Wilms, F.-E. (1987): Das Tier: Mitgeschöpf, Gott oder Dämon. Lang, Frankfurt a.M.

Wils, J.-P. & Baumann-Hölzle, R. (2019): Die normative Idee des Gesundheitswesens. Nomos, Baden-Baden.

Winker, G. (2015): Care Revolution. Schritte in eine solidarische Gesellschaft. transcript, Bielefeld.

Winkle, S. (1997): Kulturgeschichte der Seuchen. Artemis & Winkler, Düsseldorf/Zürich.

Winkler-Horacek, L. (2015): Monster in der frühgriechischen Kunst. Die Überwindung des Unfassbaren. De Gruyter, Berlin/New York.

Wirth, J. V. & Kleve, H. (Hg.) (2012): Lexikon des systemischen Arbeitens. Carl Auer, Heidelberg.

Wißmann, P. (2015): Nebelwelten. Abwege und Selbstbetrug in der Demenz-Szene. Mabuse, Frankfurt a.M.

Witte, W. (2010): Tollkirschen und Quarantäne. Die Geschichte der Spanischen Grippe. Wagenbach, Berlin.

Wittwer, H., Schäfer, D. & Frewer, A. (Hg.) (2010): Sterben und Tod. Geschichte – Theorie – Ethik. Ein interdisziplinäres Handbuch. Metzler in Springer, Berlin.

Witzler, B. (1995): Großstadt und Hygiene. Kommunale Gesundheitspolitik in der Epoche der Urbanisierung. Steiner, Stuttgart.

Wöhrle, P. (2010): Metamorphosen des Mängelwesens. Zu Werk und Wirkung von Arnold Gehlens. Campus, Frankfurt a.M./New York.

Wolf, B. (2004): Die Sorge des Souveräns. Eine Diskursgeschichte des Opfers. Diaphanes, Zürich.

Wolf, R. (2004): Mysterium Wasser. Eine Religionsgeschichte zum Wasser in Antike und Christentum. V & R unipress, Göttingen.

Wolters, C., Beyer, C. & Lohff, B. (Hg.) (2012): Abweichung und Normalität. Psychiatrie in Deutschland vom Kaiserreich bis zur Deutschen Einheit. transcript, Bielefeld.

Wonneberger, E. (2018): Neues Wohnen auf dem Land. Springer VS, Wiesbaden.

Wright, E. O. (2019): Linker Antikapitalismus im 21. Jahrhundert. VSA, Hamburg.

Wulf, C. (2005): Zur Genese des Sozialen. Mimesis, Performativität, Ritual. transcript, Bielefeld.

Wulf, C. & Zirfas, J. (Hg.) (2013): Handbuch Pädagogische Anthropologie. Springer VS, Wiesbaden.

Wulftange, G. (2015): Fremdes – Angst – Begehren. transcript, Bielefeld.

Wunn, I. (2005): Die Religionen in vorgeschichtlicher Zeit. Kohlhammer, Stuttgart.

Wust, P. (1946): Ungewißheit und Wagnis. Kösel, München/Kempten.

Yerushalmi, Y. H. (1999): Freuds Moses. Fischer, Frankfurt a.M.

Zander, M. (2014): Autonomie bei (ambulantem) Pflegebedarf im Alter. Eine psychologische Untersuchung. Huber, Bern.

Zanker, P. (1997): Augustus und die Macht der Bilder. 3. Aufl. Beck, München.

Zegelin, A. (2013): »Festgenagelt sein«. Der Prozess des Bettlägerigwerdens. 2.,aktual. u. erg. Aufl. Hogrefe, Göttingen.

Zhellvis, V. I. (2018): Des Fluchens Schlachtfeld – Das Fluchen als soziales Problem in den Sprachen und Kulturen der Welt. Kovač, Hamburg.

Zielke, N. (2020): Wohnkultur im Alter. Eine qualitative Studie zum Übergang ins Altenheim. transcript, Bielefeld.

Zimmermann, H.-P. (Hg.) (2017): Gutes Leben im Alterszentrum. Gespräche in 19 Einrichtungen in der Schweiz. Jonas Verlag, Ilmtal (Weinstraße).

Zimmermann, J. u.a. (Hg.) (2001): Ästhetik der Inszenierung. 5. Aufl. Suhrkamp, Frankfurt a.M.

Zink, V. (2014): Von der Verehrung. Eine kultursoziologische Untersuchung. Campus, Frankfurt a.M./New York.

Zinn-Thomas, S. (1997): Menstruation und Monatshygiene: zum Umgang mit einem körperlichen Vorgang. Waxmann, Münster u.a.

Soziologie

Naika Foroutan
Die postmigrantische Gesellschaft
Ein Versprechen der pluralen Demokratie

2019, 280 S., kart., 18 SW-Abbildungen
19,99 € (DE), 978-3-8376-4263-6
E-Book: 17,99 € (DE), ISBN 978-3-8394-4263-0
EPUB: 17,99 € (DE), ISBN 978-3-7328-4263-6

Maria Björkman (Hg.)
Der Mann und die Prostata
Kulturelle, medizinische und gesellschaftliche Perspektiven

2019, 162 S., kart., 10 SW-Abbildungen
19,99 € (DE), 978-3-8376-4866-9
E-Book: 17,99 € (DE), ISBN 978-3-8394-4866-3

Franz Schultheis
Unternehmen Bourdieu
Ein Erfahrungsbericht

2019, 106 S., kart.
14,99 € (DE), 978-3-8376-4786-0
E-Book: 17,99 € (DE), ISBN 978-3-8394-4786-4
EPUB: 17,99 € (DE), ISBN 978-3-7328-4786-0

Leseproben, weitere Informationen und Bestellmöglichkeiten finden Sie unter www.transcript-verlag.de